Bert Theis. Building Philosophy—Cultivating Utopia

Mudam Luxembourg Mousse Publishing

Preface and Acknowledgments

Suzanne Cotter

From the early 1990s until his untimely death in 2016, Bert Theis developed an often challenging body of work that is intimately linked to the question of public space, combining the conceptual bearings of philosophy with the urban, social, historical, and political specificities of the contexts in which it unfolds. As epitomized by his temporary and permanent "platforms" and "pavilions" in cities across Europe and Asia, his generous and engaged approach encouraged participation by offering spaces of thought and exchange—"concrete utopias"—to be appropriated by one and all.

Theis's trajectory in the field of contemporary art was punctuated by a series of momentous projects, each bearing witness to an uncommon level of artistic and personal commitment: *Potemkin Lock*, a temporary pavilion in the Giardini at the Venice Biennale in 1995; *Philosophical Platform*, presented as part of Skulptur Projekte Münster in 1997; *Le Domaine de Marcel & Joseph*, an environmental installation at Casino Luxembourg – Forum d'art contemporain from 1998 to 2000; and finally, *Warburg Spirale. Un monument aux vivants* (2002), a permanent public art installation in Strasbourg.

In 2001, Theis, who had relocated from Luxembourg to Milan, cofounded the Isola Art Center, a collective platform that brought together artists, art historians, philosophers, activists, and concerned citizens around issues of urban redevelopment. As one of the leading voices of this project—a kind of testing ground for the relationships between art and activism that left a durable mark on the city's cultural and militant scene—he was able to test the full potential of what he termed "fight-specific" art.

The retrospective exhibition curated by Enrico Lunghi for Mudam Luxembourg – Musée d'Art Moderne Grand-Duc Jean (Mudam) looks at the many facets of Theis's oeuvre through more than one hundred of the artist's works. Models, archives, sketches, photographs, and videos document his main projects for the public realm. Large-scale installations and various other types of works—such as collages, screen prints, and video installations—reveal the full extent of his research into a wide variety of issues, including language, art history, urbanism, and utopia, while also highlighting often overlooked aspects of his artistic career.

In connection with the exhibition, numerous projects organized in partnership with local organizations form an *Arcipelago Bert Theis*, which aims, over the course of several months, to draw the attention of a wider audience to the artist's legacy. As part of this program of events and exhibitions, Mudam joined forces with Fonds Belval to recreate *Philosophical Platform*, one of Theis's key works, in the newly developed area of Belval in the country's formerly industrial south. The Luxembourg Center for Architecture (LUCA) hosts *OUT (Office for Urban Transformation)*, a large installation deriving from Theis's participation in the Isola Art Center project, while a program of encounters and discussions organized in collaboration with LUCA and the master's in architecture program at the University of Luxembourg expands on the artist's reflections on architecture and urban space. In parallel, *Utopian City*, a large-scale "collage" originally conceived for the Secession in Vienna, is displayed on one of the facades of the Rotondes. In partnership with the City of Luxembourg, the installation *Stirner Prothese* goes on display for the first time in the Édouard André Municipal Park, where it will remain for several months. Meanwhile, Cercle Cité presents *F(l)ight Sketches: For Bert Theis*, an exhibition that brings together artists from Milan and Luxembourg who were close to Theis or whose work was influenced by his. Several permanent installations are also part of this archipelago: *European Pentagon*, *Safe & Sorry Pavilion* on Place de l'Europe, the stained-glass window *The true artist...* at the Luxembourg National Museum of History and Art, and *Warburg Spirale* in Strasbourg, whose renovation coincides with the exhibition at Mudam.

This book, produced in collaboration with Mousse Publishing, brings together four unpublished essays by authors who were close to the artist—artistically, intellectually, and personally. Lunghi's essay reviews Theis's work in Luxembourg in the 1990s, from his early conceptual pieces and their references to art history and theory to his participation in Manifesta 2 in 1998, while art historian Elvira Vannini, a teacher at the Nuova Accademia di Belle Arti (NABA) in Milan, charts the complex relationships between art and activism that run through Theis's art. Gerald Raunig, a theoretician and professor at the Hochschule der Künste in Zurich, considers the work's philosophical dimension and emphasis on language, and the contribution by Marco Scotini, artistic director of FM Center for Contemporary Art in Milan and director of the master's program in visual arts and curatorial studies at NABA, examines the central role played by the Isola Art Center in Theis's work, along with art-theoretical aspects of his practice. Complementing these texts is an extensive iconographic section edited by Marion Vergin, Christophe Gallois and Deborah Lambolez that summarizes and contextualizes Theis's main works. The sequence of projects bears witness to the coherence and diversity of his output—an output that was sustained by an unfaltering artistic and intellectual commitment.

The exhibition and this publication could not have been realized without the involvement and help of numerous contributors and partners. We are indebted to Mariette Schiltz, longtime partner of Bert Theis and curator of the artist's estate, and Rob Engel, who assisted Theis in the production of numerous works, both of whom played a pivotal role in bringing these two ambitious projects to fruition. Our gratitude also extends to institutional lenders—the Bibliothèque nationale de Luxembourg, the Centre national des arts plastiques (CNAP), the FRAC Bourgogne, and the National Museum of History and Art Luxembourg—as well as to the private collectors and galleries, Erna Hecey and Federico Bianchi Contemporary Art, who enabled the inclusion of essential works in this exhibition. Moreover, numerous people and organizations with whom the artist was close have contributed to the realization of different aspects of the exhibition, in particular Angelo Castucci, Giuliano Manselli (Droma Studio), Barbara Barberis, Edith Poirier, and the Isola Art Center.

We are grateful to our partners for the projects that form *Arcipelago Bert Theis*—Cercle Cité, the City of Luxembourg, the Communauté urbaine de Strasbourg, Fonds Belval, LUCA, the master in architecture program at the University of Luxembourg, the National Museum of History and Art Luxembourg, and the Rotondes—who responded to our proposals for collaboration with great enthusiasm. For this publication, we are indebted to the authors, whose texts cast a new light on the many dimensions of Theis's work. As part of the Mousse Publishing team, Ilaria Bombelli, Matteo Gualandris, and Guia Cortassa brought their invaluable expertise to the table.

At Mudam, Christophe Gallois, assisted by Marion Vergin, led the curatorial team for this far-reaching project, and worked with Enrico Lunghi on all aspects of the exhibition and this publication. Boris Reiland, Louis Bestgen, Thierry Gratien, and Maria Barrales were in charge of logistics, scenography, and technical supervision. Deborah Lambolez and Laura Zaccaria oversaw with great care the production of this beautiful catalogue, copublished with Mousse Publishing.

Lastly, and most importantly, we wish to thank Enrico Lunghi for his commitment to the work of Bert Theis and, through this exhibition and publication, for making it known to a new generation.

Suzanne Cotter
Director, Mudam Luxembourg
Musée d'Art Moderne Grand-Duc Jean

Préface et remerciements

Suzanne Cotter

Du début des années 1990 à sa mort, en 2016, Bert Theis a construit une œuvre généreuse et engagée, intimement liée à la question de l'espace public et animée par des interrogations qui conjuguaient, de manière singulière, la portée conceptuelle de la philosophie aux spécificités urbaines, sociales, historiques et politiques des contextes qu'elle investissait. À l'instar des « plateformes » et des « pavillons » qu'il installa de manière temporaire ou pérenne dans différentes villes d'Europe et d'Asie, ses œuvres accordent une grande place à la participation en créant des espaces de pensée, de partage, d'« utopie concrète », destinés à être appropriés par chacun.

La trajectoire de Bert Theis dans le champ international de l'art contemporain fut marquée par plusieurs projets déterminants, qui furent chaque fois le fruit d'un engagement artistique et personnel rare : sa participation à la Biennale de Venise en 1995, où il présenta le *Potemkin Lock*, un pavillon temporaire au sein des Giardini ; la *Philosophical Platform,* qu'il créa à l'occasion de Skulptur Projekte à Münster en 1997 ; l'installation environnementale *Le Domaine de Marcel & Joseph*, avec laquelle il investit durant deux années, de 1998 à 2000, l'un des espaces du Casino Luxembourg – Forum d'art contemporain ; ou encore l'installation permanente *Warburg Spirale. Un monument aux vivants* (2002), pensée pour l'espace public de Strasbourg.

À partir de 2001, à Milan, où il vivait, Bert Theis s'engagea également au sein d'Isola Art Center, une plateforme collective réunissant artistes, historiens de l'art, philosophes, activistes et citoyens autour de la question de la transformation de l'espace urbain. Il en fut le cofondateur et l'un des principaux acteurs et il put, à travers ce projet qui fut un véritable laboratoire des liens entre art et engagement et qui marqua durablement la scène culturelle et activiste de la ville, explorer tout le potentiel de ce qu'il nommait le « *fight-specific art* ».

Conçue par Enrico Lunghi, l'exposition rétrospective de Bert Theis qu'organise le Mudam Luxembourg – Musée d'Art Moderne Grand-Duc Jean déploie les multiples facettes de son travail à travers une centaine d'œuvres. Un large ensemble de maquettes, de documents, de dessins préparatoires, de photographies et de vidéos retracent ses principales réalisations dans l'espace public. S'ajoutent à ce corpus plusieurs installations d'envergure, ainsi que des œuvres de différentes natures – installation vidéo, photographies, collages, sérigraphies – témoignant de l'étendue de ses recherches autour de questions comme le langage, l'histoire de l'art, l'urbanisme ou l'utopie, et mettant en lumière des aspects souvent méconnus de son travail.

À l'occasion de l'exposition, plusieurs projets satellites sont organisés en collaboration avec différentes institutions culturelles, esquissant pour quelques mois les contours d'un *Arcipelago Bert Theis* au Luxembourg. Le Mudam s'est tout d'abord associé au Fonds Belval pour recréer la *Philosophical Platform*, œuvre majeure de l'artiste qui sera dorénavant visible sur le site de Belval, au sud du pays. Le Luxembourg Center for Architecture (LUCA) accueille quant à lui l'*OUT (Office for Urban Transformation),* une importante installation résultant de l'engagement de Bert Theis au sein d'Isola Art Center. En collaboration avec le LUCA et le Master in Architecture de l'Université du Luxembourg, un programme de rencontres et de discussions y est organisé. Sur l'une des façades des Rotondes, est présenté *Utopian City*, un « collage » grand format initialement conçu pour la Sécession à Vienne. En partenariat avec la Ville de Luxembourg, une installation de l'artiste qui n'avait pu voir le jour, la *Stirner Prothese,* habite pendant quelques mois le parc municipal d'Édouard André. Enfin, le Cercle Cité organise *F(l)ight Sketches – For Bert Theis*, une exposition rassemblant des artistes milanais et luxembourgeois qui furent proches de Bert Theis ou ont été marqués par son œuvre. Plusieurs installations permanentes de l'artiste intègrent également ce parcours : l'*European Pentagon, Safe & Sorry Pavilion* place de l'Europe, le vitrail *The true artist...* au Musée national d'histoire et d'art Luxembourg et, à Strasbourg, la *Warburg Spirale*, dont la restauration coïncide avec l'exposition au Mudam.

Réalisée en collaboration avec Mousse Publishing, la présente publication rassemble quatre essais inédits écrits par des auteurs qui, artistiquement, intellectuellement et souvent humainement, furent étroitement liés à l'artiste. L'essai d'Enrico Lunghi fait le récit de la présence de Bert Theis au Luxembourg dans les années 1990, de ses premières œuvres conceptuelles développant une réflexion sur l'histoire de l'art jusqu'à sa participation à la Manifesta 2 en 1998. Historienne de l'art et enseignante à la Nuova Accademia di Belle Arti (NABA) à Milan, Elvira Vannini déploie une analyse précise de la relation entre art et activisme à partir du travail de Bert Theis. Gerald Raunig, théoricien de l'art et enseignant à la Hochschule der Künste à Zurich, s'intéresse quant à lui à sa dimension philosophique et à la place qu'y occupe le langage. Enfin, l'essai de Marco Scotini, directeur artistique du FM Centre for Contemporary Art à Milan et directeur de la maîtrise en arts visuels et études curatoriales de la NABA, souligne le rôle central que joue l'Isola Art Center dans l'œuvre de Bert Theis et met en lumière toute la portée théorique et artistique de cette expérience à bien des égards unique. En complément de ces quatre textes, une importante section iconographique éditée par Marion Vergin, Christophe Gallois et Deborah Lambolez, parcourt les principales réalisations de l'artiste en les contextualisant à l'aide de courtes notices. Elle restitue, au fil des pages, la cohérence tout comme la diversité d'une pratique traversée par un engagement artistique et intellectuel constant.

L'exposition et cette publication n'auraient pu se concrétiser sans l'implication étroite de nombreuses personnes et de nombreux partenaires. Mariette Schiltz, compagne de longue date de Bert Theis et ayant droit de l'artiste, et Rob Engel, qui accompagna l'artiste dans la réalisation de nombreuses œuvres, ont joué un rôle crucial dans l'élaboration de ces deux ambitieux projets – nous les remercions chaleureusement de leur immense investissement. Nos remerciements s'adressent également aux prêteurs institutionnels – la Bibliothèque nationale de Luxembourg, le Centre national des arts plastiques, le FRAC Bourgogne et le Musée national d'histoire et d'art Luxembourg – , aux prêteurs privés et aux galeries Erna Hecey et Federico Bianchi Contemporary Art, qui ont permis d'inclure dans l'exposition des œuvres essentielles de Bert Theis. Enfin, plusieurs personnes qui furent proches de l'artiste ont également contribué à la concrétisation de différents aspects de l'exposition, à commencer par Angelo Castucci, Giuliano Manselli (Droma Studio), Barbara Barberis et Edith Poirier, ainsi que l'Isola Art Center.

Nous remercions nos partenaires pour les projets satellites qui constituent l'*Arcipelago Bert Theis*, le Cercle Cité, la Communauté urbaine de Strasbourg, le Fonds Belval, le Fonds Kirchberg, le LUCA, le Master in Architecture de l'Université du Luxembourg, le Musée national d'histoire et d'art Luxembourg, les Rotondes et la Ville de Luxembourg, qui ont répondu avec un fort enthousiasme aux différentes propositions que nous leur avons faites. En ce qui concerne la publication, nous remercions chaleureusement les auteurs pour l'éclairage singulier que chacun de leurs textes apporte sur le travail de Bert Theis. Au sein de l'équipe de Mousse Publishing, Ilaria Bombelli, Matteo Gualandris et Guia Cortassa ont quant à eux investi toute leur expertise dans la réalisation de l'ouvrage.

Au Mudam, Christophe Gallois, assisté par Marion Vergin, a conduit l'équipe curatoriale qui a travaillé avec Enrico Lunghi sur tous les aspects de l'exposition. Boris Reiland, Louis Bestgen, Thierry Gratien et Maria Barrales en ont assuré la mise en œuvre logistique, scénographique et technique. Deborah Lambolez et Laura Zaccaria ont quant à elles supervisé avec le plus grand soin la production de cette belle publication, en dialogue avec Mousse Publishing.

Nous remercions enfin tout particulièrement Enrico Lunghi de l'engagement dont il a fait preuve pour l'œuvre de Bert Theis et, à travers cette exposition et cette publication, pour faire connaître celle-ci à de nouvelles générations.

Suzanne Cotter
Directrice, Mudam Luxembourg
Musée d'Art Moderne Grand-Duc Jean

Essays
Essais

Before the Flight

Enrico Lunghi

The 1994 exhibition *Rendez-vous provoqué* at the National Museum of History and Art (MNHA) in Luxembourg first brought Bert Theis to the wider public's attention.[1] He had chosen a modest space to exhibit a series of works that—as I came to understand much later—concluded his long-standing argument (in the philosophical sense of the word) with painting. With a single stroke of a brush dipped in white paint, he traced a line on a white wall. Next to the can of paint, the brush, and the pages of the *De Handelsblad* newspaper with which he had covered the floor, he added the epitaph "Ja Vincent, het is mogelijk" ["Yes, Vincent, it is possible"] in capital letters. By doing so, he assumed the role of Theo van Gogh answering his brother's question as to whether it would one day be possible to paint white-on-white, something that the history of painting has confirmed repeatedly since. Gone before his time, Vincent did not live long enough to find out for himself, but he could now rest in peace thanks to this small monument dedicated to him in Theis's installation, which was also shown in the Netherlands, the birthplace of the famous van Gogh brothers.

A light box with an inscription in Braille was suspended on another wall. The inherent contradiction of the piece was obvious: illuminating a writing system devised for the blind is of no use to the blind or to the sighted. Once deciphered, the inscription turned out to be a quote from Ludwig Wittgenstein—"What is hidden doesn't interest us"—that further widened the conceptual abyss opened by the work. It seemed like a commentary on the condition of contemporary painting, which Theis felt was rather hopeless.[2]

Finally, a book titled *L'Art de la peinture* lay on top of a reading desk, unreadable after Theis had glued its pages together one by one to make its content inaccessible, possibly because there was nothing more to be drawn from it. This sculpture, which subtly evoked a funerary monument, suggested that painting was well and truly dead.[3]

I first met Theis in September of the previous year, at a group exhibition at the Konschthaus Beim Engel in which he had taken part.[4] The visual quality of his work, as well as his observations on the art world and aesthetic conventions, had impressed me. I also liked his humor, although it took me a while to understand that he used it as a real intellectual tool, a plough with which he tilled the fields of his thought, not unlike Marcel Duchamp. In the biographical text he published on this occasion, he mentioned his first painting teachers, Anna Recker and Roger Bertemes (to whom he added Max Ernst, a spiritual

1. This exhibition, which I co-curated with Wim Beeren, a former director of the Stedelijk Museum in Amsterdam, brought together six artists from the Netherlands (Rob Birza, Marc Mulders, Rob Scholte, Gerald van der Kaap, Berend Strik, and Peer Veneman) and three artists from Luxembourg (Simone Decker, Antoine Prum, and Theis).
2. See Theis's interview with Anne Schmitt in *d'Lëtzebuerger Land*, 1 October 1993.
3. The room was titled *3 Messages limpides* (Three Clear Messages).
4. The exhibition included works by Monica Casetti, Ermanno Dosa, Robert Mancini and Bert Theis.

father in his early days), and his studies at the Istituto statale d'arte di Urbino from 1981 to 1983. He also mentioned his doubts about the existence of God (and, vice versa, God's questioning of the existence of Theis) since the age of twelve, about the existence of socialism since 1968, and doubts he had harbored regarding painting since 1986, as well as his "meditations" on Duchamp's silence. This exhibition already demonstrated his attention to issues that would characterize his later work, among others his series of *Schwéier Biller* (Heavy Paintings, 1993), which poked fun at the penchant of Luxembourg art buyers to look for deeper meaning inside the frames hanging above their sofas.

Up until that point, Theis had been known primarily for his political activism. At secondary school, from the age of sixteen, he took part in debates aimed at stirring up a section of Luxembourg's youth following the upheavals in France in the spring of 1968, and he campaigned against the obsolete rigidity of the school system.[5] Later, he joined the Revolutionary Communist League (LCR), producing several posters for marches in favor of equality and against war. This is when he presumably attracted the lasting animosity of a section of Luxembourg society that saw members of Trotskyist movements as enemies of the state and did not hesitate to put them under secret service surveillance.[6] The desire to be involved in the advent of a more equitable society never left him, no matter where he went. In 1982, as an art student in Urbino, he designed the poster for the city's Peace Committee, and until his final days, he supported the laid-off workers of automotive supplier Maflow, who came together to self-govern in disused factories in the industrial suburbs of Milan in complete defiance of the neoliberal steamroller.[7]

In the 1980s, Theis produced drawings, engravings, lithographs, and collages that oscillated between melancholic oneirism and Baroque-tinged Surrealism, as demonstrated by his illustrations for Robert Steffen's poetry collection *Dat lest. Wéi Gedichter entstinn* (1985) and his series of collages *Chaocoll* (1985). These potently structured and ironic early works, so removed from the lyrical and vaguely expressionistic abstraction that dominated the local scene at that time, were revealed to the public in solo exhibitions at Nick-Nack in Ettelbrück, Luxembourg, as well as the Galerie Terres Rouges and Schluechthaus venue in Esch-sur-Alzette.

5. Theis's name appears on a letter dated June 13, 1968, written by members of a student committee and addressed to their "professor," in which they demand the right to participate in improving "co-management within the school" and establishing "a fruitful dialogue" with their teachers. Two years later, he was subject to disciplinary action for "insolence and indiscipline," although he disputed the version of events put forward by his teacher. See letter by principal Ben Molitor to Theis's father, dated November 19, 1970, and a leaflet calling for the establishment of a "student front," dated December 1970.

6. See Justin Turpel, "15 Jahre Bespitzelung," *forum*, no. 328 (April 2013), http://www.justin-turpel.lu/fr/archives/221.

7. The workers, who continued to operate under the name RiMaflow, have dedicated a room to Theis named *Utopia*, where they host lectures and exhibitions by young artists. See rimaflow.it/?s=bert+theis&x=0&y=0.

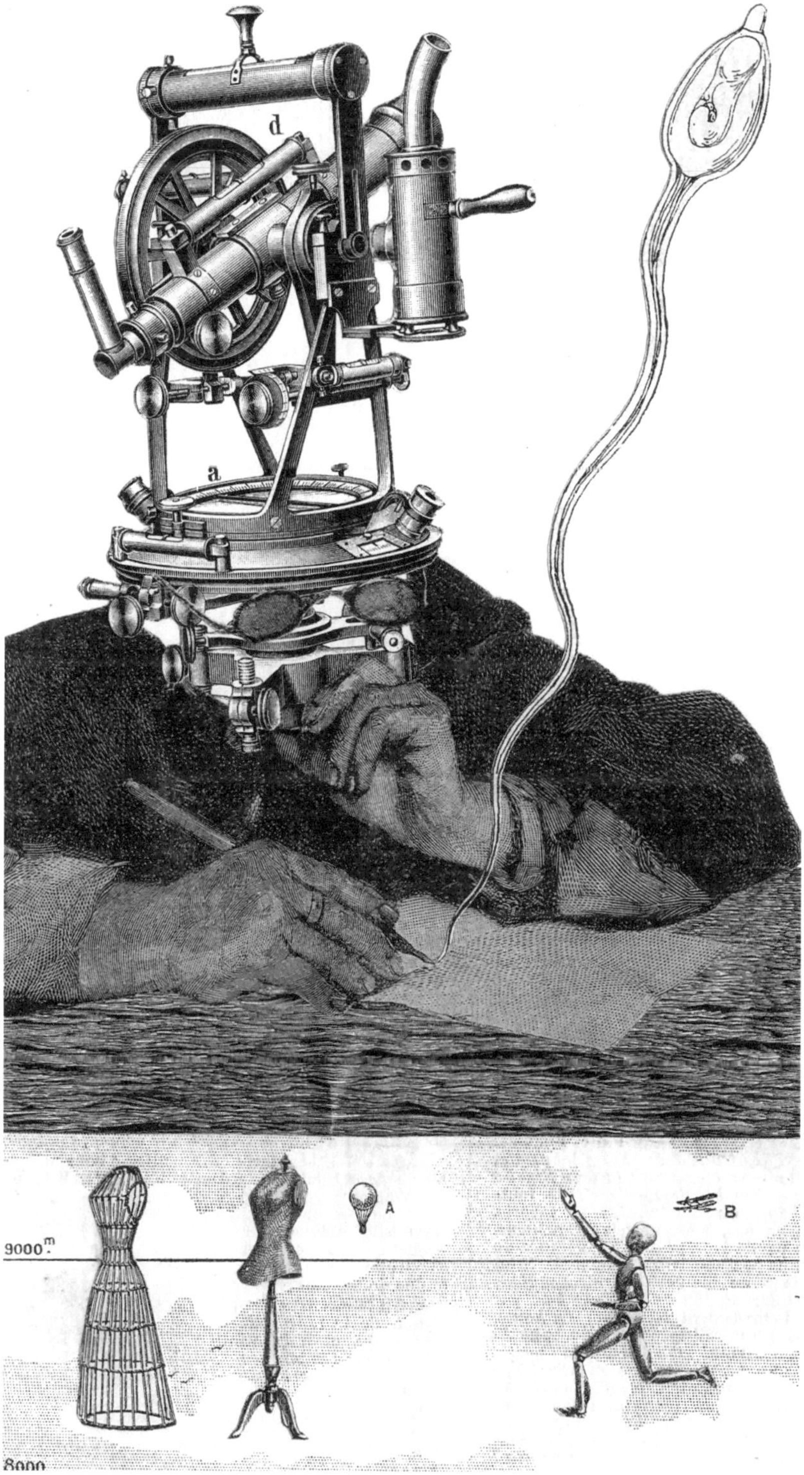

Dat lest. Wéi Gedichter entstinn, 1985

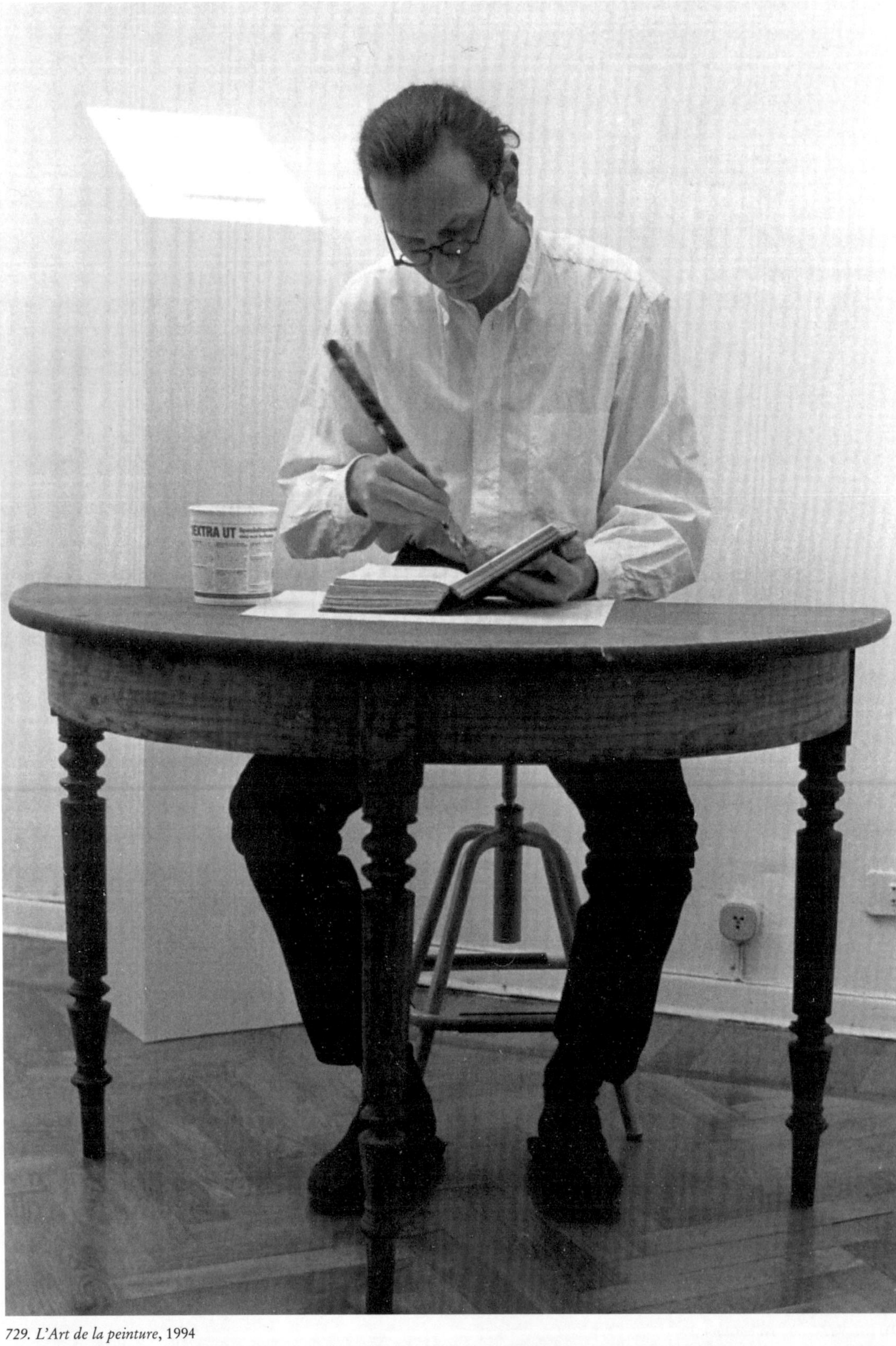

729. L'Art de la peinture, 1994

This artistic freedom, which Theis nurtured conscientiously, didn't just fall from the sky. A seasoned reader of Marxist social theories, he knew that an artist who has to live from his work will almost inevitably end up becoming a slave of the market. So while he devoted his life to art, he earned his living working as a teacher. Throughout their lives, Theis and his partner, Mariette Schiltz, made sure to separate their day jobs from their artistic work in order to guarantee the independence of the latter, even if this meant renouncing many aspects of consumer society (aspects that didn't fulfil them much anyway). At age forty, Theis finally gave up his teaching post in Luxembourg and settled in Milan in order to, among other things, teach at the Nuova Accademia di Belle Arti (NABA).

His last paintings date from this time. When he realized he was heading into an impasse, he eventually immolated them during a performance documented by three Polaroid photographs, which he planned one day to assemble into a composition. Clearly, the idea of an object expressing an individual feeling unrelated to a given context and with no social usefulness could no longer satisfy him—it merely fed the suicidal spectacle of the capitalist world in which he refused to take part. This is how I make sense of the patient pedagogy with which he spoke about his work from our very first encounter: to produce art means to share something with others, to liberate oneself rather than try to impress by means of questionable concepts such as originality, whose sole purpose is distinction and exclusion. This is also the reason why Theis's subsequent work focused on situations, performances, and works that could be used in the public realm and that emphasized the viewer's active presence and critical reflection.

Although the *Shadow Fixing* series (created between 1993 and 1995) attests to Theis's research into going beyond the object, I also see it as an ultimate confrontation with the limitations of painting. By applying black powder on the shadows cast by various objects at specific times of the day—a stone on the site of the Minoan palace at Knossos, or a lamppost in the suburbs of Milan—Theis conjured up the original myth of painting as told by Plato, all the while putting his inability to capture the real moment on display as the shadow inevitably moved before it could be fully drawn. It is no coincidence that Theis documented these actions by means of photographs that show the gap between the fixed and the moving shadow, nor that he considered the picture of the lamppost at night to be emblematic of this quest. Indeed, the visual paradox of a light source illuminating the outlines of its own shadow resonated conceptually with the light box project that he was working on at the same time. The series ended on a high note in 1995, when, as part of the so-called "year of culture,"[8] he conceived a precisely

8. Luxembourg was the European Capital of Culture in 1995.

timed ballet-like performance in which he captured the shadow of a tower in Fort Thüngen. Although largely derelict, the remains of this historic fortification had become a pretext for endless controversies that delayed and led to considerable changes in the plans for a museum of contemporary art to be built on this site.[9] Theis chose his areas of intervention with great care, merging history and context with personal experience to reveal subtle connections and powerful ideas, always making sure to confer a refined beauty on each detail and gesture.

With few resources, he managed to transform people's perception of places, including those that seemed unsuitable for the presentation of artworks. When invited to exhibit at the Centre culturel français in Luxembourg, which was housed on the first floor of an office building, he devised an evocative installation, or "public operation," titled *Désenchantement virtuel. Opération publique* (Virtual Disenchantment, 1994), which consisted of a ladder, a bunch of stacked cubes, and a ball. With these few elements, he evoked Albrecht Dürer's famous *Melencolia I* (1514), submitting the magic square that appears in the historic engraving "to the Sélavy method test using a computer."[10] Perpetuating the efforts of the Renaissance to found painting on reason, mathematics, and the imitation of nature, Theis incorporated new technologies and Duchamp's contribution in an ultimate attempt to keep it alive.

Theis gave striking proof of his ability to transform places by magnifying their context when he was invited to represent Luxembourg at the Venice Biennale in 1995. Nevertheless, the adventure began badly. For sure, the thought of being the flag-bearer for a country was not to his liking, but to make matters worse, the exhibition space usually allotted to the Grand Duchy, and situated in a wing of the central pavilion in the Giardini, was particularly unattractive. He nonetheless agreed, determined to make the best of the situation. But even before he was able to travel to Venice, he learned that the biennale's head curator, Jean Clair, had demanded that all available space in the Giardini be reserved for his own exhibition presentation. Countries without a proper national pavilion had to rent a space in town if they wanted to take part—a mountain too high to climb for Luxembourg, in light of its budget back then. Theis began to explore the Giardini and eventually found a scrubby, inaccessible corner, at the bottom of which stood a cabin that was used as a changing room and toilets by the exhibition attendants. He had the idea of somehow turning this unappealing spot into a little paradise for visitors, if you will.

9. The construction of today's Mudam Luxembourg was decided by the government in 1989 but it was not until 2006, after a substantial reduction in size compared to the original plans, that it opened.
10. Exhibition invitation.

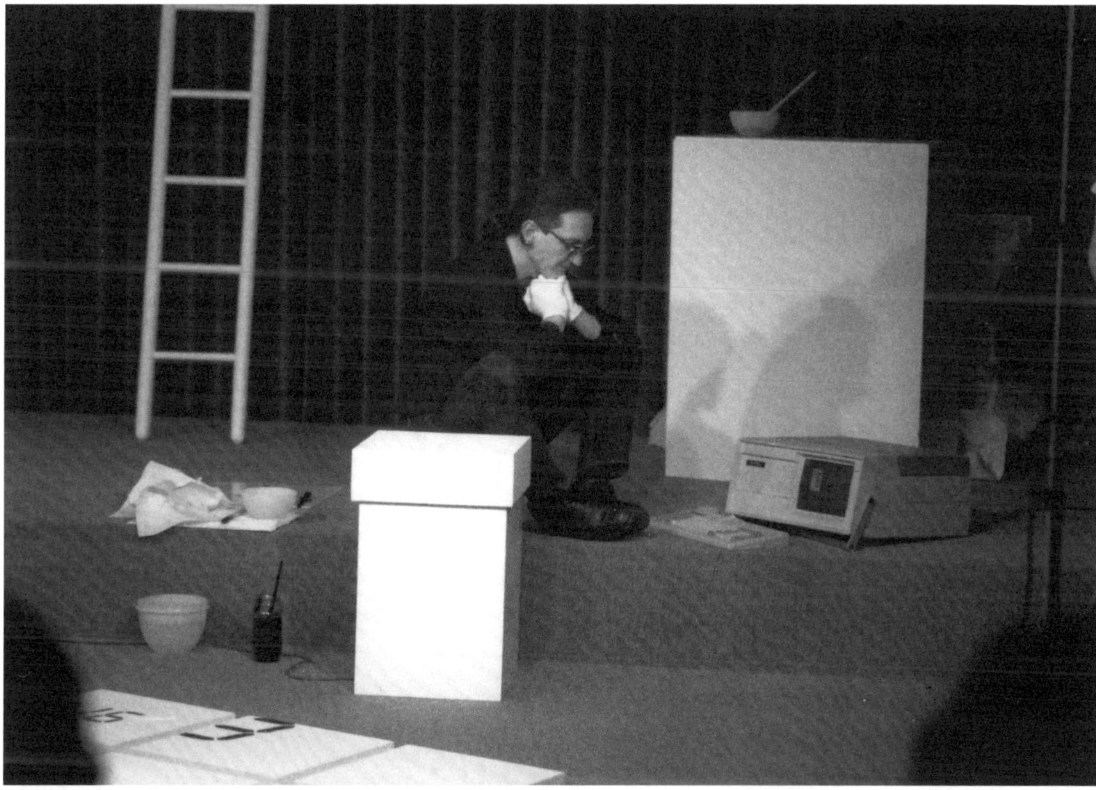

Désenchantement virtuel. Opération publique, 1994

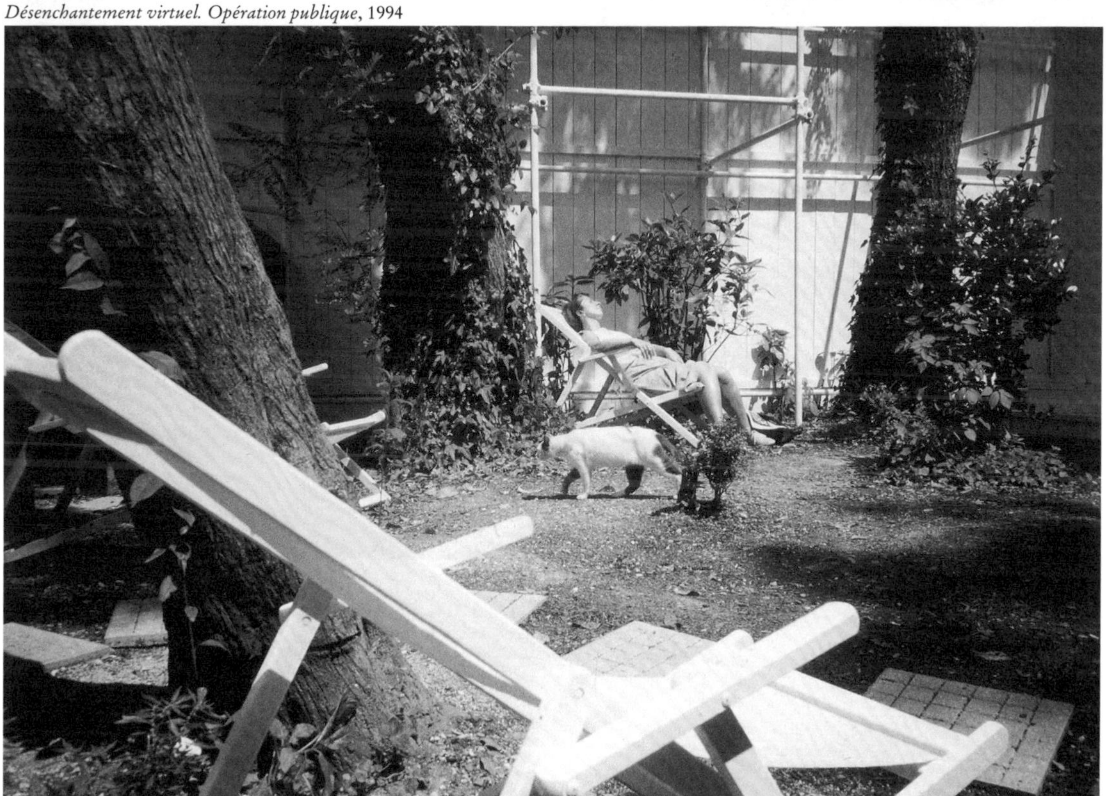

Potemkin Lock, 1995

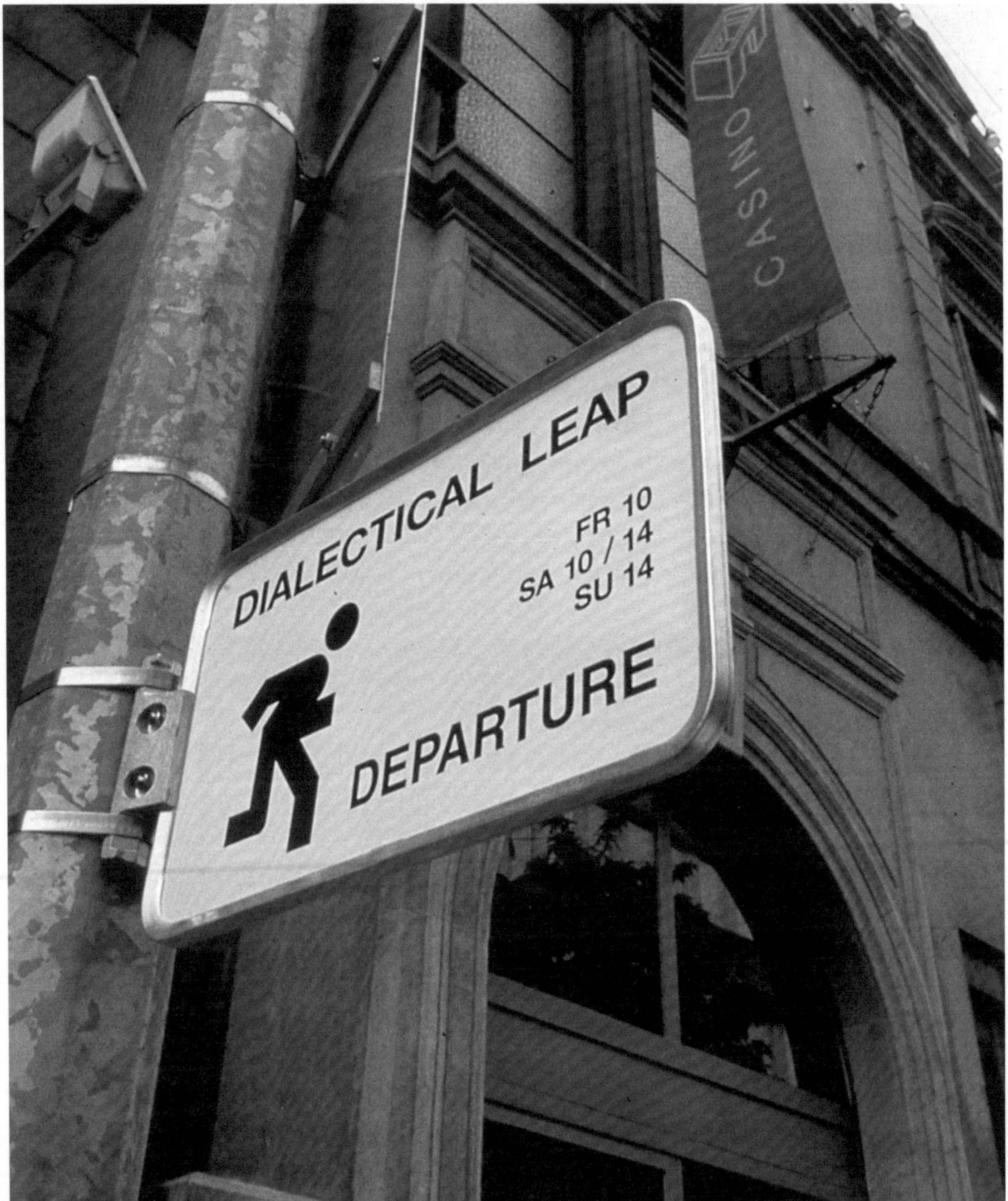

Dialectical Leap, 1998

Potemkin Lock (1995) saw the light of day after a long diplomatic battle involving the head curator, the biennale and City of Venice authorities, and the Belgian and Dutch ministries of culture, which were direct neighbors with this temporary Luxembourg pavilion.[11] Visitors entered the small patch of green fenced off by a tall, white wall after walking through a corridor in which a rap by Duchamp, pieced together from fragments of phrases taken from a 1960s interview and integrated into a musical composition by Raphaël Rippinger, was playing. The work-as-pavilion was an immediate public success, and in just a few days, it became the favorite of much of the press, the art professionals, and the public. Kaspar König, who was a member of the jury that year, believed it deserved to be awarded the Golden Lion.[12]

More importantly, *Potemkin Lock* brought to life some of the recurring concerns present in Theis's work since the beginning of his artistic career, while introducing a fundamental element that can be found in all his subsequent work, namely, the *definition of a place* as being able to draw attention to the individuals in it, allowing them to elevate themselves (both literally and metaphorically) and enabling them to be both *observers and observed*. When fully taken on and experienced consciously, this double presence is, for me, the most precious gift of art to mankind. The fact that this *place* can be a simple movable bench in a museum (*Drifters*, 2005-2006) or a permanent installation (*Warburg Spirale. Un monument aux vivants*, 2002, on Place de la République in Strasbourg or *The true artist...*, 2003, at the MNHA, for example) shows the strength and generosity of this vision, which Theis was able to bring to life wherever he worked. And he often did so with characteristically corrosive humor. When he was finishing the white paint job on the fence a few days before the inauguration of the biennale, he was asked by a journalist what he was up to. He replied, "I'm probably making the biggest monochrome painting ever created for the biennale, just to please Vincent van Gogh."

The popularity of *Potemkin Lock* also had unexpected and important consequences back in Luxembourg. Enthused by its success, Minister of Culture Erna Hennicot-Schoepges agreed to a project for a contemporary art venue submitted to her shortly afterward, and in March 1996, the Casino Luxembourg – Forum d'art contemporain was inaugurated. As soon as the fledgling institution, which was housed in a historic 1886 building, opened, however, it suffered from a lack of quiet relaxation areas. Theis proposed using half of the Aquarium—the moniker given to the steel-and-glass exten-

11. For a detailed account, see Enrico Lunghi, "Le Luxembourg à la Biennale de Venise," in *The Venice Biennale Projects, 1988–2011*, exh. cat. (Luxembourg: Mudam, 2012).
12. See the postcard sent to Theis by Kaspar König, which is in the Mudam's collection today.

sion built in 1956 after plans by Jean Prouvé designed to enlarge the main building—for this purpose. His *Le Domaine de Marcel & Joseph* (1998) made the best use of the Aquarium's pavilion-like modernist architecture and its relationship with the urban environment. The tropical plants, deck chairs, and rattan furniture, as well as the original soundtrack and the white paint that coated everything, invited visitors to indulge in a change of scenery and relax, and the environment encouraged contemplation and reflection on the exhibitions on display. The installation unfolded around an aviary, where two mynahs were expected to converse in quotes by Marcel Duchamp and Joseph Beuys taught to them over a six-month training period—in vain, as it turned out, since the birds had their own minds as to which words they wanted to learn, prompting Theis to remark that the sounds they produced in his installation were "reverse readymades."[13] The integration of animals and plants was obviously a daily challenge for the Casino's team, but for the artist, it also carried a social, human, and even political dimension, as it implied the institution's responsibility toward living beings and introduced an emotional relationship that the works usually exhibited there hardly ever generated. This complex and programmatic installation expanded the experience of *Potemkin Lock* while paving the way conceptually for one of Theis's other major works during those years, the *Philosophical Platform* in Münster in 1997.[14]

In the meantime the invitations to participate in several exhibitions across Europe kept coming, including from the curators of Manifesta 2, a young, itinerant biennial whose second edition—much to the surprise of the art world—was to be held in Luxembourg during the summer of 1998.[15] Theis responded to their invitation with his *Independent Subcurator Project*, a critique of the myriad events that merely served to "fuel the international art market."[16] His work took the form of a triptych inspired by the precepts of Ciceronian rhetoric: *delectare* ("to delight"), with *Le Domaine de Marcel & Joseph*, which had just been inaugurated; *docere* ("to teach"), by means of a workshop for young artists aimed at "provoking reflection, discussion, and an exchange of experiences and knowledge instead of the production of consumer goods";[17] and *movere* ("to move"), in a "perfumed shuttle bus that featured a soundtrack and connected the Casino Luxembourg to the home of Karl Marx" in Trier—in other words, linking "the city of banks to the home of the author of *Das Kapital*."[18]

13. Theis tried to teach his mynah catchphrases such as "Jeder Mensch ist ein Künstler" ["Every man is an artist"] and "Kunst ist Kapital" ["Art is capital"], while I taught mine to say "Rrose, c'est la vie" ["Rrose, that's life"] and "La mariée mise à nu" ["The bride stripped bare"].
14. See Enrico Lunghi, "Plateforme philosophique," in *Kulturissimo*, the monthly supplement of Luxembourg daily *Tageblatt*, April 2019.
15. Michel Majerus and Antoine Prum were the two other Luxembourg artists.
16. See Bert Theis, "Chère Barbara, chère Maria, cher Robert," in *Manifesta 2*, exh. cat. (Luxembourg: Casino Luxembourg – Forum d'art contemporain, 1998).
17. *Ibid.* As a follow-up to this experience, Casino Luxembourg organized an annual art workshop in collaboration with the University of Luxembourg until 2011.
18. *Ibid.*

There is no doubt that Theis appealed to spectators' cultivation and intelligence rather than trying to cater to the banal and stultifying taste for appearances and wealth of a good many people who gravitate in and around the art world. He always did this with a rare elegance and aesthetic refinement that stood in opposition to the "visual pollution"[19] flooding today's world, something that French writer and critic Annie Le Brun has described as "the establishment of a new kind of servitude, if not corruption."[20] His work broadened mental horizons and enriched the perception of those who encountered it, because it was a proposal for emancipation. By providing a beautiful and meditative response to the specific situations he was addressing,[21] Theis managed to create new places full of promise without ever relying on spectacular effects. The color white, which he used as a tool to free the eyes and elevate the mind, was a philosophy of life. I am sure Vincent van Gogh would have understood.

19. Title of a series of five notices that appeared in the daily newspapers of countries in which Theis exhibited between 1994 and 1996.
20. Annie Le Brun, *Ce qui n'a pas de prix* (Paris: Stock, 2018).
21. Theis paid as much attention to detail in his smaller domestic projects (e.g., *Cinq non-lieux* at Résidence Chopin, in Bereldange, and *The Lunghi-Gaeng Project*, in Beggen) as he did to his larger urban works (e.g., *2551913* on the Butte-du-Chapeau-Rouge in Paris).

Avant l'envol

Enrico Lunghi

C'est avec l'exposition *Rendez-vous provoqué*[1], qui s'est tenue au Musée national d'histoire et d'art à Luxembourg (MNHA) au printemps 1994, que Bert Theis s'est véritablement révélé au public. Il choisit une salle plutôt modeste pour y montrer des œuvres qui – je le compris bien plus tard – clôturaient la dispute (au sens philosophique du terme) qu'il menait depuis quelques années avec la peinture. D'un coup de pinceau trempé dans de la couleur blanche, il traça un geste sur un mur blanc. À côté du pot de peinture, du pinceau et des pages du journal *De Handelsblad* qui avaient servi à protéger le sol, il ajouta en caractères d'imprimerie l'épitaphe « Ja Vincent, het is mogelijk ». Il prit ainsi la place de Théo pour répondre à la question, posée par son frère, s'il serait un jour possible de peindre blanc sur blanc, ce que l'histoire de la peinture a abondamment confirmé depuis. Mort prématurément, Vincent n'a pas pu connaître la réponse, mais il peut désormais reposer en paix grâce au petit monument que lui a dédié Bert dans cette exposition montrée également aux Pays-Bas, pays natal des célèbres Van Gogh.

Sur un autre mur était accroché un caisson lumineux portant une inscription rédigée en braille. Le paradoxe sautait aux yeux : éclairer une écriture faite pour les aveugles n'est d'aucune utilité, ni à ces derniers, ni aux voyants. Lorsqu'on décryptait la phrase, on découvrait une citation de Wittgenstein – « Ce qui est caché ne nous intéresse pas » – qui dédoublait l'abîme conceptuel entrouvert par cette œuvre. Cela ressemblait beaucoup à un commentaire sur la condition – que Bert jugeait plutôt désespérée – de la peinture contemporaine[2].

Enfin, posé sur un pupitre, un livre intitulé *L'Art de la peinture* était fermé à jamais : Bert en avait collé les pages une à une, rendant son contenu inaccessible, peut-être parce qu'il n'y avait plus rien à en tirer. La messe était dite, cette sculpture évoquait discrètement une stèle funéraire[3].

J'avais fait la connaissance de Bert en septembre de l'année précédente, dans l'exposition de groupe à laquelle il participait au Konschthaus Beim Engel[4]. La qualité visuelle de ses propositions ainsi que ses réflexions sur le monde de l'art et les conventions esthétiques m'avaient impressionné. Son humour m'avait également séduit, et il m'a fallu un certain temps pour comprendre qu'il s'en servait comme d'un véritable outil de l'esprit, comme d'un soc pour labourer les champs de sa pensée, un peu à la manière d'un Marcel Duchamp. Dans le texte biographique qu'il publia à cette occasion,

1. Cette exposition, dont j'étais le co-commissaire avec Wim Beeren, ancien directeur du Stedelijk Museum, Amsterdam, réunissait six artistes néerlandais (Rob Birza, Marc Mulders, Rob Scholte, Gerald van der Kaap, Berend Strik et Peer Veneman) et trois artistes luxembourgeois (Simone Decker, Antoine Prum et Bert Theis).
2. Voir à ce propos l'interview donnée à Anne Schmitt dans *d'Lëtzebuerger Land*, 1er octobre 1993.
3. La salle avait comme titre *3 Messages limpides*.
4. Elle présentait des œuvres de Monica Casetti, Ermanno Dosa, Robert Mancini et Bert Theis.

il mentionnait ses premiers professeurs de peinture, Anna Recker et Roger Bertemes (en y adjoignant Max Ernst, un père spirituel du début), ses études à l'Istituto Statale d'Arte di Urbino de 1981 à 1983, mais aussi, dès l'âge de douze ans, ses doutes sur l'existence de Dieu (et, vice versa, ceux de Dieu sur l'existence de Bert), sur l'existence du socialisme à partir de 1968 et sur la peinture à partir de 1986, ainsi que ses « méditations » sur le silence de Duchamp. Et cette exposition manifestait déjà un travail sur le contexte, dont Bert ne s'est jamais départi par la suite, notamment dans sa série des *Schwéier Biller* (Tableaux lourds, 1993), qui ironisait sur la propension des amateurs d'art luxembourgeois à chercher un sens profond à l'intérieur des cadres accrochés au-dessus de leur canapé.

Jusqu'alors il s'était surtout fait connaître à travers son engagement politique. Au lycée, dès l'âge de seize ans, il prit part aux débats agitant une partie de la jeunesse luxembourgeoise suite aux événements qui avaient secoué la France au printemps 1968 et milita contre la rigidité surannée du système scolaire[5]. Par la suite, Bert rejoignit la Ligue communiste révolutionnaire (LCR), pour laquelle il réalisa plusieurs affiches promouvant des manifestations pour l'égalité de droits des peuples et contre la guerre. Il est probable qu'il s'attira ainsi l'antipathie durable d'une partie de la société luxembourgeoise, qui considérait les membres des mouvements trotskystes comme des ennemis de l'État, lequel n'hésitait pas à les faire surveiller par les services secrets[6]. Cette volonté de participer à l'avènement d'une société plus juste ne le quittera jamais, où qu'il se trouve : en 1982, étudiant en art à Urbino, c'est lui qui composa l'affiche pour le Comité de la paix de la ville et, jusqu'aux derniers jours de sa vie, il s'est montré solidaire avec les ouvriers licenciés de la société Maflow, qui se sont organisés pour autogérer leurs ateliers désaffectés dans la périphérie industrielle milanaise et défier ainsi le rouleau compresseur néolibéral[7].

Dans les années 1980, balançant entre un onirisme mélancolique et une tentation surréaliste aux accents baroques, il réalisa des dessins, des gravures, des lithographies et des collages dont témoignent les illustrations pour le recueil de poèmes *Dat lest. Wéi Gedichter entstinn* (1985) de Robert Steffen ou sa série de collages *Chaocoll* (1985). Puissamment structurées et empreintes d'ironie, ces œuvres du début, très éloignées de l'abstraction

5. Bert Theis figure comme membre du comité des élèves dans une lettre du 13 juin 1968 demandant à leur « professeur » de pouvoir contribuer à « améliorer la cogestion du lycée » et à établir « un dialogue fructueux » avec les enseignants. Deux ans plus tard, il fit l'objet de mesures disciplinaires pour « insolence et indiscipline », alors qu'il contestait la version des faits exposée par son enseignant. Voir la lettre de Ben Molitor, directeur, au père de Bert le 19 novembre 1970, et le tract appelant à constituer un « front des élèves (*Schülerfront*) », décembre 1970.

6. Voir à ce sujet Justin Turpel, « 15 Jahre Bespitzelung », dans *forum* n° 328, avril 2013, www.justin-turpel.lu/fr/archives/221.

7. Relancés sous l'appellation RiMaflow, les ouvriers résistants ont dédié à Bert Theis une salle nommée « Utopia » dans laquelle ont lieu conférences et expositions de jeunes artistes. Voir rimaflow.it/?s=bert+theis&x=0&y=0.

lyrique et vaguement expressionniste qui dominait la scène luxembourgeoise à cette époque, ont été montrées au public dans des expositions personnelles à la galerie Nick-Nack à Ettelbruck et à la Art Gallery à Luxembourg, ainsi qu'à la galerie Terres Rouges et au Schluechthaus à Esch-sur-Alzette.

Cette liberté artistique, que Bert cultivait consciencieusement, n'était pas tombée du ciel : en bon connaisseur des théories sociales marxistes, il savait qu'un artiste qui doit vivre de son travail finit, sauf exception, par devenir l'esclave de son marché. S'il consacrait sa vie à l'art, il gagnait son argent en étant enseignant. Lui et sa compagne Mariette Schiltz n'auront de cesse, leur vie durant, de séparer travail alimentaire et travail artistique afin d'assurer l'indépendance de ce dernier, quitte à renoncer à bien des aspects de la société de consommation, qui, de toute façon, ne les grandissaient pas. C'est autour de quarante ans seulement que Bert quitta définitivement son poste à l'Éducation nationale de Luxembourg pour s'installer à Milan afin, entre autres, d'enseigner à la Nuova Accademia di Belle Arti (NABA).

C'est de cette époque que datent ses derniers tableaux et, conscient de l'impasse dans laquelle ils le menaient, il les immola finalement au cours d'une performance documentée par trois polaroïds dont il disait vouloir un jour faire une composition. De toute évidence, l'idée d'un objet exprimant un sentiment individuel sans rapport à un contexte et sans utilité sociale ne pouvait plus le satisfaire – elle ne faisait qu'entretenir le spectacle suicidaire du monde capitaliste auquel il se refusait. Je m'explique ainsi la pédagogie patiente avec laquelle il a toujours parlé de son travail depuis notre première rencontre : produire de l'art, c'est partager quelque chose avec les autres, s'émanciper ensemble, non en imposer par une originalité douteuse à des fins de distinction et d'exclusion. C'est aussi la raison pour laquelle Bert a dès lors surtout créé des situations, des performances et des œuvres praticables dans l'espace public, qui ont en commun de valoriser la présence active du spectateur et sa réflexion critique.

Si la série des *Shadow Fixing*, réalisée entre 1993 et 1995, atteste de cette recherche du dépassement de l'objet, aujourd'hui elle me semble être aussi une ultime confrontation avec les limites de la peinture. En apposant de la poudre noire sur l'ombre projetée par divers objets à une heure déterminée – une pierre sur le site du palais de Knossos en Crète ou le lampadaire d'une zone périurbaine à Milan –, Bert renvoyait au mythe originel de la peinture conté par Platon tout en démontrant son incapacité à saisir l'instant réel, car l'ombre se déplaçait inéluctablement avant même d'être entièrement dessinée. Ce n'est pas un hasard si Bert a documenté ces actions par des photographies qui montrent le décalage entre l'ombre fixée et l'ombre mouvante, ni qu'il ait considéré celle, prise de nuit, du lampadaire milanais comme emblématique de cette recherche : en effet, le paradoxe visuel d'une source de lumière éclairant la silhouette de sa propre ombre faisait conceptuellement écho au caisson lumineux qu'il préparait à la même période. La série s'est terminée en apothéose en 1995, lorsque dans le cadre de l'année culturelle[8] il imagina une sorte de performance aux allures de ballet bien chronométré, au cours de laquelle il fixa l'ombre d'une tour du fort Thüngen : bien qu'en mauvais état, ce dernier avait servi de prétexte à de longues polémiques qui finirent par retarder et considérablement transformer le projet de construction d'un musée d'art contemporain sur ce site[9]. Bert choisissait scrupuleusement ses terrains d'intervention : il mêlait l'histoire et le contexte à son propre vécu pour faire apparaître des liens subtils et des idées fortes, tout en prenant soin de conférer à chaque détail, à chaque geste, une beauté raffinée.

Il parvenait ainsi, avec peu de moyens, à transformer profondément la perception des lieux, y compris des espaces a priori peu favorables à la présentation d'œuvres d'art. Invité par le Centre culturel français, à l'époque logé à l'étage d'un immeuble de bureaux, il planta un décor suggestif composé d'une échelle, de quelques cubes superposés et d'une boule, pour réaliser une « opération publique » intitulée *Désenchantement virtuel. Opération publique* (1994). Ces quelques éléments suffisaient pour évoquer la célèbre *Mélancolie* (1514) d'Albrecht Dürer, et Bert entreprit de mettre le carré magique qui y est représenté « à l'épreuve de la méthode Sélavy, moyennant l'ordinateur[10] ». Prolongeant l'effort de la Renaissance pour fonder la peinture sur la raison, les mathématiques et l'imitation de la nature, Bert intégra les technologies nouvelles et l'apport de Marcel Duchamp dans une ultime tentative de la maintenir en vie.

Bert donna une preuve éclatante de sa capacité à métamorphoser les lieux en magnifiant leur contexte lorsqu'il fut invité à représenter le Grand-Duché à la Biennale de Venise en 1995. Pourtant, l'aventure commença mal : outre que l'idée d'endosser le rôle de porte-drapeau d'un pays ne lui plaisait guère, l'espace habituellement accordé au Luxembourg dans une aile du pavillon central des Giardini était particulièrement ingrat. Il accepta néanmoins, déterminé à tirer le plein potentiel de la situation. Mais avant même qu'il ait pu se rendre sur place survint la nouvelle que le commissaire général, Jean Clair, exigeait les espaces disponibles pour lui seul. Les pays sans pavillon durent donc louer un local en ville pour exposer, chose qui s'avéra impossible pour le Luxembourg, eu égard au budget alors alloué. Bert se mit donc à explorer les Giardini et y dénicha un recoin broussailleux et peu accessible, au fond duquel une baraque servait de vestiaires et de latrines aux gardiens. Cela lui donna l'idée d'en faire en quelque sorte un petit paradis pour les visiteurs.

8. En 1995, Luxembourg était Capitale européenne de la culture.
9. Le musée (Mudam Luxembourg), dont la construction fut décidée par le gouvernement en 1989, fut fortement réduit par rapport aux plans originaux et n'ouvrira qu'en 2006.
10. Carton d'invitation de l'exposition.

Potemkin Lock (1995) vit le jour après une longue bataille diplomatique impliquant le commissaire général, les autorités de la biennale et de la ville de Venise, ainsi que les responsables des ministères de la Culture de la Belgique et des Pays-Bas, voisins directs de ce pavillon luxembourgeois temporaire[11]. Petit enclos de verdure fermé par une haute palissade blanche, on y pénétrait après avoir traversé un couloir dans lequel résonnait un rap chanté par Marcel Duchamp, réalisé grâce à des bribes de phrases extraites de l'enregistrement d'une interview qu'il avait donnée dans les années 1960 et intégrées à une composition musicale de Raphaël Rippinger. Le succès de cette œuvre-pavillon fut immédiat : en quelques jours, elle devint la favorite d'une bonne partie de la presse, des professionnels de l'art et du public, et Kaspar König, membre du jury cette année-là, considérait qu'elle méritait le Lion d'or[12].

Surtout, *Potemkin Lock* concrétisait les réflexions que Bert menait depuis le début de son parcours artistique et inaugurait un élément essentiel de toute sa démarche ultérieure : la *définition d'un lieu* ayant la capacité de mettre en évidence la personne qui s'y trouve, de lui permettre de s'élever (au sens propre et au sens figuré) et de lui conférer la faculté d'être à la fois *regardeuse et regardée*. Lorsqu'elle est pleinement assumée et vécue consciemment, cette double présence est, pour moi, le don le plus précieux de l'art à l'homme. Que ce *lieu* puisse être un simple banc déplaçable dans un musée (*Drifters,* 2005-2006) ou une installation permanente (la *Warburg Spirale. Un monument aux vivants*, 2002, sur la place de la République à Strasbourg ou *The true artist...*, 2003, au MNHA, par exemple) montre la force et la générosité de cette conception que Bert a su matérialiser partout où il travaillait. Cela non sans distiller son humour décapant : à Venise, alors qu'il terminait de peindre en blanc la palissade quelques jours avant l'inauguration, un journaliste lui demanda ce qu'il était en train de faire. Bert répondit qu'il était probablement en train de peindre le plus grand tableau monochrome (en mètres carrés) jamais montré à la biennale, pour faire plaisir à Vincent van Gogh.

Le succès de *Potemkin Lock* eut aussi une retombée inattendue et importante au Luxembourg : enthousiasmée, la ministre de la Culture, Erna Hennicot-Schoepges, accueillit favorablement le projet de création du Casino Luxembourg – Forum d'art contemporain qui lui fut présenté peu de temps après. Le centre d'art put ainsi ouvrir en mars 1996. Or, dès son lancement, cette jeune institution souffrit de l'absence d'espaces de repos dans le bâtiment historique qui l'abritait. Bert proposa alors d'utiliser la moitié de l'*Aquarium*, sobriquet donné à l'ajout en fer et en verre construit en 1956

11. Pour plus de détails, voir Enrico Lunghi, « Le Luxembourg à la Biennale de Venise », dans *The Venice Biennale Projects, 1988-2011*, cat. d'exp., Luxembourg, Mudam, 2012.
12. Voir la carte postale de Kaspar König à Bert Theis conservée aujourd'hui dans la collection du Mudam.

d'après des plans de Jean Prouvé pour agrandir l'édifice central de 1886. *Le Domaine de Marcel & Joseph* (1998) exploitait au mieux la nature pavillonnaire et la relation avec l'environnement urbain de la construction moderniste. Les plantes tropicales, les transats, le mobilier en rotin, mais aussi la bande sonore originale et la couleur blanche qui recouvrait l'ensemble étaient une invitation au dépaysement et à l'apaisement – et favorisaient la contemplation et la réflexion sur les expositions proposées dans les autres salles. Ce dispositif se déployait autour d'une volière où deux mainates étaient censés discourir à grand renfort de citations de Marcel Duchamp et de Joseph Beuys, apprises au cours de six mois d'entraînement personnalisé[13] – entraînement qui s'avéra vain, les oiseaux choisissant eux-mêmes les sons qu'ils voulaient apprendre, ce qui ne manqua pas de faire dire à Bert qu'ils produisaient des bruits de type « ready-made inversé ». L'intégration d'animaux et de plantes était bien sûr un défi quotidien à surmonter pour l'équipe du Casino, mais elle comportait aussi pour l'artiste une dimension sociale, humaine et même politique, car elle impliquait une responsabilité envers des êtres vivants et introduisait une relation affective que les œuvres habituellement exposées dans le centre d'art ne généraient guère. Cette installation, complexe et programmatique, prolongeait l'expérience de *Potemkin Lock* et préparait conceptuellement l'une de ses autres réalisations majeures de ces années, la *Philosophical Platform* à Münster en 1997[14].

Entre-temps, les invitations à participer à des expositions à travers l'Europe s'étaient multipliées. Parmi elles, soulignons celle des curateurs de Manifesta 2, la toute jeune biennale européenne itinérante dont la deuxième édition allait se tenir, à la surprise générale du monde de l'art, à Luxembourg pendant l'été 1998[15]. Bert y répondit en proposant son *Independent Sub-Curator Project*, véritable critique des manifestations qui ne faisaient « qu'alimenter le marché de l'art international[16] ». Il s'agissait d'un triptyque inspiré par les finalités de la rhétorique cicéronienne : *delectare* (plaire) avec *Le Domaine de Marcel & Joseph* qui venait d'être inauguré ; *docere* (enseigner) avec un atelier pour jeunes artistes ayant comme but de « provoquer des réflexions, des discussions, un échange d'expériences et de connaissances, pas de produire des biens de consommation[17] » ; *movere* (émouvoir) avec une « navette parfumée et sonorisée qui reliait le Casino Luxembourg

13. Bert tenta d'apprendre à son mainate des phrases telles que « Jeder Mensch ist ein Künstler » (Chaque homme est un artiste) ou « Kunst ist Kapital » (L'art est le capital), et moi « Rrose, c'est la vie » ou « La mariée mise à nu » au mien.

14. Voir à ce sujet Enrico Lunghi, « Plateforme philosophique », texte à paraître dans *Kulturissimo*, supplément mensuel du *Tageblatt*, quotidien luxembourgeois, avril 2019.

15. Michel Majerus et Antoine Prum étaient les deux autres artistes luxembourgeois invités.

16. Voir Bert Theis, « Chère Barbara, chère Maria, cher Robert », dans *Manifesta 2*, cat. d'exp., Luxembourg, Casino Luxembourg – Forum d'art contemporain, 1998.

17. *Ibid.* Suite à cette impulsion, le Casino Luxembourg – Forum d'art contemporain a continué à organiser annuellement l'Art Workshop en collaboration avec l'Université du Luxembourg jusqu'en 2011.

à la maison natale de Karl Marx » à Trèves, autrement dit « la ville des banques à la maison de l'auteur de *Das Kapital*[18] ».

Il est clair que Bert s'adressait à la culture et à l'intelligence des gens et ne cherchait pas à flatter les goûts banals et mortifères pour les apparences et les richesses matérielles d'une bonne partie de ceux qui gravitent autour de l'art. Il le faisait toujours avec une élégance rare et un raffinement esthétique opposés à la « pollution visuelle »[19] qui submerge le monde actuel et dont l'écrivain et critique littéraire Annie Le Brun pense qu'il s'agit de « la mise en place d'un genre inédit d'asservissement, sinon de corruption »[20]. Son travail élargissait l'espace mental et enrichissait la perception de celles et ceux qui l'approchaient, parce qu'il était une proposition d'émancipation. En apportant une réponse belle et méditée aux situations spécifiques qu'il abordait[21], Bert parvenait, sans miser sur le spectaculaire, à créer des lieux nouveaux, remplis de promesses. Le blanc, dont il s'est servi comme d'une arme afin de libérer les yeux et d'élever l'esprit, était une philosophie de vie : Vincent van Gogh l'aurait compris, je crois.

18. *Ibid.*
19. Titre d'une série de cinq annonces dans des quotidiens des pays où Bert exposa entre 1994 et 1996.
20. Annie Le Brun, *Ce qui n'a pas de prix*, Paris, Stock, 2018.
21. Il apportait le même soin aux petits projets domestiques (*Cinq non-lieux* à la résidence Chopin à Bereldange et *The Lunghi-Gaeng Project* à Beggen, par exemple) qu'aux grandes réalisations urbaines (*2551913* pour la Butte-du-Chapeau-Rouge à Paris, par exemple).

Marx Among the Palms: The Uncapturable Radicality of Bert Theis

Better ten palm trees than a thousand oaks![1]
—Bert Theis

If I look back to when this intellectual adventure began, I have to admit that I was never under the illusion that it was concluded. Nor was there the hope that it would conclude. The certainty has always been there however that here and now, we will have to fight to attain it.[2]
—Toni Negri, "Sul comune"

Here the future is already present / Those with comrades will not die.[3]
—Franco Fortini, "L'Internazionale"

Elvira Vannini

Art has been a key tool in the struggle. And struggle has been an important tool in Bert Theis's political and personal trajectory, particularly his radical aesthetic and linguistic experiments within and against the social configurations of the art system and its "power structures" (be they productive, ideological, cultural, or economic). "It's important to reiterate that artists and educators are not neutral players, nor can they consider themselves vectors of a particular form of creativity and knowledge that relates to the struggle," emphasizes Silvia Federici in a text devoted to the production of commons in cities[4] and the way in which new genre public art[5] is skillfully used to "build consensus, shore up communities, and quell conflicts."[6] It is power that takes advantage of art to legitimize its own forms of expropriation and capture.

When I think of the relationships or differences between political art and activism, some of the different terminologies and meanings can be found in the work of Lucy Lippard. Political art tends to be "socially concerned," and to relate to and explore political issues without entailing direct action. Talking about political art requires establishing a model category, often simplifying and diminishing the relationship this kind of work has with its originating contexts—thematizing the political arena without referring to the means or modes of production, or to shifts in language or creative functions. Activist art, on the other hand, tends to be "socially engaged,"[7] instrumental to the struggle, and aware, in Marxian terms, that what is being dealt with is not a theoretical problem: it is, on the contrary, an enemy to be beaten. If art and activism historically have been set in hegemonic antagonism to one another, and continue to be considered total opposites within both the cultural and activist spheres, many art institutions (biennials, forums, festivals, artworks, exhibitions, and conferences) have recently started operating a form of sabotage and draining themselves of their radical elements. They enlist radical politics only as an object to be exhibited; it is often simply

1. Bert Theis, "Ten Fingers," in *Arte all'Arte 98*, exh. cat. (San Gimignano: Maschietto & Musolino, 1998), 134.
2. Toni Negri, "Sul comune," in *Toni Negri: Arte e multitudo*, ed. Nicolas Martino (Rome: DeriveApprodi, 2014), 101.
3. Franco Fortini's new translation of the lyrics of "The Internationale" dates from the 1970s.
4. Silvia Federici, "Produrre il comune nelle città," in *Reincantare il mondo. Femminismo e politica dei commons* (Verona: Ombre Corte, 2018), 156–57.
5. The definition of "new genre public art" was not based on specific types of materials, spaces, or languages, but on the concept of audience, public, relationship, communication, and political intentionality. See Suzanne Lacy, *Mapping the Terrain: New Genre Public Art* (Seattle: Bay Area Press, 1994).
6. Artists and the art system are often the unwitting—though sometimes conscious—actuators of a policy of capitalistic urban development at the expense of entire classes of working people. See Rosalyn Deutsche, *Evictions: Art and Spatial Politics* (Cambridge, MA: MIT Press, 1996), 281.
7. Lucy R. Lippard, "Trojan Horses: Activist Art and Power," in *Art after Modernism: Rethinking Representation*, ed. Brian Wallis, (New York: The New Museum of Contemporary Art, 1984), 349. She also writes, "Whereas community-based art is grounded in communication and exchange, activist art is based on creative dissent and confrontation. Community-based practices tend to be affirmative, while most 'political art' is rejective of the *status quo*." See Lippard, "Time Capsule," in *Art and Social Change: A Critical Reader*, ed. Will Bradley and Charles Esche (London: Tate Publishing and Afterall, 2007), 409.

articulated as a mere regime of representation without being transformed into a space of effective subjectivation. Is it possible to still believe in the emancipatory power of art and the social redistribution of creativity without reinstating the old modernist categories of engagement? The antagonism between artistic expression and activist demands is ideological and useful in breaking down the conditions for the possibility of art as politics and of artists as social agents, contributing to the idea that symbolic production is unable to generate the transformative effects that only direct action allows. From Theis—who always knew where to position himself in the struggle—I learned to seize the not-always-unintentional complicity of this "obedient" governmental machine that is the art system, with the subsumption (in many cases) of a type of art that contributes to strengthening the creative economy. "The Trojan horse may have been the first work of activist art," Lippard asserts. "Based on subversion on the one hand and empowerment on the other, activist art operates both within and outside the besieged fortress of high culture or the 'art world'."[8]

According to Gregory Sholette, the legacy of activist art, when not actually concealed, is devalued to the downgraded contribution of institutional critique.[9] This process of revision is apparent in the most recent book by Miwon Kwon, who draws up a genealogy of site-specificity based on three paradigms[10]: phenomenological and experiential; social and institutional; and discursive, avoiding the fundamental impact of activist politics on post-1960s practices in the redrafting of public space, the definition of its nature, and the modes of production of contemporary art. Among the many insubordinate subjectivities of the plural roles he played—as artist and militant, indefatigable organizer and sophisticated intellectual, pedagogue and teacher, inflexible philosopher and ironic utopian—the "subcurator" Theis produced an inventory of critical terms, genuine political concepts, to ascribe tension and creativity to the narratives and agents of enunciation about ongoing conflicts. These included *audience-specific*, *dirty cube*, *dispersed center*, and above all, *fight-specific*—terms that deterritorialize art from its usual spaces through a process of subjectivation that even now remains one of the most potent instituent, critical, and molecular practices I have ever come across. Art engages in a specific struggle and does not restrict itself to just illustrating or representing. Fundamentally, art can be a question of placement and antagonistic "counter-position," with the purpose of supplying the instrument essential for turning over into counter-subjectivity.

8. Lippard, "Trojan Horses: Activist Art and Power," 341.
9. See Gregory Sholette, "News from Nowhere: Activist Art and After; A Report from New York City," *Third Text* 45 (Winter 1999): 45–62.
10. See Miwon Kwon, *One Place after Another: Site-Specific Art and Locational Identity* (Cambridge, MA: MIT Press, 2004).

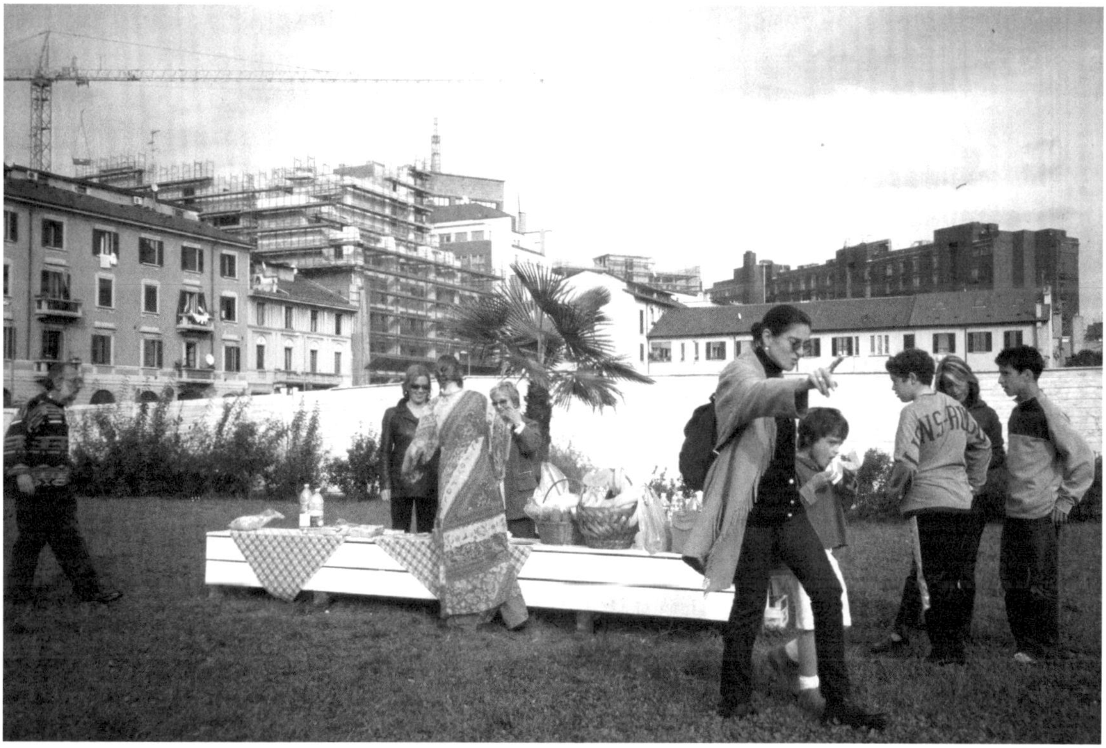

Untitled/Untilted, 2001

It is nonetheless necessary to clear away all the misleading ambiguity that arises around many of the rhetorical arguments about public art attributed to the work of Theis (which is not theoretical but invested by politics, and thus proudly partisan) in order to understand how his art is entirely unrelated to the spectacularization of relational aesthetics, with which it has often been compared. Nicolas Bourriaud described the symptoms of a trend in which artists, interested by new models of social relations capable of temporarily interpreting the space, have embraced intersubjectivity, relationality, and public engagement as new forms of participation and value-based negotiation.[11] This does not take into account the dimension through which an artwork engenders participatory behavior—a characteristic feature of community-based practices, which is accompanied by misconceptions of democracy and emancipation that instead correspond to new forms of widespread control used to neutralize existing or potential forces in a given territory. No transfer or decentralization of power takes place, but instead a spectacular influence is exercised on the decision-making process.

When Theis arrived on the international scene following his invitation to participate in the Venice Biennale in 1995, Luxembourg, like many other non-European countries (such as China and the African nations), did not have its own pavilion. So he built a temporary structure—the fake pavilion *Potemkin Lock* (1995), a simulacrum squeezed between the Belgian and Dutch pavilions—causing a diplomatic incident, or what Theis called "territorial pissing," the "inevitable reflex of the bureaucrats of culture when art is expropriated for purposes of national self-representation."[12] Once inside the pavilion, visitors found themselves in an agreeable space furnished with deck chairs where they could take a pleasant break while listening to *Potemkin Lock Venice Rap*, a soundtrack created by mixing samples from a radio interview with Marcel Duchamp—who, paradoxically, never exhibited at the Venetian fair. Neither the Dutch nor Belgian pavilion organizers had given Theis their consent for the construction, despite the fact that the biennial directors and the Venice municipality had stipulated this as a condition for the project going forward.

From 1997 onward, with his participation in the Skulptur Projekte in Münster, many of Theis's public works took on the phenomenology of an anonymous

11. A new curatorial rhetoric places emphasis on performativity, temporality, and flexibility, directing these concepts toward exploring temporary mediation systems of artistic production via the diffusion of terms such as *kiosk*, *platform*, and *station*—"places where people come together and then disperse"—in order to underscore the attempt to create incidental communities. These terms recall the old modernist aim of modernizing culture in line with industrial society (El Lissitzky spoke of his *Proun* projects as "stations between art and architecture"). They reached their apogee in the cumulative project *Utopia Station*, curated by Molly Nesbit, Hans Ulrich Obrist, and the artist Rirkrit Tiravanija at the 50th Venice Biennale in 2003.

12. "Conversation between Bert Theis and Carlo Dolci," in *Zeitgenössische Skulptur. Projekte in Münster 1997*, ed. Klaus Bussman, Kasper König, Florian Matzner (Ostfildern-Ruit, Germany: Hatje Cantz, 1997), 416.

and antispectacular platform *en plein air*, running counter to both the authoritarian logic of the monument and the modernist ideology of functional and axiomatic utility. Critical of *soziale plastik*, or "social sculpture," the white and indeterminate platform/dais/ramp, as described by Marco Scotini, became a sort of Brechtian "podium of contemporary 'whatever singularity',"[13] a setting for an unlimited number of behaviors and "non-focused systems of social interaction" (Erving Goffman). The *Philosophical Platform* (1997), which reproduced the symbolic volume of Raphael's stylobate (the subject of debate among Greek philosophers in the *School of Athens* fresco at the Vatican), was installed in front of the Prince-Bishop's castle in Münster, a building designed by architect Johann Conrad Schlaun and the last example of Baroque in Westphalia. "The first philosophical platform in the world," Theis liked to point out, whose epistemological function was of "concrete and practical value to the public,"[14] as the installation was available for an unspecified series of unpredictable horizontal functionalities. Much more than "philosophical karaoke," this empty stage (Theis related how, concerned that it would not produce any results, Kasper König suggested that he organize at least two weekly events, something that Theis refused to do) wasn't just a place to speak in public: it became the site of multiple and unplanned activities. "Economy of time, to this all economy ultimately reduces itself," wrote Karl Marx.[15] On the platform, one could pass the time; relax; walk around; skate; cycle; or organize dance competitions, concerts, plays, meetings, birthday parties, and even philosophy lessons. An association called Die Freunde der Platform (Friends of the Platform) was even formed, fighting for the platform not to be dismantled but to become a permanent structure for the public to use.

According to Roggero, "Marx went to the school of class struggle. Anyone painting a solitary scholar bent over his books in the British Library has not understood a thing, or does not want others to understand. The writings of the Moor from Trier were produced while listening to the songs of the weavers from Silesia, observing with sympathy the barricades in June 1848, organizing the workers in the Socialist International, trying to offer concerned directions and support before and during the Paris Commune, and attempting to understand it afterward."[16] With *Dialectical Leap* (1998), Theis, who as a young man had militated in the Revolutionary Communist

13. Marco Scotini, "The Platform Factor: The Podium of Contemporary 'Whatever Singularity'," in *Bert Theis: Building Philosophy* (Chamarande, France: Domaine départemental de Chamarande, Centre d'art contemporain, 2011), 84.
14. "Conversation between Bert Theis and Carlo Dolci," 413.
15. Karl Marx, *Grundrisse* [1857–61] (Notebook I, "The Chapter on Money"), trans. Martin Nicolaus (London: Penguin Books and New Left Review, 1973), 172–73.
16. Gigi Roggero, *Elogio della militanza. Note su soggettività e composizione di classe* (Rome: DeriveApprodi, 2016), 42.

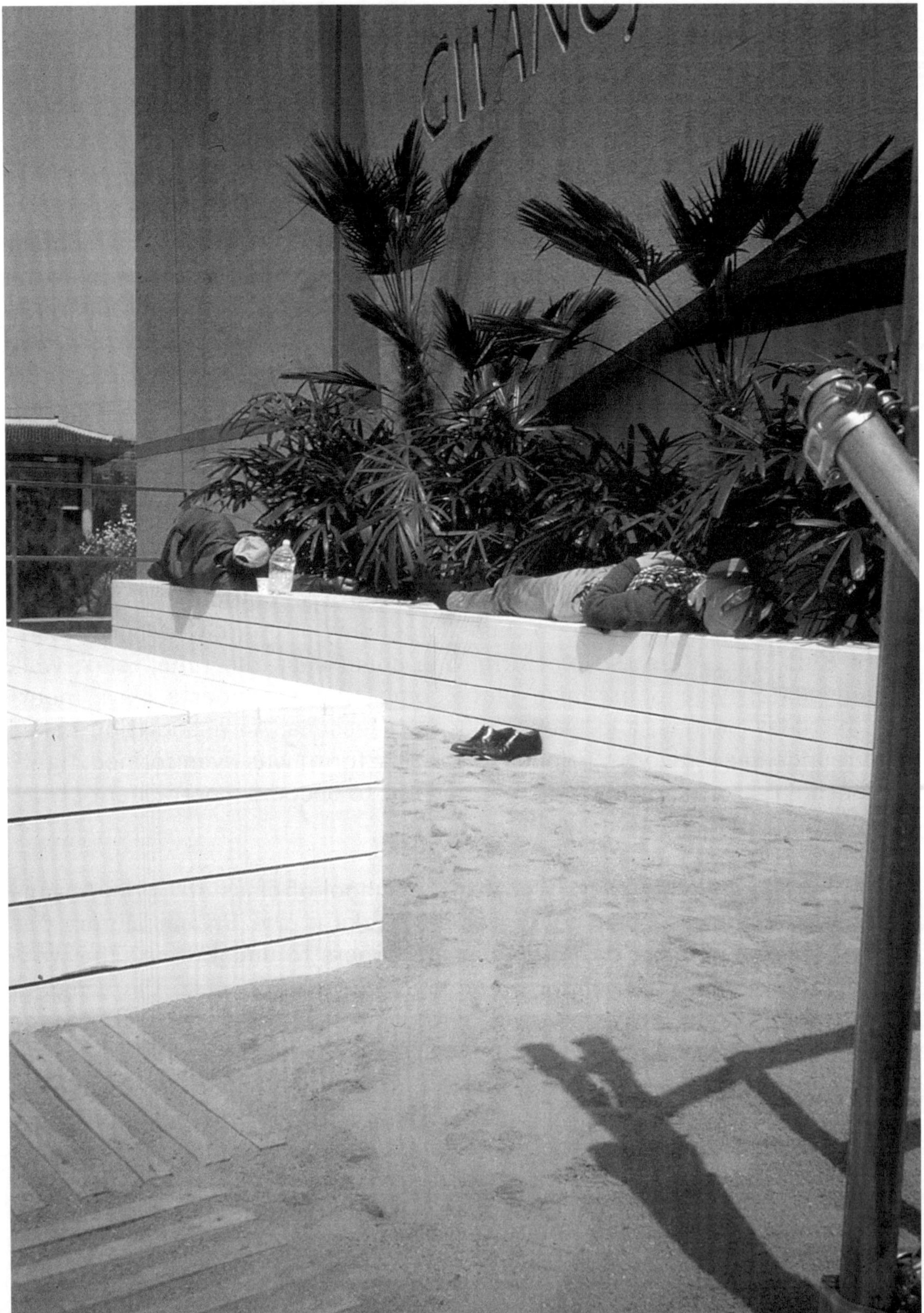

Russell-Prosthesis, 2002

League, conceived his *Independent Subcurator Project* for Manifesta 2 in Luxembourg in 1998. Every weekend, he organized a thirty-minute journey in a scented shuttle bus, accompanied by the sounds of African percussionists, to the house in Trier in which Marx was born. Theis described the journey as being from Manifesta 2 to the birthplace of the author of the *Manifesto of the Communist Party*, from Luxembourg to Germany, from the city of the banks to the author of *Das Kapital*—in short, from art as an advanced post of neoliberalism to the "revolution against *Capital*," to use Antonio Gramsci's famous expression, and all this without Theis ever losing his sharp but always gentle sense of humor.

"There is no longer a shadow of a doubt: in paradise man is born lying down, nude, under a palm tree," Theis noted in 1998 for his work *Ten Fingers / Le dita della mano*[17] (1998). For this piece, ten white islands formed by podiums and shaded by Mediterranean palms were scattered through the park in Volterra. Opposite stood the town's majestic fortress-cum-prison, a structure representing social control, lives sequestered, time stolen—a place where art doesn't enter. As with all his platforms, the public could use these to recline, dream, or sunbathe. The work encouraged "unproductive" use of time, inspired by Paul Lafargue, Marx's son-in-law, who in 1880 began writing his famous pamphlet refuting the right to work (a critique of that "strange delusion [that] possesses the working classes of nations where capitalist civilization holds its sway... the furious passion for work"[18]) and claiming instead the "right to be lazy." Theis offered a counter-politics of time in an era of absolute governance by time—an offering echoed in his *Warburg Spirale. Un monument aux vivants* (2002), which prompted visitors to follow its curved and spiraling shapes, a form excluded from modernist town planning in favor of rectilinear layouts that "don't make us waste time"; and his contribution to the third Gwangju Biennial, *Russell-Prosthesis (2002)*. The latter was another open platform, organized as a hanging terrace with exotic palms and sand—a sort of avant-corps or "architectural prosthesis" for the biennial entrance building that invited visitors to remain inactive, to take a break.

Another episode that revolved around the informal and contextual discursiveness of Theis's research into the audience-specific nature of his work was *Growing House* (2004), created for the fifth Shenzhen International Public Art Exhibition. In the sprawling Asian city—marked by urban conglomerations, ever-faster and uncontrolled growth, and the fierce capitalization of public space (a political laboratory controlled by capitalism in one of the

17. Bert Theis, "Ten Fingers," 135.
18. Paul Lafargue, *The Right to Be Lazy* (1883), trans. Charles Kerr, https://theanarchistlibrary.org/library/paul-lafargue-the-right-to-be-lazy.

most populous megalopolises in the world), where all areas are open to economic investment and speculation—Theis installed an island in the middle of a park. Another pavilion with palms (tropical vegetation once again) grafted onto a platform that was shaded by a cotton canopy, it was inspired by the ancient idea of a nest dwelling, in which living spaces grow with the organic development of nature.

Better ten palm trees than a thousand oaks! The subsequent action of planting trees in Milan became an act of resistance (and disobedience) against the municipality's plan to privatize the historic working-class district of Isola and do away with the park in Via Confalonieri. The first clandestine palm was planted during the *Art-chitecture of Change* exhibition (2005), curated by Scotini. In the middle of a verticalization process that affected the entire neighborhood, urban spaces were the subject of (real-estate, financial, and marketing) speculation, and the expropriation of freedoms adopted the vocabulary of the creative industries, functioning as an indicator of economic value and demonstrating their impossible outsiderness. In this context of a hegemonic neoliberal agenda, the irreversibility of rampant gentrification, and the invisibility of the socially disadvantaged, how is it possible for art still to exist in public space? There is no longer room for ideals; space is fully occupied by the materiality of the relations of production, power, and struggle.

Jürgen Habermas's abstract notion of the public sphere as a shared, reconciled, democratic space accessible to everyone—in which all citizens feel they are universally represented as they rise above conflict—collapses. Feminist and postcolonial theories on the politics of the production of subjectivity have shown how public space, as a place protected from conflict and heterogeneity, is simply founded on the censure of differences. Isola Art Center has been the heart of a program of resistance that has generated a variety of insurgent social models, of bottom-up creative forces dedicated to the struggle, of opposition to the dominant model of urban construction and the imbalances created by the politically and economically driven programs of urban transformation. It is less "a dimension capable of overturning the state apparatus"[19] than it is an assertion of the triad (of the revolutionary machine) of "insurrection, resistance, and constituent power"[20] capable of creating ungovernable, dissident zones. The many-faceted efforts of political and artistic activism, Gerald Raunig goes on to say, do not aim to institutionalize concatenation; constituent power creates possibilities that lie outside of constituted power, testing different models of political organization,

19. Gerald Raunig, *Art and Revolution: Transversal Activism in the Long Twentieth Century* (Cambridge, Mass.: MIT Press, 2007), 25.
20. *Ibid.*, 26.

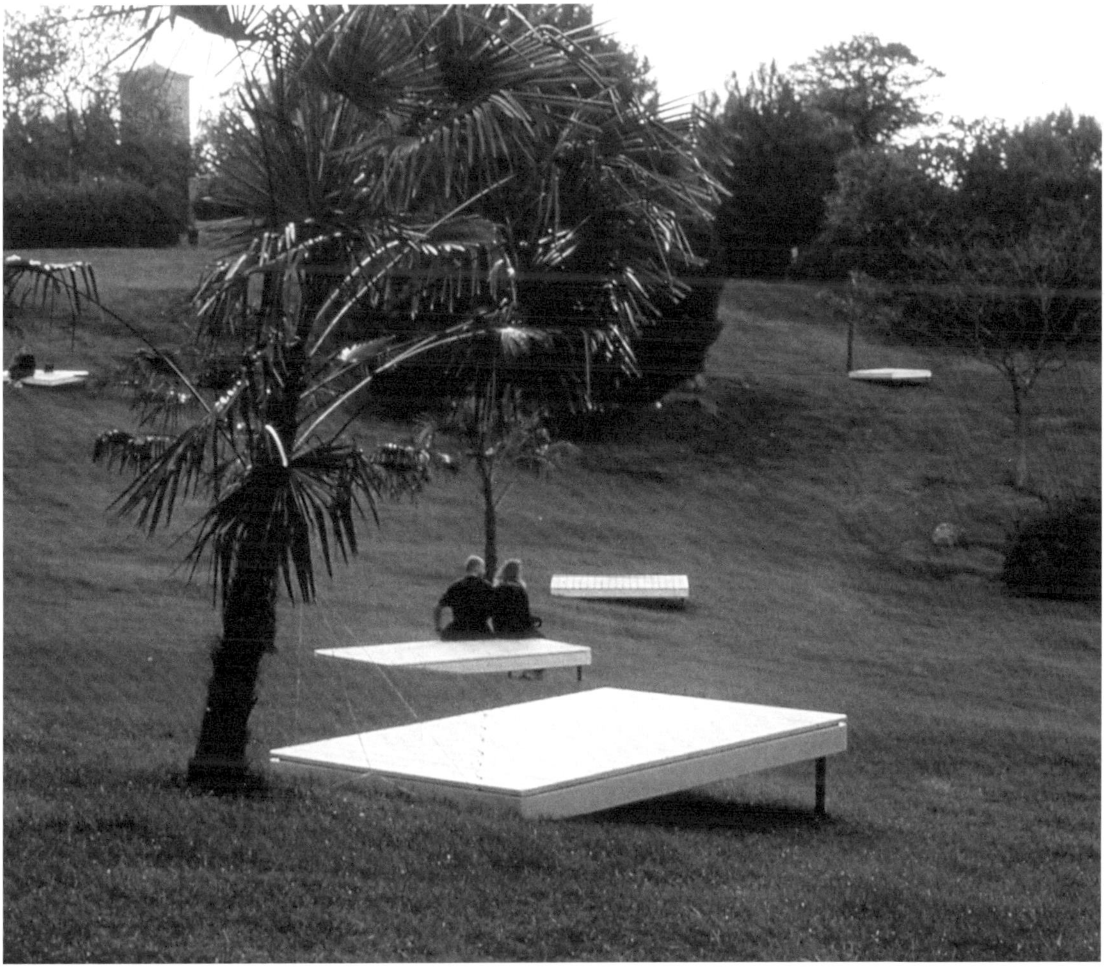

Ten Fingers / Le dita della mano, 1998

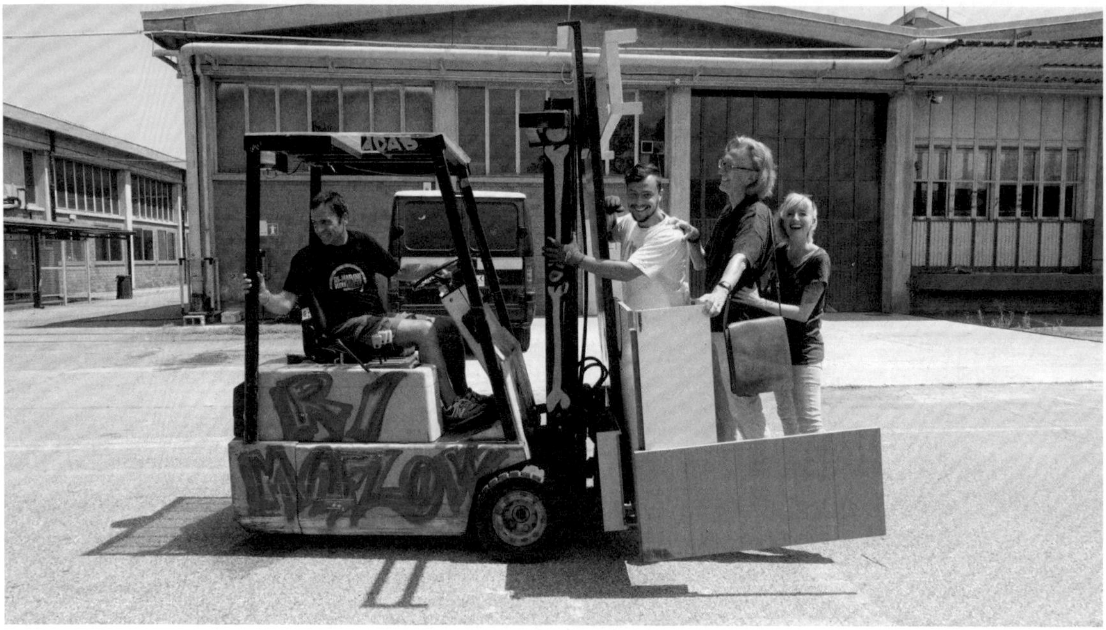

Utopia productions, RiMaflow, 2015

collective forms, and modes of development that resist reterritorialization and structuralization.[21] Following the demolition of the Stecca, Theis chose the path of noninstitutionalization and diaspora, often finding himself isolated with regard to many in the art system. He doggedly continued to fight, however, because defeat, just like victory, is never irreversible.

The etymological origin of the word *radical* is "root." And the term *grassroots* doesn't simply mean "movement from the ground up," bringing to mind Theis's struggle alongside people-led movements and self-organizing and self-governing groups (such as *OUT (Office for Urban Transformation)*, Isola Art Center, the Isola Pepe Verde community garden, the occupation of Macao, and the RiMaflow factory), but also that every blade of grass has its own roots. Says Lippard, "An artist can function like a lazy gardener who cuts off the weeds as a temporary holding action. Or s/he can go under the surface to the causes. Social change can happen when you tear things up by the roots, or—to collage metaphors—when you go back to the roots and distinguish the weeds from the blossoms and vegetables... the Trojan horses and the four horses of the Apocalypse."[22] Theis, who commented ironically on idleness as a productive, antigovernmental force of time liberated was not a lazy gardener but a militant firmly rooted in an uncapturable counter-subjectivity—an artist who had no need to learn to "deprofessionalize,"[23] as Federici writes, in order to "cultivate a different type of creativity from that usually associated with artistic expression. His was the creativity generated when we alter our relationships with others, finding the courage to resist the forces that oppress our lives in the power of cooperation."[24]

21. *Ibid.*, 65–66.
22. Lippard, "Trojan Horses: Activist Art and Power," 338.
23. Silvia Federici, "Produrre il comune nelle città," 157.
24. *Ibid.*

Marx parmi les palmiers. L'insaisissable radicalité de Bert Theis

« Mieux vaut dix palmiers que mille chênes[1] ! »
– Bert Theis

« Quand je repense au début de cette aventure intellectuelle, je dois admettre que je n'ai jamais entretenu l'illusion de l'avoir conclue. Ni même l'espoir de la conclure. Par contre, il y a toujours eu la certitude qu'elle nous oblige, ici et maintenant, à nous battre pour essayer de l'atteindre[2]. »
– Toni Negri, « Sul comune »

« Ici, l'avenir est déjà présent / Ceux qui ont des compagnons ne mourront pas[3]. »
– Franco Fortini, *L'Internazionale*

L'art a été un outil décisif dans la lutte. Et la lutte a été un outil clé dans la trajectoire politique et personnelle de Bert Theis, son expérimentation esthétique et linguistique radicale dans et contre les configurations sociales du système de l'art et ses « structures » de pouvoir (productives, idéologiques, culturelles, économiques). « Il est important de rappeler que les artistes et les éducateurs ne sont pas des acteurs neutres et qu'ils ne peuvent pas non plus se considérer comme vecteurs d'une forme particulière de créativité et de connaissances liées aux luttes[4] », souligne Silvia Federici dans un texte consacré à la production de l'indivis dans les villes, ou comment l'art public d'un nouveau genre[5] est habilement mis à profit pour « créer le consensus, uniformiser les communautés et étouffer les conflits[6] ». C'est le pouvoir qui profite de l'art pour légitimer ses propres formes d'expropriation et de conquête.

Quand je pense aux relations ou aux différences entre art politique et art activiste, les acceptions terminologiques divergentes ont leur origine dans certains textes de Lucy Lippard. L'art politique tend à être « socialement intéressé », concerne et explore des instances politiques sans que cela n'entraîne une quelconque action directe. Parler d'art politique équivaut à établir une catégorie type qui simplifie et minimise volontiers la relation que ce genre de production entretient avec les contextes dont il est issu, à thématiser le fait politique sans faire référence aux moyens ou modes de production, ni aux changements de vocabulaire ou des fonctions créatives. L'art activiste, quant à lui, tend à être « socialement engagé[7] », à se mettre au service de la lutte, conscient que, dans une perspective marxienne, ce à quoi il s'intéresse n'est pas un problème théorique. C'est, au contraire, un ennemi à battre. Si historiquement l'art et l'activisme ont été opposés l'un à l'autre et continuent d'être considérés comme des antagonismes absolus, dans la sphère culturelle autant que dans la sphère activiste, ces dernières années de nombreuses institutions artistiques (biennales, forums, festivals, œuvres,

1. Bert Theis, « Ten Fingers », dans *Arte all'Arte 98*, cat. d'exp., San Gemignano, Maschietto & Musolino, 1998, p. 134.

2. Toni Negri, 'Sul comune', dans *Toni Negri: Arte e multitudo*, dir. Nicolas Martino, Rome, DeriveApprodi, 2014, p. 101.

3. La nouvelle traduction de *L'Internationale* par Franco Fortini date des années 1970.

4. Silvia Federici, « Produrre il comune nelle città », dans *Reincantare il mondo. Femminismo e politica dei commons*, Vérone, Ombre Corte, 2018, p. 156-157.

5. La définition de cet art public d'un nouveau genre ne reposait pas sur une typologie spécifique de matériaux, d'espaces ou de vocabulaires, mais sur des concepts tels qu'audience, public, relation, communication et intentionnalité politique. Voir Suzanne Lacy (dir.), *Mapping the Terrain: New Genre Public Art*, Seattle, Bay Area Press, 1994.

6. Les artistes et le système de l'art sont souvent les acteurs involontaires – bien que parfois conscients – d'une politique de développement urbain capitaliste au détriment de catégories entières de travailleurs. Voir Rosalyn Deutsche, *Evictions: Art and Spatial Politics,* Cambridge (Mass.), MIT Press, 1996, p. 281.

7. Lucy R. Lippard, « Trojan Horses: Activist Art and Power », dans Brian Wallis (dir.), *Art After Modernism: Rethinking Representation*, New York, The New Museum of Contemporary Art, 1984, p. 349. Par ailleurs, « alors que l'art communautaire est fondé sur la communication et l'échange, l'art activiste repose sur la dissidence et la confrontation créatives. Les pratiques communautaires tendent à être affirmatives, alors que la plupart des 'arts politiques' rejettent le statu quo ». Lucy R. Lippard, « Time Capsule », dans Will Bradley et Charles Esche (dir.), *Art and Social Change: A Critical Reader*, Londres, Tate Publishing/ Afterall, 2007, p. 409.

expositions et conférences) ont trahi ou abandonné leur nature radicale en faisant de leur politique radicale un objet à exposer, souvent articulé comme un simple régime de représentation sans être transformé en un espace de véritable subjectivation. Pouvons-nous encore croire au pouvoir émancipateur de l'art et à la redistribution sociale de la créativité sans rétablir les vieilles catégories modernistes de l'engagement ? L'antagonisme entre expression artistique et revendications militantes est idéologique et sert à jeter le doute sur les conditions de possibilité de l'art en tant que politique et des artistes en tant qu'agents sociaux, contribuant ce faisant à l'idée que la production symbolique est incapable de générer le type d'effets transformateurs que seule l'action directe permet. C'est Bert Theis – qui a toujours su de quel côté se placer dans la lutte, alors que d'autres sont obligés de choisir – qui m'a appris à reconnaître la complicité, pas toujours involontaire, de cette machine gouvernementale « obéissante » qu'est le système de l'art, avec pour corollaire (dans de nombreuses instances) un type d'art qui contribue à stimuler l'économie créative. « Il se pourrait que le cheval de Troie ait été la première œuvre d'art activiste. Fondé sur la subversion d'une part, et sur l'émancipation de l'autre, l'art activiste opère à la fois à l'intérieur et à l'extérieur de la forteresse assiégée de la haute culture ou du 'monde de l'art[8]'. »

Selon Gregory Sholette[9], l'héritage de l'art activiste, lorsqu'il n'est pas simplement occulté, est réduit à la portion congrue de la critique institutionnelle. Ce processus de révision est apparent dans le dernier livre de Miwon Kwon, qui établit une généalogie de la spécificité du lieu [*site-specificity*][10] basée sur trois paradigmes – phénoménologique et expérientiel, social et institutionnel, discursif – tout en esquivant l'impact fondamental de la politique activiste sur la requalification de l'espace public, la définition de la nature de celui-ci et les modes de production de l'art contemporain après les années 1960. Parmi les nombreuses subjectivités réfractaires des multiples rôles qu'il a endossés – artiste et militant, organisateur infatigable et intellectuel sophistiqué, pédagogue et professeur, inflexible philosophe et utopiste ironique – le *subcurator* Bert Theis a produit un inventaire de termes critiques – de véritables concepts politiques – pour imprégner de tension et de créativité des récits et discours autour de débats récurrents : « spécificité du public » [*public-specific*], « *dirty cube* », « centre dispersé » et, surtout, « spécificité du combat » [*fight-specific*], qui déterritorialisent l'art de ses lieux habituels par le biais d'un processus de subjectivisation, qui reste à ce jour l'une des pratiques structurelles, critiques et moléculaires les plus puissantes qu'il

8. Lucy R. Lippard, « Trojan Horses », *op. cit.*, p. 341.
9. Voir Gregory Sholette, « News from Nowhere: Activist Art and After; A Report from New York City », dans *Third Text* n° 45, hiver 1999, p. 45-62.
10. Voir Miwon Kwon, *One Place After Another: Site-Specific Art and Locational Identity*, Cambridge (Mass.), MIT Press, 2004.

m'ait été donné de rencontrer. L'art s'engage dans une lutte précise qu'il ne se contente pas d'illustrer ou de représenter. Fondamentalement, l'art peut être une question de placement et de « contre-position » antagoniste, avec pour objectif de se doter de l'instrument indispensable pour se transformer en contre-subjectivité.

Il s'agit néanmoins d'écarter les ambiguïtés soulevées par nombre d'arguments rhétoriques sur l'art public attribués au travail de Bert Theis (qui n'est pas théorique, mais investi par une méthode politique, et donc fièrement partisan) si l'on espère comprendre pourquoi il n'a aucun rapport avec la théâtralisation de l'esthétique relationnelle, à laquelle il a souvent été comparé. Nicolas Bourriaud a décrit les symptômes d'une tendance par laquelle des artistes, intéressés par de nouveaux modèles de relations sociales leur permettant d'interpréter temporairement l'espace, ont adopté l'inter-subjectivité, la relationnalité et la participation du public comme nouvelles formes de participation et de négociation fondées sur des valeurs[11], sans jamais prendre en compte la dimension par laquelle une œuvre d'art engendre un comportement participatif – une caractéristique partagée par les pratiques communautaires qui s'accompagnent d'idées fausses en termes de démocratie et d'émancipation et correspondent en fait à de nouvelles formes de contrôle dispersé servant à neutraliser les forces existantes ou potentielles sur un territoire donné. Il n'y a pas de transfert ou de décentralisation du pouvoir, mais plutôt une influence spectaculaire sur le processus de prise de décision.

Lorsque Bert Theis arrive sur la scène internationale, suite à son invitation à la Biennale de Venise en 1995, le Luxembourg, à l'instar de nombreux autres pays non européens tels que la Chine ou les États africains, ne dispose pas de son propre pavillon. L'artiste choisit donc de construire une structure temporaire, un « faux pavillon » appelé *Potemkin Lock* (1995), sorte de simulacre encastré entre les pavillons belge et néerlandais, provoquant un incident diplomatique ou, dans les mots de Bert, un « marquage territorial », « inévitable réflexe des bureaucrates de la culture lorsque l'art est exproprié à des fins de représentation nationale[12] ». Mais une fois à l'intérieur du pavillon, les visiteurs se retrouvent dans un espace agréable où ils peuvent s'allonger sur des transats et écouter *Potemkin Lock Venice Rap*, une bande-son réalisée

11. La nouvelle rhétorique curatoriale met l'accent sur la performativité, la temporalité et la flexibilité, concepts qu'elle applique à l'exploration de systèmes de médiation temporaires de la production artistique par le biais de la diffusion de termes tels que « kiosque », « plateforme » ou « station » – « des lieux où les gens s'assemblent puis se dispersent » – qui ont pour objectif de souligner leur intention de créer des communautés fortuites. Ces termes ne sont pas sans rappeler le vieil objectif moderniste de moderniser la culture en accord avec la société industrielle (El Lissitzky qualifiait ses projets *Proun* de « stations entre art et architecture »). Ces efforts atteignent leur apogée dans le projet cumulatif *Utopia Station* organisé par Molly Nesbit, Hans Ulrich Obrist et l'artiste Rirkrit Tiravanija lors de la 50e Biennale de Venise en 2003.

12. « Conversation between Bert Theis and Carlo Dolci », dans Klaus Bussmann, Kasper König et Florian Matzner (dir.), *Zeitgenössische Skulptur. Projekte in Münster 1997*, Ostfildern-Ruit, Hatje Cantz, 1997, p. 416.

à partir d'extraits d'un entretien radiophonique avec Marcel Duchamp, qui, paradoxalement, n'a jamais exposé à la foire vénitienne. Ni les Pays-Bas ni la Belgique n'ont donné leur accord à la construction du pavillon, bien que les directeurs de la Biennale et de la municipalité de Venise aient fait de leur consentement une condition préalable.

À partir de 1997, l'année de sa participation aux Skulptur Projekte à Münster, bon nombre d'œuvres publiques de Bert Theis adoptent la phénoménologie d'une plateforme en plein air, anonyme et antispectaculaire, qui s'oppose tout autant à la logique autoritaire du monument qu'à l'idéologie moderniste de l'utilité fonctionnelle et axiomatique. Par ailleurs critique de la notion de *Soziale Plastik*, l'énigmatique plateforme/dais/rampe blanche et indéterminée, comme l'a décrite Marco Scotini, devient alors une sorte de podium brechtien de la « singularité quelconque[13] », servant de cadre à un nombre illimité de comportements et de « systèmes d'interaction sociale non focalisés » (Erving Goffman). La *Philosophical Platform* (1997) – qui reproduit la volumétrie symbolique du stylobate sur lequel débattent les philosophes grecs dans la fresque de Raphaël de *L'École d'Athènes* dans la Chambre de la Signature des musées du Vatican – est installée devant le château du prince-évêque de Münster, conçu par l'architecte Johann Conrad Schlaun, la dernière grande réalisation baroque en Westphalie. Comme aimait à le souligner l'artiste, c'est « la première plateforme philosophique au monde » dont la fonction épistémologique est « d'une utilité concrète et pratique pour le public[14] », puisqu'elle peut être utilisée pour une quantité non spécifiée de fonctionnalités horizontales imprévisibles. Bien plus qu'un « karaoké philosophique », cette scène vide (Bert Theis raconta que Kasper König, craignant qu'elle ne produise aucun résultat, avait suggéré d'organiser au moins deux manifestations hebdomadaires, ce qu'il refusa) n'est pas seulement l'endroit idéal pour s'adresser au public, mais sera investie par des activités multiples et non planifiées : « Économie de temps, voilà en quoi se résout en dernière instance toute économie politique[15] », avait déclaré Marx. Sur la plateforme, il est possible de passer du temps, de se détendre, de se promener, de faire du patin à roulettes ou du vélo, d'organiser des compétitions de danse, des concerts, des pièces de théâtre, des réunions, des anniversaires, et, enfin, des cours de philosophie. Une association est même formée, Les Amis de la plateforme, qui milite pour qu'elle ne soit pas démantelée à la fin de l'exposition et devienne une fonctionnalité permanente à l'usage du public.

13. Voir Marco Scotini, « The Platform Factor. Le podium de la 'singularité quelconque' », dans *Bert Theis : Building Philosophy*, Chamarande, Domaine départemental de Chamarande, Centre d'art contemporain, 2010, p. 37.
14. « Conversation between Bert Theis and Carlo Dolci », *op. cit.*, p. 413.
15. Karl Marx, *Fondements de la critique de l'économie politique*, Paris, Anthropos, 1968, t. 1, p. 110.

« Marx est allé à l'école de la lutte des classes. Quiconque dépeint un érudit solitaire penché sur ses livres à la British Library n'a rien compris, ou ne veut pas faire comprendre. Les traités du Maure de Trèves furent écrits en écoutant le chant des tisserands de Silésie, en observant avec sympathie les barricades en juin 1848, en organisant avec frénésie les ouvriers de l'Internationale et en essayant, inquiet, de donner des instructions avant, d'offrir un soutien pendant et de comprendre après coup la Commune de Paris[16]. » Avec l'action *Dialectical Leap* (1998), Bert Theis, qui jeune homme a milité au sein de la Ligue communiste révolutionnaire, conçoit son *Independent Subcurator Project* pour la Manifesta 2 à Luxembourg en 1998. Chaque week-end, il organise ainsi une excursion à la maison natale de Karl Marx, à Trèves, à bord d'un bus parfumé et baigné de musique percussive africaine ; en d'autres termes, comme il l'a dit lui-même (sans jamais se départir de son sens de l'humour, tranchant mais toujours bienveillant), un voyage menant de la Manifesta 2 au lieu de naissance de l'auteur du *Manifeste du parti communiste*, du Luxembourg en Allemagne, de la ville des banques à celle de l'auteur du *Capital*, bref, de l'art comme avant-poste du néolibéralisme à la « révolution contre *Le Capital* », pour reprendre la célèbre formule de Gramsci.

« Ça ne fait plus l'ombre d'un doute : au paradis l'homme naît allongé, nu, sous un palmier[17] », note-t-il en 1998 à propos de son œuvre *Ten Fingers / Le dita della mano* (1998), dix îlots blancs sous la forme d'estrades avec palmiers méditerranéens disséminées dans le parc archéologique de Volterra et pouvant être utilisées pour s'allonger, se détendre, lire, réfléchir ou s'amuser. Les structures s'étendent devant la majestueuse forteresse-prison de la ville, un élément du système de contrôle social, de la vie sous séquestre, du temps volé, où l'art n'entre pas. Comme sur toutes les plateformes de Bert Theis, le public peut s'y allonger, rêver ou prendre un bain de soleil. Une autre utilisation improductive du temps – inspirée par Paul Lafargue, le gendre de Marx, qui en 1880 commença la rédaction de son fameux pamphlet dans lequel il réfute le droit au travail (critiquant cette « étrange folie qui possède les classes ouvrières des nations où règne la civilisation capitaliste [...], l'amour du travail...[18] ») – qui revendique à son tour le « droit à la paresse » ou à l'oisiveté comme contre-politique du temps, à une époque – la nôtre – obsédée par le temps. Bert Theis créait ainsi *Russell-Prosthesis* (2002) pour la troisième Biennale de Gwangju, ou encore, nous incitait à suivre les courbes de sa *Warburg Spirale. Un monument aux vivants* (2002), forme exclue de l'urbanisme moderne au profit de dispositions rectilignes qui « évitent de nous faire perdre du temps ». Il s'agissait en l'occurrence d'une autre plateforme ouverte,

16. Gigi Roggero, *Elogio della militanza. Note su soggettività e composizione di classe*, Rome, DeriveApprodi, 2016, p. 42.
17. Bert Theis, « Ten Fingers », *op. cit.*, p. 135.
18. Paul Lafargue, *Le Droit à la paresse*, Paris, Oriol, 1883, p. 7.

agencée comme une terrasse suspendue avec des palmiers exotiques et du sable, sorte d'avant-corps ou, mieux, « prothèse architecturale » accolée à l'entrée de la Biennale qui invitait les visiteurs à rester inactifs, à faire une pause.

Un autre épisode en lien avec la discursivité informelle et contextuelle de ses recherches sur la nature *audience-specific* de son travail était *Growing House* (2004), montré à la cinquième exposition internationale d'art public de Shenzhen. Dans cette ville asiatique tentaculaire, marquée par une conglomération urbaine, une croissance de plus en plus rapide et de moins en moins contrôlée et par une capitalisation effrénée de l'espace public (un laboratoire politique contrôlé par le capitalisme dans l'une des mégalopoles les plus peuplées du monde), où il n'existe pas un seul domaine qui se soustraie à l'investissement et à la spéculation financière, Bert Theis installa un îlot au milieu d'un parc, un pavillon avec des palmiers (à nouveau une végétation tropicale) greffés sur une plateforme ombragée par un auvent en toile de coton et inspirée du modèle antédiluvien du nid, dont les espaces de vie grandissent en harmonie avec le développement organique de la nature.

Mieux vaut dix palmiers que mille chênes ! Son action suivante, qui consista à planter des arbres, était un acte de résistance (et de désobéissance) contre le projet de la municipalité de Milan de privatiser le quartier ouvrier historique d'Isola et de scinder en deux le parc de la via Confalonieri. Le premier palmier clandestin fut planté lors de l'exposition *Art-chitecture of Change* organisée par Marco Scotini (2005). En plein milieu d'un plan de construction agressif de gratte-ciel qui affectait tout le quartier, dont les espaces urbains étaient en proie à la spéculation (immobilière, financière et commerciale), l'expropriation des libertés, indice de la valeur économique, adoptait le vocabulaire des industries créatives, démontrant ainsi leur impossible externalité. Dans ce contexte – hégémonie de l'agenda néolibéral, irréversibilité d'une gentrification rampante et invisibilité des personnes socialement défavorisées –, l'art a-t-il encore les moyens d'exister dans l'espace public ? Il n'y a plus d'espace pour les idéaux, le terrain est entièrement occupé par la nature matérielle des rapports de production, de force et de lutte.

La conception abstraite habermassienne de la sphère publique comme un espace démocratique partagé, réconcilié et accessible à tous – où tous les citoyens se sentent universellement représentés à mesure qu'ils s'élèvent au-dessus du conflit – s'effondre. Nous savons grâce aux théories féministes et postcoloniales sur la politique de production de la subjectivité que l'espace public, en tant que lieu à l'abri des conflits et de l'hétérogénéité, est fondé sur la censure des différences. L'Isola Art Center a été au cœur d'un programme de résistance qui a engendré différents modèles sociaux contestataires, différentes forces créatives citoyennes dédiées à la lutte et portées par leur opposition au modèle de construction urbaine dominant et aux déséquilibres créés par les programmes de transformation urbaine à caractère politique et économique. Il s'agissait moins d'« une dimension capable de renverser l'appareil d'État[19] » que de l'affirmation de la triade (de la machine révolutionnaire) « insurrection, résistance et pouvoir constituant[20] », capable de créer des zones incontrôlables et dissidentes. Gerald Raunig ajoute que les multiples efforts de l'activisme politique et artistique n'ont pas pour objectif d'institutionnaliser la concaténation ; le pouvoir constituant crée des possibilités extérieures au pouvoir constitué en mettant à l'épreuve différents modèles d'organisation politique, de formes collectives et de modes de développement qui résistent à la reterritorialisation et à la structuration[21]. Après la démolition de la Stecca, Bert Theis choisit le chemin précaire de la non-institutionnalisation et de la diaspora, se retrouvant souvent isolé par rapport à d'autres acteurs du système de l'art, mais continuant obstinément à se battre, suivant l'idée que la défaite, comme la victoire, n'est jamais irréversible.

L'étymologie du mot « radical » renvoie au mot « racine » [*root*]. Et le terme *grassroots* ne signifie pas simplement « mouvement d'en bas », mais il nous rappelle la lutte de Bert Theis aux côtés de mouvements et de groupes autogérés et autonomes (*OUT (Office for Urban Transformation)*, Isola Art Center, le jardin communautaire Isola Pepe Verde, l'occupation de Macao et de l'usine RiMaflow), et que chaque brin d'herbe a ses propres racines. « Un/e artiste peut travailler comme un jardinier paresseux qui entretient son jardin temporairement en coupant les mauvaises herbes. Ou alors il/elle va sous la surface pour s'attaquer aux causes. Un changement social peut se produire lorsque l'on déracine les choses ou, pour mélanger les métaphores, lorsque l'on retourne aux racines et sépare les mauvaises herbes des fleurs et des légumes... les chevaux de Troie des quatre chevaux de l'Apocalypse[22]. » Bert Theis, qui avait ironisé sur l'oisiveté en tant que force productive et antigouvernementale du temps libéré, n'était pas un jardinier paresseux, mais un militant dont les convictions étaient enracinées dans une contre-subjectivité inéluctable et qui n'avait pas besoin d'apprendre à « se déprofessionnaliser[23] », comme l'écrit Silvia Federici, afin de « cultiver un genre de créativité différent de celui habituellement associé à l'expression artistique. Sa créativité était de celles générées lorsque nous modifions nos relations avec les autres, en trouvant dans le pouvoir de la coopération le courage de résister aux forces qui oppriment nos vies[24] ».

19. Gerald Raunig, *Art and Revolution: Transversal Activism in the Long Twentieth Century*, Cambridge (Mass.), MIT Press, 2007, p. 25.
20. *Ibid.*, p. 26.
21. *Ibid.*, p. 65-66.
22. Lucy Lippard, « Trojan Horses », *op. cit.*, p. 338.
23. Silvia Federici, *op. cit.*, p. 157.
24. *Ibid.*

For Bert: An Essay on Being-Under and Being-Around

The coexistence of art and philosophy, the concatenation of social and conceptual machines, the combination of art and thought that operated and still operates in and around Bert Theis is not limited to a practice of speaking, discussing, and philosophizing as communication, or to the artist's more or less obvious knowledge of philosophy, ancient or current. Rather, it is a mode of subjectivation that also has to do with invention and disobedience. And it is not limited to an individual but spreads virally, in a milieu of resistance, an ecology of care: artistic-conceptual work from the surround, the surroundings, in and under and on the machinic middle—it is a "dissemblage" that nevertheless comes together, conjoins, condenses in a single figure, in Theis and his scandalous philosophical-artistic activism, beyond moralizing and standardizing positions, always as a divisive attitude, posture, mindset, behavior. And the cogs of the conceptual machines and the social machines interlock: the invention of concepts intermeshes with the affect machines of art.

"The philosopher is the concept's friend,"[1] and "philosophy is the discipline that involves *creating* concepts,"[2] wrote Gilles Deleuze and Félix Guattari in *What Is Philosophy?* The field of philosophy is not concerned with the interpretation of preexisting and suprahistorical concepts but with their invention and displacement, which is why creativity is not restricted solely to "the sensory and the arts."[3] It is the interaction of art and philosophy that proves inventive in different ways. They conjoin in Theis's works without ever blending into each other, meeting "at this point: the constitution of an earth and a people that are lacking as the correlate of creation."[4]

There are the works with philosophical references in their very titles, from *Philosophical Platform* (1997) to *Sandwiches*. However, the correlation becomes even more obvious in the larger number of pieces by Theis that can be defined as "text works" (the name the artist himself used).[5] From the early newspaper inserts *Non partecipare all'inquinamento iconografico* (1994–96) and *European Pentagon, Safe & Sorry Pavilion* (2005), for the Luxembourg Presidency of the Council of the European Union, to his Jean-François Lyotard appropriation *It's not up to us to supply reality* (2004), Theis experimented with misappropriations of philosophical statements, ambiguous forms of textual performance, (un)readability, and unexpected de- and recontextualization. At the same time, in these textual and conceptual works, the texts, writings, statements, and words are already shifting

1. Gilles Deleuze and Félix Guattari, *What Is Philosophy?*, trans. Hugh Tomlinson and Graham Burchell (New York: Columbia University Press, 1994), 5.
2. *Ibid.*
3. *Ibid.*
4. *Ibid.*, 108.
5. Josée Hansen, "Extensions du domaine de la lutte," interview with Bert Theis, *d'Lëtzebuerger Land*, August 26, 2011, 19.

in the physical and the semantic space—they are reinvented, driven by the desire to interlink with the social machines.

"Language is a rather imperfect means of communication,"[6] wrote Theis in his cursory thesis on his text work *The true artist...* (2003). His use of the word *imperfect* is not to be understood merely as a negative comment but, in the first instance, rather literally as an indication of the openness and fundamental inconclusiveness of language—specifically, the language of the text works themselves. Beyond that, borrowing from Deleuze and Guattari, we can assert that philosophy has as little to do with communication as art: "Philosophy does not contemplate, reflect, or communicate."[7] While philosophy presents itself as the "continuous creation of concepts,"[8] "art thinks through affects and percepts."[9]

While the text works, which are predominantly indebted to the traditional art context, try to open up meaning by way of paradoxical statements, the political work around Isola—the district of Milan in which Theis's work has unfolded over the last two decades—also seems to follow a movement of disambiguation. Through social practices in a frayed space that could no longer be reduced to art, he attempted to draw lines and be drawn by them, without renouncing the variety of possible traits. Here, in this district threatened by speculation and gentrification, the focus could no longer be solely on encryptions and deciphering, or their versatile interpretations. Increasingly, a dissembling work with concepts came to the fore, which interlinked with the social machines and operated within them. In Isola, around 2000, in the midst of brutal gentrification processes, an irrepressible and irresistible instituent practice emerged, and forces of resistance developed that took on a variety of forms—and just as many different names.

Take, for instance, the invention of the "dirty cube" as a term and practice. In an environment such as the Italian art scene—which attaches great importance to the cleanliness of the walls of its white cubes, and which seeks to drain, devastate, unravel, and separate the concatenation of social and artistic machines—it seemed natural to adopt strategies of pollution, depurification, and contamination. For example, introducing artistic objects into the occupied spaces of the Stecca[10] not only turned them into site-specific works, conceptually speaking, but also blurred the boundaries between the artwork

6. Bert Theis, "The True Artist Never Tells the Truth," *Musée info, bulletin d'information du Musée national d'histoire et d'art*, no.17 (December 2004): 25.
7. Deleuze and Guattari, 6.
8. *Ibid.*, 8.
9. *Ibid.*, 66.
10. See Bert Theis, "The Three Strategies of Isola dell'Arte," in *Fight-Specific Isola: Art, Architecture, Activism, and the Future of the City* (Berlin: Archive Books, 2013), 96–100.

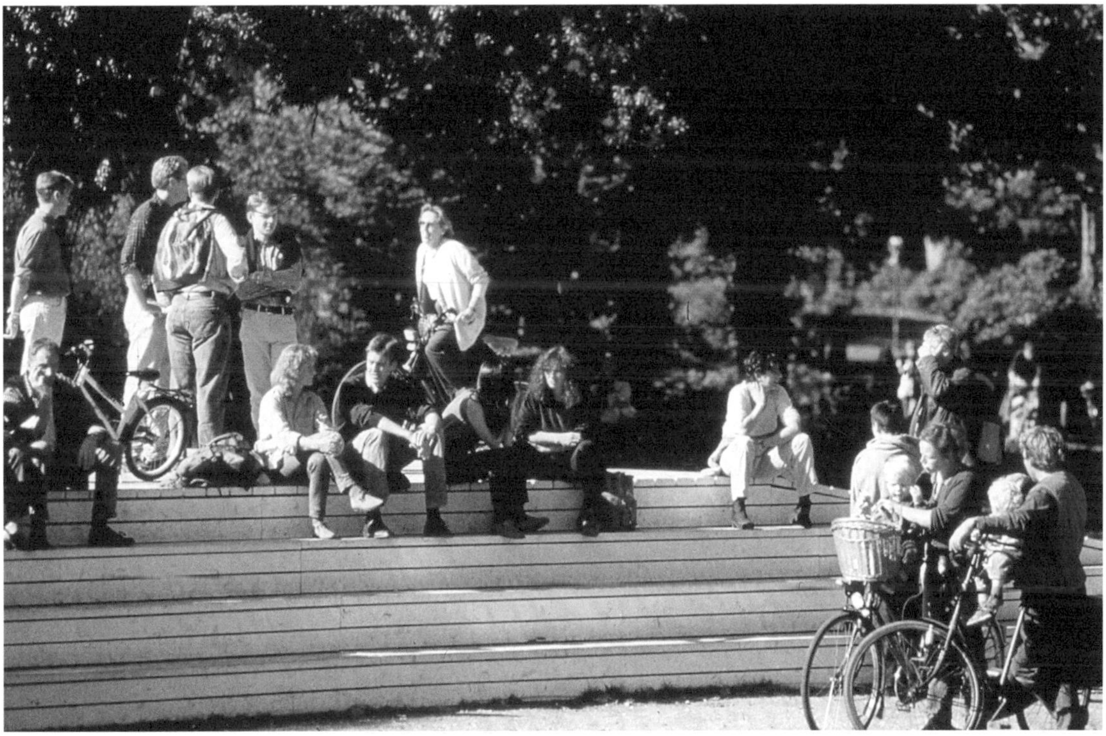

Philosophical Platform, 1997

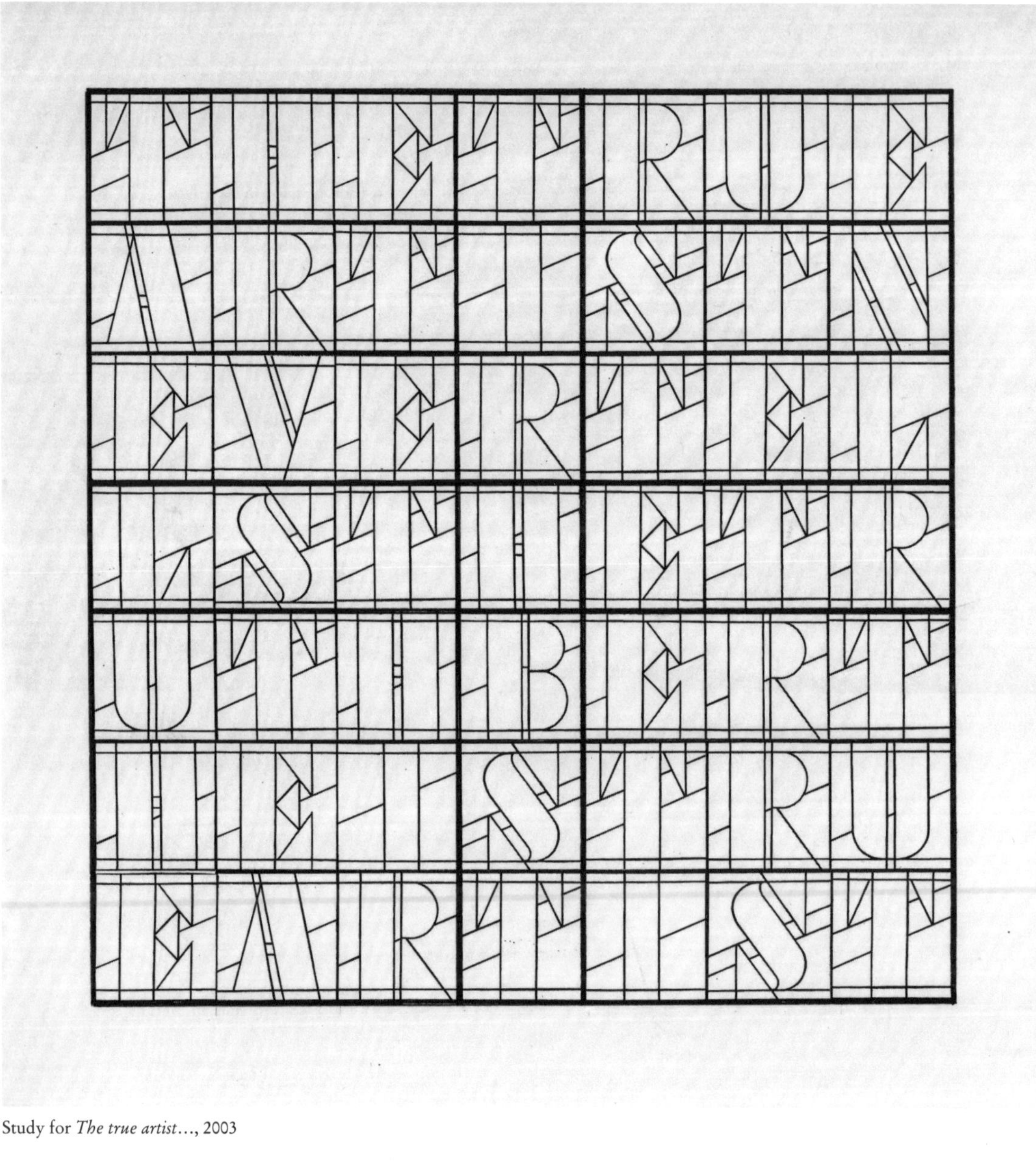

Study for *The true artist…*, 2003

and the architecture of the occupied space, thus opening up strategic spaces for action. But the contamination of the white cube also took place more generally through the activation and combination of artisan, craft-related, artistic, urban planning, and social practices in the everyday affinity of the occupied factory. At the same time, the dirty cube anticipated another practice of "environmental pollution," which in the context of the gentrification of Isola, made an even more important contribution than the actions against the compulsive cleanliness of the art market.

The paradigm of the creative industries is less concerned with delimitation than with the constant modulation and valorization of invention. The notorious term for this economic form of servicing is etymologically close to *cube*, or even seems to precede it: *incubator*—or, as Stefano Boeri, the wolf of gentrification in artistic-architectural sheep's clothing, called it, "*incubatore dell'artc*" ("art incubator".) Thanks to a constant turnover of participants, to a strictly limited temporary use of and short-term involvement in a nonsituated space, these incubators ensure that their actors do not get in the way of economic and political interests, while simultaneously contributing to the financial appreciation of the area by providing a constant stream of new creative projects in line with the cultural affinity of the educated, middle-class neobourgeoisie. No wonder then that in the plastic socialities of the globally proliferating art incubators nothing can be created, nothing can be invented, nothing can be de- or recomposed as a dissemblage. In this cultural realm of machinic capitalism, the concepts and practices in which Theis took part were always one step ahead, and their little thorns sometimes hurt when swallowed.

The "earth that is lacking" is the territory of Isola, the re- and deterritorialization of the various stages of the resistance practices that were tried and tested there for almost two decades. The "people lacking" refers to the sociality of Isola, never seen as a uniform group or along hierarchical grids, but rather as a social envelope, a frayed being-around, a disobedient surround. And there came a time to oppose the valorization both cunningly and offensively, to draw clearer lines—lines of flight, of struggle, of invention. The new term for it was also quickly found: beyond the site-specificity of the dirty cube, Isola Art Center developed into a practice, especially after the eviction of the Stecca, works that were termed "fight-specific" rather than site-specific. These works were no longer involved in and commenting on the locations in which they took place, but they invoked artistic practice as a means to engage in the specific struggles affecting a given place.

Theis himself described the line of flight after the destruction of Stecca with the following words: "A center for art and for a neighborhood is not a building but an idea, a program. Whoever thought they were destroying the Isola Art Center by destroying the building in which we worked from 2003 to 2007 was wrong. The center dispersed but is still alive. The places for exhibitions and meetings are disseminated throughout the Isola neighborhood, hosted by associations, shops, a restaurant, piazzas, shop-front roll down security doors."[11] The daily struggle of its subsequent iteration as a "homeless art center," which from 2007 onward operated in the diaspora, occupying Isola's shops, bookstores, community centers, and roll down security doors, was characterized by a fierce transversality that refuted the imperatives of obedience, participation, and (self-)domestication common to the incubators of the creative industry.

This transversality of struggle, repeatedly contaminating its environment, is also an ecology of care. Not least, this terminology clarifies the function that Theis claimed for himself as a cog in the social machine: instead of staging concern as the paternalistic *cura* of the curating curator, as a narcissistic highlighting and underlining of the curator-person and cementing of social hierarchies, he uses his practice as an enveloping, surrounding, caring sociality. Theis's affection for the title of *subcurator* may find its origins in the work of the Zapatista *subcomandantes*. Still, the path that leads from the subcommander to a subcuratorial component of care-ecology in the barrio is a winding one. This *sub-* is not simply "under" something, it is not a hierarchical category, it is the *sub-* of the surround, the environment, the milieu—dangerous, unidentifiable, transpersonal. Subcurating is not the task of an individual but a question of being-around, of preserving the environment together, of multiplying, spreading and differentiating the conditions of care. And it is not just caring for certain people, but caring for and with things, bodies, machines—more specifically, flying machines, toward the end of Theis's life—and it is also caring for and with the ghosts who time and again will be with us, around us, and among us.

11. Bert Theis, press release for the exhibition *Bert Theis: Building Philosophy*, translated by the author from the Italian original (Prato: Centro per l'arte contemporanea Luigi Pecci, 2009).

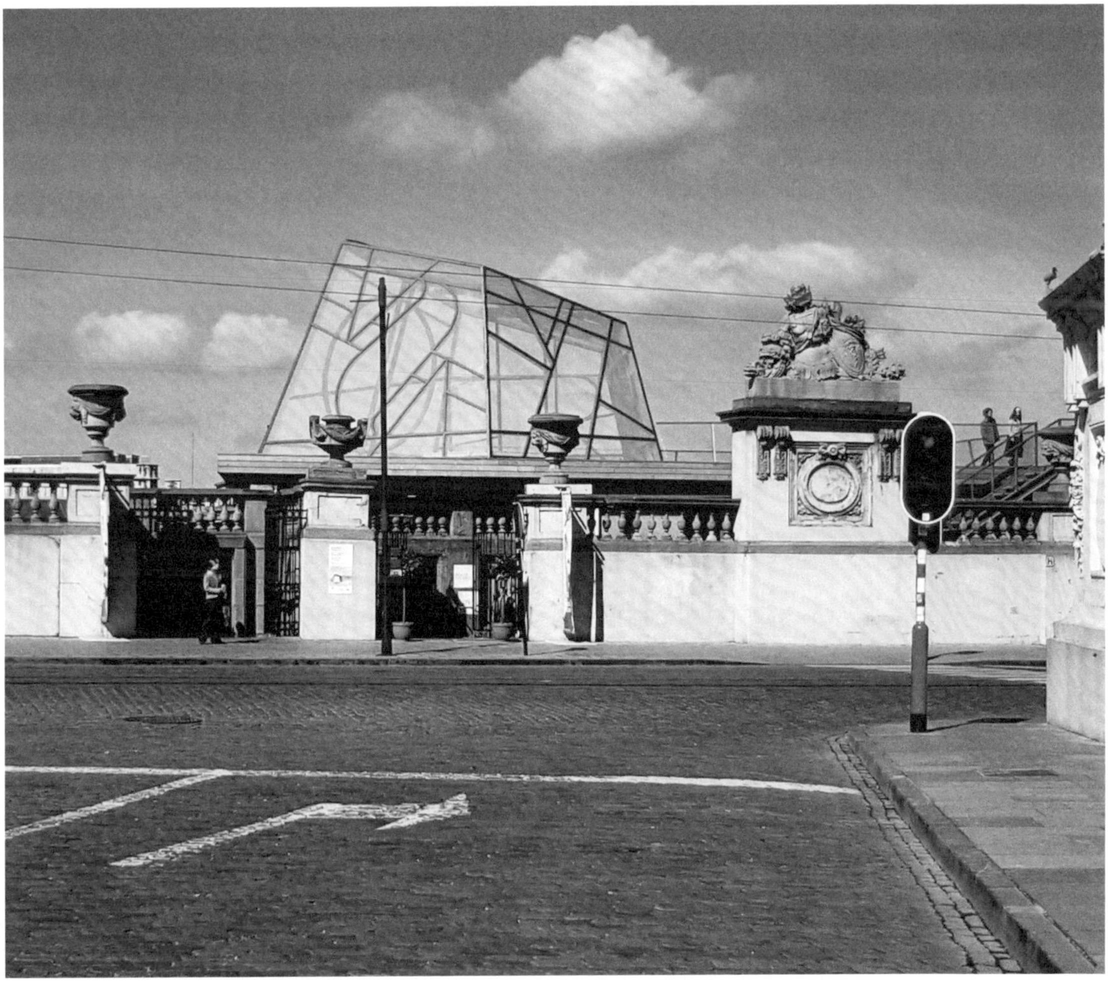

European Pentagon, Safe & Sorry Pavilion, 2005

Pour Bert. Un essai sur la manière d'être sous et autour

L'imbrication de l'art et de la philosophie, la concaténation de machines sociales et conceptuelles, l'association de l'art et de la pensée qui ont opéré et continuent d'opérer dans et autour du travail de Bert Theis ne se limitent pas à la pratique de la parole, de la discussion et du débat philosophique comme formes de communication, ni, a fortiori, aux connaissances plus ou moins évidentes de l'artiste en philosophie (antique et actuelle). Bien plus que cela, c'est un mode de subjectivation qui a toujours à voir avec l'inventivité et l'insoumission. Celui-ci ne se limite pas à un individu, mais se propage de manière virale, dans un milieu de résistance, une écologie du prendre-soin : un travail artistique-conceptuel sur le milieu, à partir des marges, de l'environnant, dans et sous et sur le milieu machinique. Un dissemblage qui, pourtant, s'assemble parfois, s'unit, se condense en une seule figure, celle de l'artiste et de son scandaleux activisme philosophique-artistique, au-delà des positions moralisatrices et normatives, toujours en tant qu'attitude, posture, état d'esprit, comportement dividuels. Et les rouages des machines conceptuelles et des machines sociales de s'emboîter : l'invention de concepts s'accouple aux machines affectives de l'art.

« Le philosophe est l'ami du concept[1] », écrivent Gilles Deleuze et Félix Guattari dans *Qu'est-ce que la philosophie ?*, et « la philosophie est la discipline qui consiste à créer des concepts[2] ». Le domaine de la philosophie ne s'intéresse pas à l'interprétation de concepts préexistants et supra-historiques, mais à leur invention et à leur déplacement. C'est pourquoi la créativité ne se limite pas au domaine du « sensible et des arts[3] » ; c'est précisément l'interaction de l'art et de la philosophie qui s'avère inventive à plus d'un égard. Dans les œuvres de Bert Theis, les deux se rejoignent sans jamais se confondre ; ils se rencontrent « sur ce point : la constitution d'une terre et d'un peuple qui manquent, comme corrélat de la création[4] ».

Il y a tout d'abord les œuvres qui portent des références philosophiques dans leur titre même, de la *Philosophical Platform* (1997) aux *Sandwiches*. Or, la corrélation devient plus évidente encore dans les nombreuses œuvres de l'artiste que l'on peut définir comme « *text works* » (c'est ainsi qu'il les appelait lui-même[5]). Des premiers encarts du projet *Non partecipare all'inquinamento iconografico* (1994-1996) au *European Pentagon, Safe & Sorry Pavilion* (2005) conçu pour la présidence luxembourgeoise du Conseil de l'Union européenne, en passant par l'appropriation lyotardienne de *It's not up to us*

1. Gilles Deleuze et Félix Guattari, *Qu'est-ce que la philosophie ?*, Paris, Éditions de Minuit, 1991, p. 10.
2. *Ibid.*
3. *Ibid.*
4. *Ibid.*, p. 104.
5. Josée Hansen, « Extensions du domaine de la lutte », entretien avec Bert Theis, dans *d'Lëtzebuerger Land*, 26 août 2011, p. 19.

to supply reality (2004), Bert Theis expérimente avec les détournements de propositions philosophiques des formes de performance textuelle ambiguës, la (non-)lisibilité et la dé- et re-contextualisation dans des contextes inattendus. En même temps, dans ces travaux textuels et conceptuels, les textes, écrits, déclarations et mots font déjà l'objet d'un déplacement, dans l'espace physique autant que sémantique : ils sont réinventés, animés en cela par le désir de s'accoupler aux machines sociales.

« Le langage est un moyen de communication plutôt imparfait[6] », écrivait l'artiste dans un court texte sur son œuvre textuelle *The true artist...* (2003). Son utilisation du mot « imparfait » ne doit pas simplement être comprise comme un commentaire négatif, mais d'abord, et de manière plutôt littérale, comme un indice de l'incomplétude et du caractère non concluant du langage – concrètement, celui des *text works*. Par ailleurs, nous pouvons affirmer avec Deleuze et Guattari que la philosophie a aussi peu à voir avec la communication que l'art : « La philosophie ne contemple pas, ne réfléchit pas, ne communique pas[7]. » Si l'objet de la philosophie est de « créer des concepts toujours nouveaux[8] », « l'art [...] pense par affects et percepts[9] ».

Alors que les *text works*, qui restent attachées au contexte classique de l'art, tentent de produire de nouvelles significations par le biais du paradoxe, le travail politique autour d'Isola – le quartier de Milan dans lequel le travail de l'artiste s'est développé au cours des vingt dernières années – semble lui aussi suivre un mouvement de désambiguïsation. À partir de pratiques sociales opérant dans un espace éclaté qui ne saurait plus être confiné à l'art naît la volonté de tirer des traits et de se laisser tirer par eux, sans renoncer à la variété de tracés possibles. Ici, dans ce quartier menacé par la spéculation et la gentrification, il ne peut plus seulement être question de dé/cryptage et de dé/chiffrement, de codifications et de leurs multiples interprétations. Peu à peu s'instaure un travail dissemblant sur les concepts, qui s'accouple aux machines sociales et opère en leur sein. À Isola, vers 2000, au milieu de processus de gentrification violents, une pratique instituante irrépressible et irrésistible voit alors le jour, des forces de résistance se développent sous de nombreuses formes et autant de noms.

Prenons, par exemple, l'invention du terme et de la pratique du « *dirty cube* ». Dans un environnement comme celui de la scène artistique italienne, qui attache une grande importance à la propreté des murs de ses *white cubes*

6. Bert Theis, « The True Artist Never Tells the Truth », dans *Musée info, bulletin d'information du Musée national d'histoire et d'art*, n° 17, décembre 2004, p. 25.
7. Deleuze et Guattari, *op. cit.*, p. 12.
8. *Ibid.*, p. 10.
9. *Ibid.*, p. 64.

et qui tente d'épuiser, de détruire, de défaire et de désunir la concaténation des machines sociales et artistiques, il peut sembler évident d'adopter des stratégies de pollution, de dépurification et de contamination, par exemple en intégrant des objets artistiques dans les espaces occupés de la Stecca[10], ce qui, sur le plan conceptuel, en faisait non seulement des œuvres in situ, mais brouillait également les frontières entre les œuvres et l'architecture de l'espace occupé, de sorte à créer des espaces d'action stratégiques. Mais la contamination du *white cube* se fit également, de manière plus générale, à travers l'activation et l'association de pratiques artisanales, artistiques, urbanistiques et sociales dans l'affinité quotidienne de l'usine occupée. En même temps, le *dirty cube* préfigurait une autre pratique de « pollution environnementale », qui dans le contexte de la gentrification d'Isola constituait une contribution plus importante encore que les actions contre la propreté compulsive du marché de l'art.

Le paradigme des industries créatives s'intéresse moins à la délimitation qu'à la modulation et à la valorisation constantes de l'inventivité. Le terme notoire pour cette forme économique de la prestation de services est étymologiquement proche du « cube », voire le précède : c'est l'« in-cubateur » ou – comme l'a appelé Stefano Boeri, le loup de la gentrification déguisé en agneau artistico-architectural – l'*incubatore dell'arte*. En insistant sur une rotation constante, une utilisation des lieux strictement temporaire et une implication de courte durée dans un espace non situé, ces incubateurs font en sorte que leurs acteurs et actrices ne compromettent pas leurs intérêts économiques et politiques, tout en contribuant à l'appréciation financière du quartier en fournissant un flux constant de nouveaux projets créatifs qui répondent aux affinités culturelles de la néobourgeoisie post-classes-moyennes-éduquées. Il n'est donc pas étonnant que dans les socialités plastiques des incubateurs d'art qui prolifèrent à l'échelle mondiale rien ne puisse être créé, rien ne puisse être inventé, rien ne puisse être décomposé ou recomposé en tant que dissemblage. Dans ce règne culturel du capitalisme machinique, les concepts et les pratiques auxquels adhérait Bert Theis avaient toujours une longueur d'avance et pouvaient s'avérer épineux pour ceux à qui ils s'adressaient.

La « terre qui manque » est le territoire d'Isola, la re- et déterritorialisation des différentes étapes des pratiques de résistance qui y furent testées pendant près de deux décennies. Le « peuple qui manque » fait référence à la socialité d'Isola, qui ne s'est jamais définie comme un groupe uniforme ou organisé selon des grilles de lecture hiérarchiques, mais plutôt comme une enveloppe sociale, un être-autour dispersé, un environnant désobéissant. Puis vint le

10. Voir Bert Theis, « The Three Strategies of Isola dell'Arte », dans *Fight-Specific Isola: Art, Architecture, Activism and the Future of the City*, Berlin, Archive Books, 2013, p. 96-100.

moment de s'opposer à la valorisation de manière à la fois astucieuse et offensive, de tracer des lignes, des lignes de fuite, de lutte, d'invention plus claires. Le nouveau terme pour cette démarche fut lui aussi rapidement trouvé. Au-delà du caractère in situ du *dirty cube*, Isola Art Center devint une pratique, surtout après son expulsion de la Stecca, qualifiée de « *fight-specific* » plutôt que de « *site-specific* » – une pratique qui n'est plus liée au lieu dans lequel elle s'inscrit, mais qui s'engage dans les luttes spécifiques affectant ce lieu.

Bert Theis décrivait ainsi la ligne de fuite après la destruction de Stecca : « Un centre pour l'art et pour un quartier n'est pas un bâtiment, mais une idée, un programme. Quiconque pensait détruire l'Isola Art Center en détruisant le bâtiment dans lequel nous avons travaillé de 2003 à 2007 s'est trompé. Le centre s'est dispersé, mais il est toujours en vie. Les lieux d'exposition et de réunion sont disséminés dans tout le quartier d'Isola, hébergés par des associations, des magasins, un restaurant, sur les places publiques, les volets des magasins...[11] » Le combat quotidien de son itération ultérieure en tant que « centre d'art sans domicile fixe », qui à partir de 2007 opéra dans la diaspora, occupant les magasins, librairies, centres communautaires et volets d'Isola, était caractérisé par une transversalité farouche qui réfutait les impératifs d'obéissance, de participation et d'(auto-)domestication partagés par les incubateurs du secteur créatif.

Cette transversalité farouche de la lutte, qui contamine sans cesse son environnement, relève aussi d'une écologie du prendre-soin. Enfin, ce terme clarifie également la fonction que Bert Theis revendiquait en tant que rouage dans la machine sociale : plutôt qu'une mise en scène de ses propres préoccupations sous la forme d'une *cura* paternaliste du *curator*, d'une mise en évidence narcissique de la personne du commissaire d'exposition et d'un cimentage des hiérarchies sociales existantes, la pratique artistique devient chez lui une socialité enveloppante, environnante, bienveillante. L'affection de Bert Theis pour le titre de « *subcurator* » pourrait trouver son origine dans le travail des *subcomandantes* zapatistes. Or, le chemin qui mène du sous-commandant à la composante subcuratoriale de l'écologie du prendre-soin dans le *barrio* est sinueux. Ce *sub* n'est pas juste *sous* quelque chose, ce n'est pas une catégorie hiérarchique : c'est le *sub* de l'environnant, de l'environnement, le milieu, dangereux, inidentifiable, transpersonnel. Le *subcurating* n'est pas la tâche d'un seul individu, mais une manière d'être autour, une question de préservation commune de l'environnement, de multiplication,

11. Bert Theis, communiqué de presse de l'exposition *Bert Theis: Building Philosophy*, Prato, Centro per l'Arte Contemporanea Luigi Pecci, 2009 [retraduit à partir des notes originales italiennes].

de diffusion et de différenciation des conditions du prendre-soin. Et il ne s'agit pas seulement de prendre soin de certaines personnes, mais aussi de prendre soin des objets, des corps, des machines (surtout les machines volantes, en ce qui concernait Bert Theis vers la fin de sa vie) et, avec eux, de ces fantômes qui, encore et encore, sont avec nous, autour de nous et parmi nous.

Dialectical Leap: Bert Theis and the Isola Art Center Platform

Marco Scotini

THE URBAN THEATER

Will our future finally be horizontal?[1]
—Bert Theis

A Rip Van Winkle who had fallen asleep in 2007 in the Isola district of Milan and woke up today would think he was in a totally different world. In lieu of the earlier self-sufficient and autonomous district (a sort of "village in a city"), he would find a hypermodern center consisting of vertical buildings and "autistic icons."[2] Gone are the low-rise buildings, industrial ruins, and vacant lots with which he was familiar; in their place, a concentration of towers and spires made of chromed metal and mirrored glass. (But even if our protagonist had lost his bearings, he wouldn't have any difficulty in recognizing the model of the agglomeration before him: that of the financial district of a global neoliberal city. It's an urban typology that is the same wherever you find yourself in the world, from Bogotá to Brisbane, from Shanghai to Tehran, and now also in Milan—a replicable and transnational model to which international "starchitects" never cease to conform, as if in an ancestral act of adoration.) The social morphology would be similarly unrecognizable. Like the physical fabric of the district, it has been permanently compromised by the appearance of the new unequal, dissymmetrical, and panoptic urban model—completely unlike the rebellious, pluralist, and antagonistic community that our Rip Van Winkle had left behind. The arrival of new economic players (multinational corporations, international banks, insurance companies), the expulsion of many of the social categories of the past (small businesses, craftspeople, immigrants, students, creatives), and the power over those that have remained in situ has subdued and disciplined the context, razing life stories and experiences, local economies and struggles, and the area's transversal and horizontal collective concatenations to the ground.

There's nothing fable-like in all of this, but using this narrative device to introduce the subject at hand is a means of highlighting the artifice of the neoliberal tale of urban development[3], as well as a way of distinguishing the analysis of texts from that of things, the colonization of the imagination (the rhetoric of ecological regeneration) from actual social conflicts (expropriation, dispossession), and the construction of consensus from concrete urban transformation. It is not a coincidence that the expropriation of the language of assets held in common—and placing this language at the service of

1. Bert Theis, "Independent Subcurator Project," in *Manifesta 2*, exh. cat. (Amsterdam: Idea Books, 1998), 177.
2. See Maria Kaika, "Autistic Architecture: The Fall of the Icon and the Rise of the Serial Object of Architecture," *Environment and Planning D: Society and Space* 29, no. 6 (December 2011): 968–92.
3. On the role of narratives in planification processes, see Barnardo Secchi, *Il racconta urbanistico. La politica della casa e del territorio in Italia* (Turin: Einaudi, 1984).

privatization and the market—was one of the violent techniques that neoliberal ideology exploited to construct Isola as a modern and glossy *enclosure*.[4]

In fact, during the first half of the last century (and actually, since its nineteenth-century beginnings), Isola defined itself as a settlement of industrial buildings, small factories, warehouses, artisans' workshops, and housing for workers and the lower middle class. Its character was that of a decentralized enclave (despite being close to the center), an effect created by two urban barriers: the Martesana canal (covered over in the 1960s) and the railway line that linked the city to Venice and Varese from 1865 onward. As late as 2007, before its partial demolition and radical transformation, the Isola district had still not lost its character of "separateness." It continued to convey the impression of a disused industrial site whose physical layout was the outcome of chance rather than urban planning. Plans for redevelopment after the war were not effectively implemented, or simply failed. In spite of repeated architectural additions and innovations, and notwithstanding the changing social structure of Isola's inhabitants, the popular, associative, and political spirit of the community remained one of the area's primary characteristics—one of its distinctive, and arguably class-based, traits.[5]

Until then, nothing in the district's nature had changed substantially, despite the threat posed at the start of the 2000s by a large real estate speculation project—Centro Direzionale—that was ultimately thwarted by Isola's protest movements. It was in this context that Theis, a resident of the district, independently decided to create (or cocreate) one of his collective urban platforms—or rather, not just *one* of his platforms but the *quintessential* platform: one that would require his direct involvement for more than ten years and would generate other aesthetic paradigms in order for it to be defined, organized, and implemented.[6] In 2002, this platform, called *OUT*—an acronym for Office for Urban Transformation—was installed in an occupied space on the first floor of the iconic building of the Stecca degli Artigiani shortly after Theis conceived *Untitled/Untilted* (2001) for the adjacent gardens located between Via Confalonieri and Via De Castiglia. *OUT* took the form of an open, self-managed communal organization whose members included artists, architects, local associations, and social activists who wanted to offer their services to the ongoing campaigning and protest strategies, as well as help develop urban alternatives to the plans proposed by Big Government via the bottom-up catalyzing of creative forces and the traces of Isola's industrial past, and by engaging with local bodies.

4. See Tiziana Villani, "Il restyling di Garibaldi-Isola. Milano una set-city?" and Gerald Raunig, "Industria Isola," in *Fight-Specific Isola. Arte, architettura, attivismo e il futuro della città*, ed. Isola Art Center (Berlin: Archive Books, 2013), 301–10, 325–33.
5. Marco Biraghi, "Storia dell'architettura dell'Isola (1900–2011)," *ibid.*, 313–23.
6. "Isola Art Center is a conceptual platform," affirms Theis. "It has to be handled in a different way than the wooden platforms, where my work finishes once they are installed." Charles Esche et al., "Isola Art Center: Some Concepts," *ibid.*, 275.

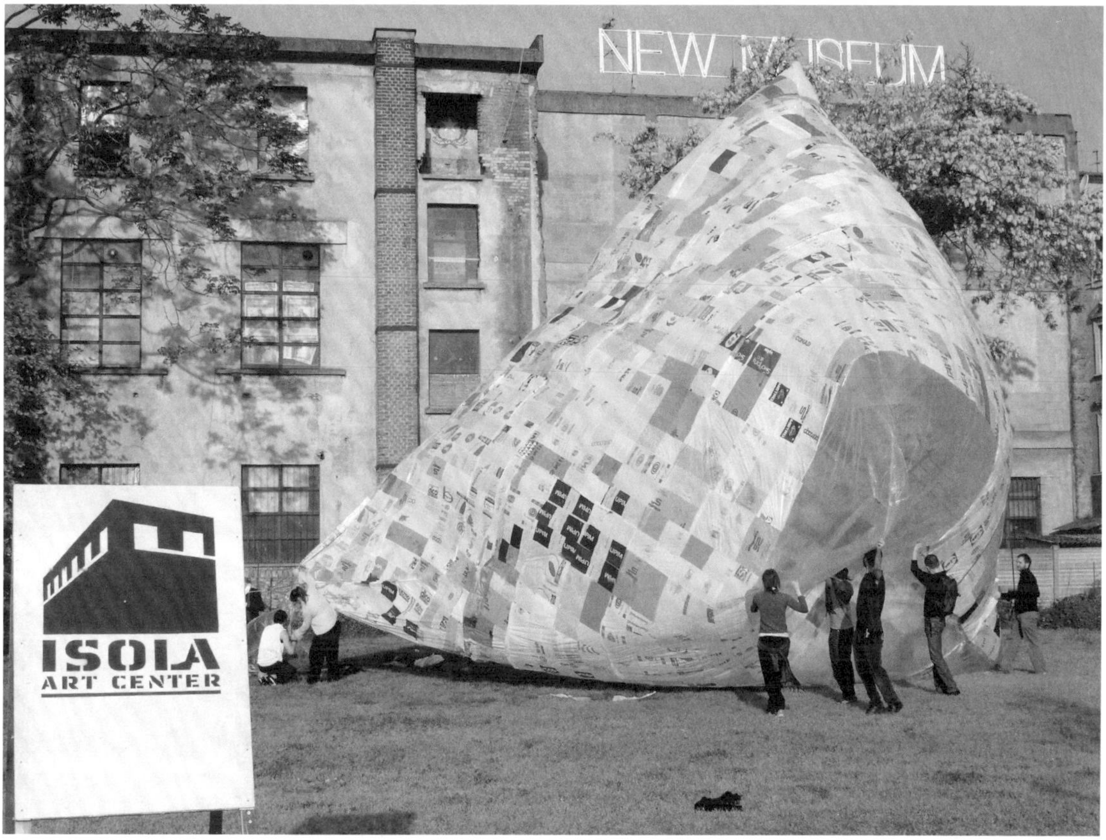

Tomas Saraceno, *Museo Aerosol*, realized in the context of the exhibition *SituazionIsola*, Isola Art Center, 2007.
This photograph is part of Bert Theis's series *Isola Art Centers. Some Hypotheses 1-19*, 2008.

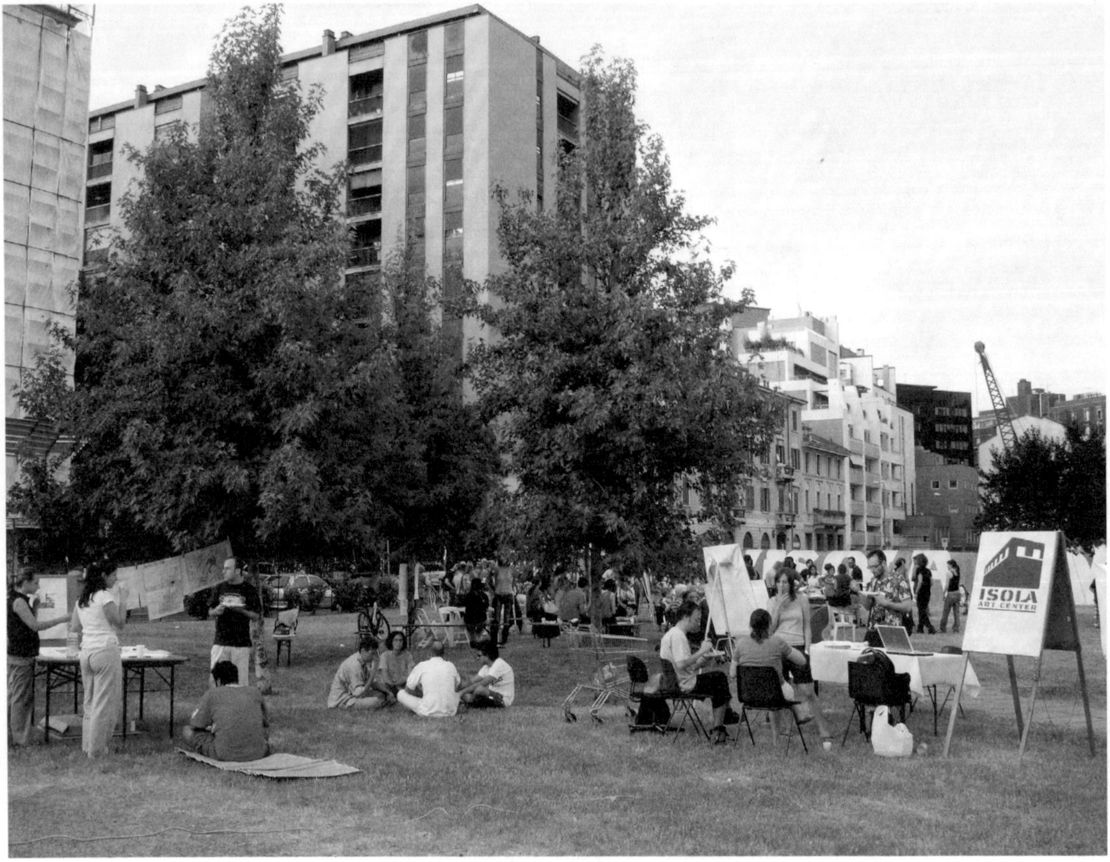

Public discussion in the park surrounding the Stecca, initiative by the Forum Isola (Comitato I Mille, Confalonieri Parents Association, Isola Art Center), 2007

Over the years, *OUT* encouraged a continuous and polymorphous activity, out of which the instituent Isola Art Center project emerged in 2005. *OUT* was perhaps the platform that took to extreme lengths all that was implicit in Theis's previous works, in that it became a mode of internalized exercise, one that was no longer tied to a particular location and therefore feasible anywhere. There is no better illustration of this fact than the photograph of four seats and two stools salvaged from the garbage and displayed in a circle in open space with the brand "OUT" (Isola Art Center, *Some Hypotheses 1–19*, 2008), to evince the situational and assembly-oriented nature of this activity, which can be practiced anywhere. Alternatively, *OUT* was the outcome of a dialectical leap, if we admit that dialectics was one of the preferred tools in Theis's methodology. It was indeed a dialectical leap—from the idea of site-specific to that of fight-specific, from art that requires participation to art that participates—that Theis announced in his program as a subcurator for Manifesta 2 when he wrote, "Isn't it a fact that philosophy and art continue to interpret and represent the world in different manners, whereas war, misery, hunger, unemployment, ecological destruction, boredom, fast-food restaurants, and mobile phones would require changing this world instead? Isn't it obvious that life is what happens while we are thinking of something else? Can you imagine, after the American experience, that banks and cigarette producers really support true art? Can we deny that art production has become an ecological problem similar to the elimination of urban refuse? Shouldn't art at least offer the qualities of a comfortable deck chair, permitting us at the end of the millennium to close our eyes in order to have a clearer view? Is it possible to have a utopian vision of the future without nostalgia for the past? Will our future finally be horizontal?"[7] It is an obvious fact that, in order to dominate any organized plurality (spontaneous associations, coalitions, and horizontal assemblages), the powers that be continually implement procedures whose purpose is separation and the establishment of oligarchic, pyramidal hierarchies—all the while continuing to reproduce signs of verticality that, among other things, try to make us forget our connections with the base.

7. *Ibid.*

THE THEATER ON THE PUBLIC PLATFORM

> The stage is still elevated,
> but it no longer rises from an immeasurable depth.
> It has become a public platform.[8]
> —Walter Benjamin

The primacy of horizontality is a constant factor in all of Theis's artistic activity. In order to tip the axis of public decision-making from its vertical to the horizontal state, Theis requires action in the social sphere as much as a symbolic, recurring, primary, and minimal urban sign.[9] To understand the nature of the platform in Theis's art means coming to terms with its theatrical, performative nature; the situational role of the public; and the dialectics that the latter, as a device, has the power to generate—in other words, with everything that Theis calls "audience-specific." There is no doubt that the "platform" is an amphibious subject. It is not so much a structural typology as a decisive technical term in its author's theoretical and operational strategy. Above all, the platform is paradigmatic. Taking the form of a dais, a bench, a terrace, a plateau, seating, or a triclinium, protected by a roof or a pavilion, Theis's platform manifests itself each time in its literal sense: that of a flat surface raised enough above the ground to create a gap between itself and its context.

As a plane of a certain thickness, a platform is—invariably and in its original meaning—a structure whose purpose is to support something. It is not simply a surface that circumscribes a place but also an empty pedestal: a potential base on which something can be placed, regardless of what it is, so long as it appears disconnected or alien. In other words, it is removed from customariness, which makes everything invisible and natural, so as to become unusual, less familiar, fictitious. A base, therefore, where Bertolt Brecht meets Marcel Duchamp. But what characterizes Theis's platforms is the very fact that the space they define is left empty: they are free of visual elements, leaving it up to viewers to fill them with ever-new provisional meaning. Contrary, in point of principle, to one-dimensional modes of perception and use, they encourage different propositions that lie beyond the control of the artist. Perfectly white, they are always constructed from long wooden planks bereft of any sign, image, text, or action, in line with the idea of iconographic hygiene (and against that of mass-media pollution) to which Theis always adhered.

8. Walter Benjamin, "What Is Epic Theater?" 2nd ed. (1930–31), in *Understanding Brecht*, trans. Anna Bostock (London: NLB, 1973), 22.
9. On the theme of horizontality, see Riccardo Caldura, "La forma delle relazioni," in *OUT & Theis*, exh. cat. (Mestre: Galleria Contemporaneo, 2010), 5–8.

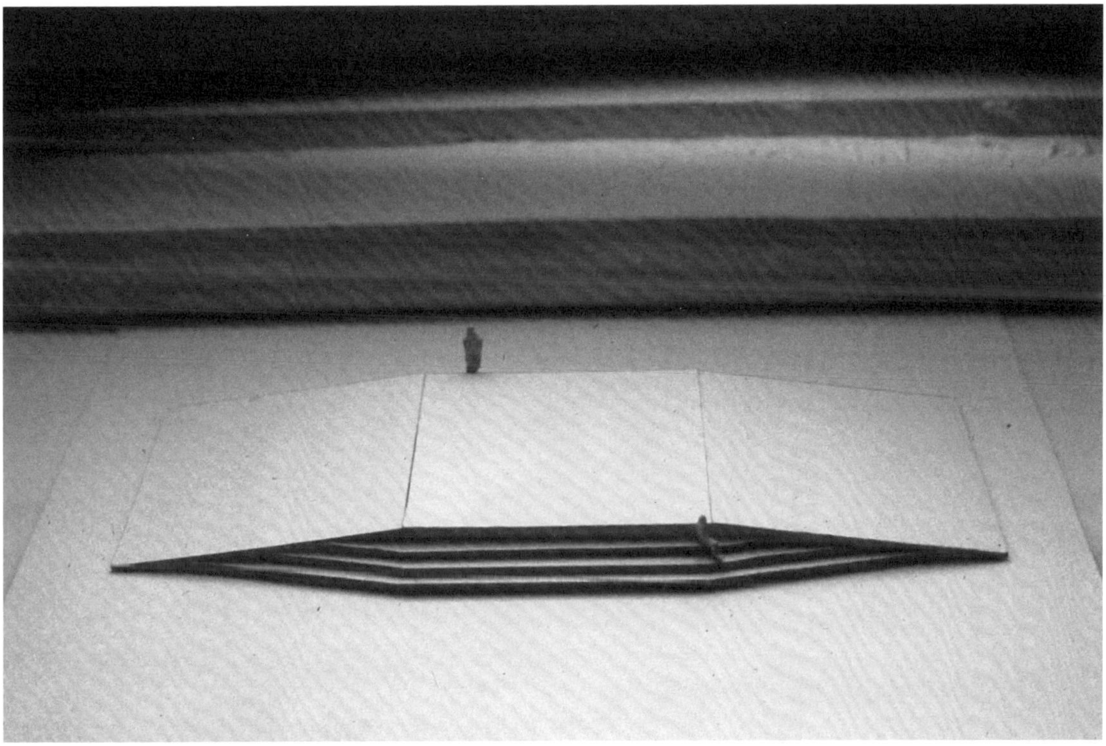

Philosophical Platform, working model, 1997

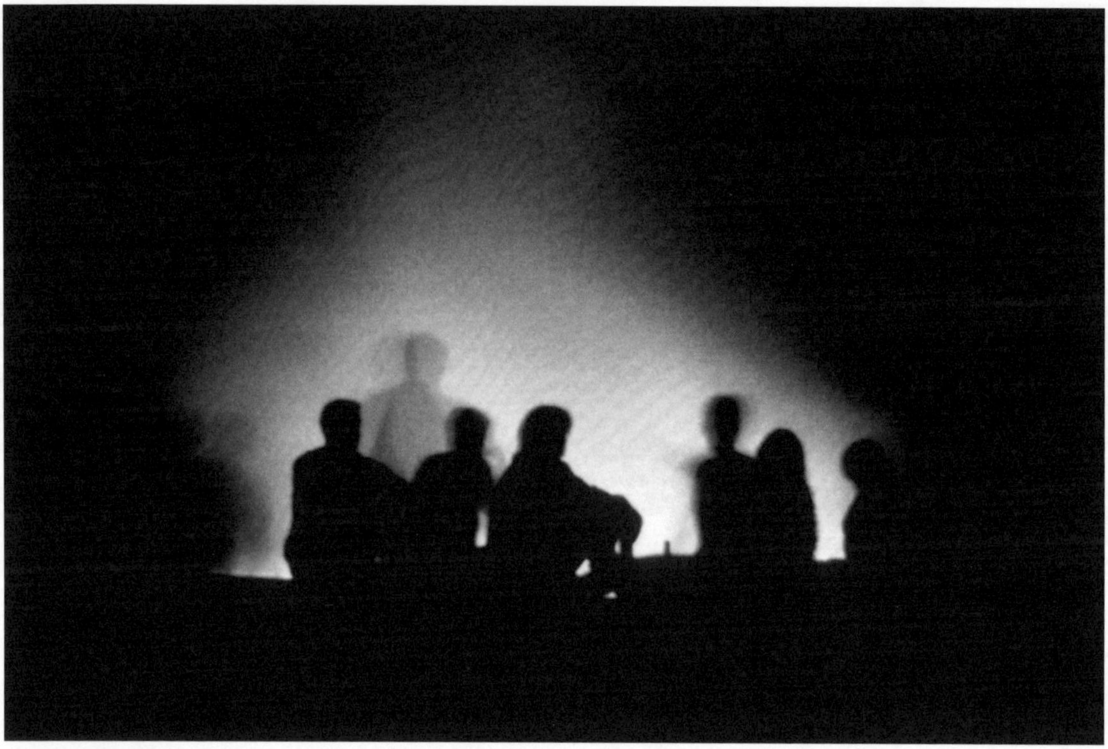

Philosophical Platform, 1997

In themselves, these structures represent nothing and everything at the same time. And as such, they are able to become a platform for a potential theater of events, always on the scale of everyday sociality. They introduce the undetermined, uncertainty, and provisionality into the heart of the disciplined and determined distribution of the contemporary city. They open up a space that evades control, a space that is not qualified in advance but has to be redefined each time through the initiatives of its users. Temporarily situated in the public urban space, Theis's platforms represent a space that is collectively accessible and open for ordinary practices and spontaneous dynamics. These platforms have the same interstitial character as urban voids, abandoned areas, and vacant lots that resist the processes of normativity, regulation, integration, and homogenization that take place in the city. Of course, the scale is different: theirs is the reduced and symbolic scale of public sculptures and models, even if they allude to precise architectural structures.

When, in 1997, as part of the Skulptur Projekte Münster, Theis created the large white structure *Philosophical Platform* on the lawn of the park behind the city's late-Baroque castle, the inhabitants used it for a variety of different and unexpected events: jazz concerts, wedding group photos, birthday parties, skateboard competitions, dance parties. It also served as a bicycle pathway and as a setting in which to ecstatically admire the sunset. The layout of the platform is a three-dimensional citation of Raphael's fresco of the *School of Athens*, in which Plato and Aristotle are at the center surrounded by Heraclitus, Euclid, and Epicurus, among others. But the platform in Münster is not a pedestal for philosophers, nor does it represent knowledge: rather, it is the podium of a contemporary "whatever singularity," of the self-display of the unacknowledged producers of everyday rituals, of an anonymous and silent majority that manifests itself through singular and plural usages of that space, through different forms of appropriation and practices of adaptation. But the surprising aspect of *Philosophical Platform* is its kind of inverted amphitheater, where the stage is empty and the seats face outward, toward the work's context, which becomes the true object of observation.

The term *context* does not only refer to the park and its users but also to the exhibition at large, as was the case in *Potemkin Lock* (1995), the fictitious Luxembourg Pavilion at the Venice Biennale in 1995.[10] More than any other work, *Philosophical Platform* helps us to understand that the benches that Theis disseminated outside and inside exhibition spaces should not be considered in terms of urban furniture or solely in terms of seating. They should rather be understood as vision devices in which the work subtracts itself as a catalyst of attention so as to become a distributor that

10. Marco Senaldi, "*Potemkin Lock*, 1995: The Paradox of Appearance," in *Bert Theis: Some Works*, ed. Florian Matzner (Ostfildern-Ruit: Hatje Cantz, 2003), 10–25.

promotes and simultaneously questions a certain behavior—that of looking. In this sense, the large seating structures in *Le Troisième Système* (2007, inspired by Le Corbusier's project for a city of three million inhabitants), *Suprematist Platform* (2008, dedicated to Kazimir Malevich), *Warburg Spirale. Un monument aux vivants* (2002, suggestive of Vladimir Tatlin's *Monument to the Third International*), *Runningwater (W)right House* (2006, which models itself after Frank Lloyd Wright's Fallingwater), and *Gropius Drifters* (2008, derived from Walter Gropius's project for the International Academy of Philosophy in Erlangen) all refer to radical models of modernist architecture, whose utopian charge is shifted to the horizontal plane, making them accessible and available to all.

But the platform in Theis's work is not just a spatial but also a temporal interruption. In the same way that it interrupts the continuity of urban space, it also aims to suspend the flow of time—of programmed time, time dominated by capital—thus allowing for possibilities to unfold and become events. Hence the palm and banana trees and tropical vegetation that always accompany his platforms. The platforms' invitation to rest should not be mistaken for inertia or enforced immobility. On the contrary, idleness requires work on oneself, a radical change of perspective on the world, a battle against time: against the uniform, "regulated" time of production, and in support of a qualitative, unproductive time filled with potential.

Although in Theis's work platforms have lost their original function, they maintain their potential for transformation, thanks to their capacity to elevate the subject from the status of unaware passerby to that of the author of unforeseen creativity. In this sense, the platform should not be considered as a relational device but as a machine with a theoretical and philosophical purpose. As Theis put it, it has an "epistemological function" that transcends its concrete practical value—or rather, it has this function in relation to its practical nature. It is a sort of enigma that entraps viewers in the hermeneutic circle of free interpretation as to the use they would like to make of the space, the activities they would like to act out in it, and the meaning they would like to attribute to it. The dais becomes a theoretical activator that is able to trace back spheres of value to types of interests, objectivity to self-affirmation, truth to justification, and knowledge to opinion. The "meaning" is not the final outcome of a natural epistemology but the result of social consensus. In this sense, the platform transforms ordinary users each time into pragmatic philosophers.

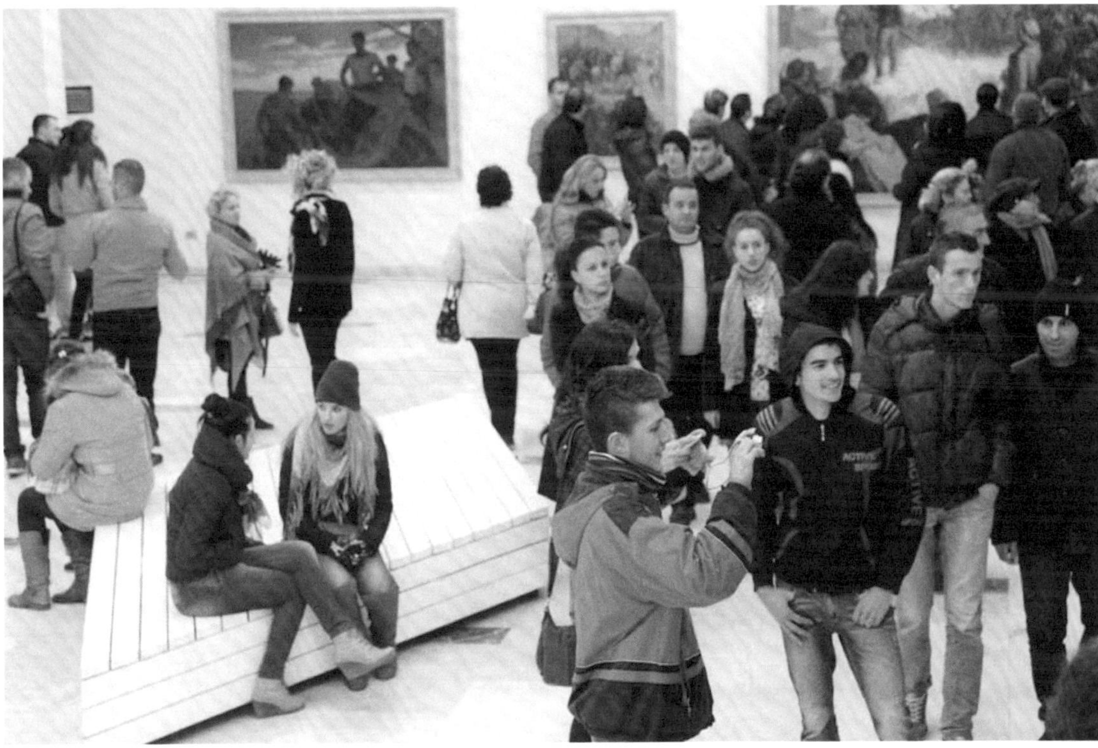

Suprematist Platform for Tirana, 2008

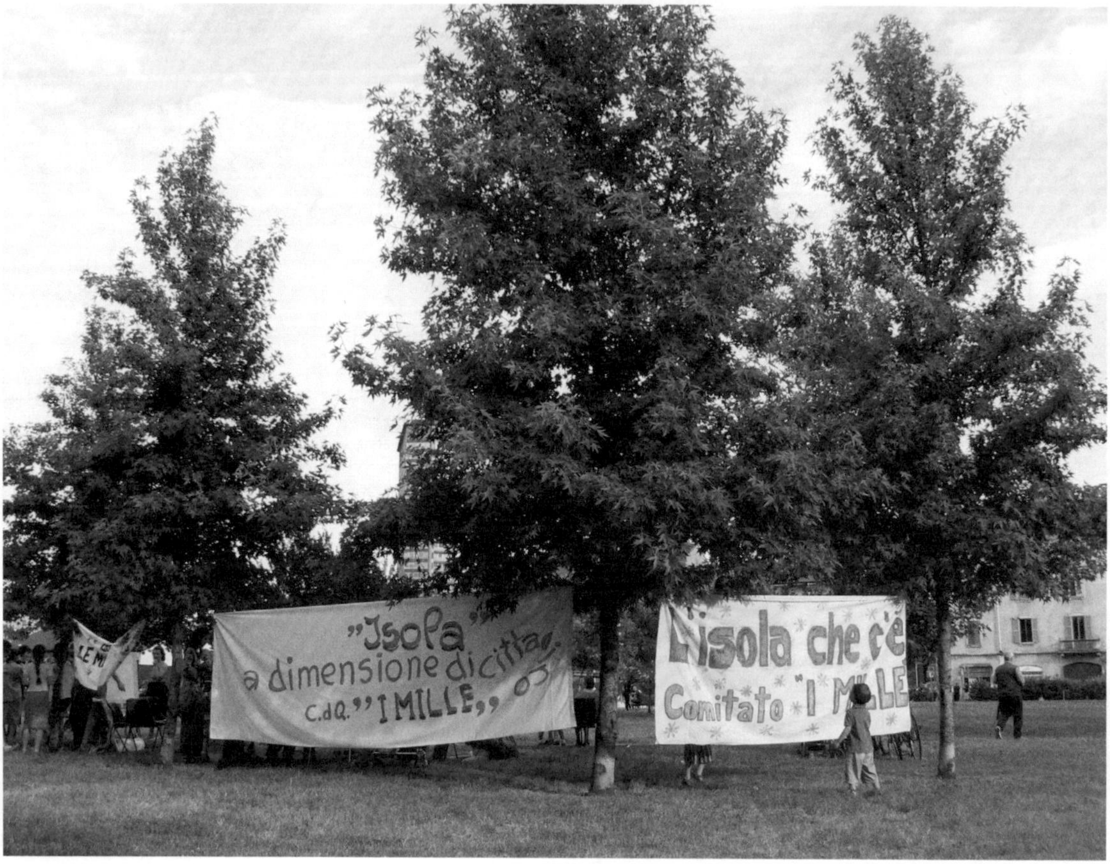

Protest action by the Comitato I Mille for the defense of the Stecca in the parks on via Confalonieri, 2004

Marco Scotini

THE THEATER OF STRUGGLE

> The problem is always the same: Who is taking part?
> In what? For what purpose?[11]
> —Bert Theis

If it is true that in Theis's platforms no conclusion is ever anticipated in the design, it is equally true that the general character of each one—precisely because the platform is open to its context—is influenced by the conditions under which it is installed. The outcome is different if a platform is installed in a *cold situation*, calm and controlled, or a *warm situation*, filled with potential conflict and struggle, because these platforms always exist in a network of connections—they are always rooted in a situation.[12] From this perspective, there is no contradiction between the *Philosophical Platform* in Münster and the Isola Art Center platform in Milan. This shows that Theis's approach in Isola (which we could define as activist) and his approach as an artist in general do not belong to separate identities but are closely connected. No doubt his activism-infused art expands the concept of art into other areas, but at the same time it makes it possible to overcome the nonreferentialist discourse of much contemporary community-based art, which, once it is exempt from point-by-point correspondence with the nonlinguistic world, is limited to an indefinite proliferation of formulations that can be easily manipulated. In this sense, as Charles Esche pointed out, we can talk about the Isola Art Center platform as a sort of coronation of Theis's entire activity. His refusal of the traditional concept of "participation" in art, the figure of the "dirty cube," and the idea of "fight-specific" art, seem to me to be the underlying theoretical contributions of this whole story.

In Milan, too, both the *OUT* and the instituent model of the Isola Art Center appear to be the direct heirs of the situationist concept of unitary urbanism. Not the claim to "show life to the people" but rather the idea to "make them live it" lies at the origin of the two platforms that were born as forms of collaboration with local movements and associations. Guy Debord's statement from 1961 is well known: "A revolutionary organization must always remember that its objective is not getting its adherents to listen to convincing talks by expert leaders, but getting them to speak for themselves, in order to achieve, or at least strive toward, an equal degree of participation."[13]

11. Bert Theis and Marco Scotini, "Un'altra città è ancora possibile? Una conversazione tra Marco Scotini e Bert Theis," April 26, 2015, https://www.alfabeta2.it/2015/04/26/unaltra-citta-e-ancora-possibile.
12. Bert Theis, "Eredi illegitimi dei Situazionisti," *Millepiani/Urban*, no. 4 (2012): 103–13.
13. Guy Debord, "For a Revolutionary Judgement of Art," in *Situationist International Anthology*, ed. Ken Knabb (Berkeley, CA: Bureau of Public Secrets, 1995), 312.

Isola Art Center is not (nor wishes to be) a collective with defined members and assigned roles but a rhizomatic and open formation that allows artists, theoreticians, activists, and associations to develop research projects, artistic-communicative experiments, and new ways of inhabiting urban space against a background of social struggle. Everyone involved is moved by the common desire for de-professionalization and the aspiration to develop a different kind of creativity, as well as by the desire to reappropriate autonomous collective powers: self-management, radical independence from all external powers, activation of subsistence economies, and horizontal decision-making. "I do not believe," said Theis, "that people or viewers should take part in art, architecture, or city planning. Rather the opposite: artists, architects, and city planners should come down from their pedestal and participate in the initiatives of the people."[14]

International art organizations that were operating in similar contexts, such as Park Fiction in Hamburg, the Atelier d'architecture autogérée (studio for self-managed architecture) in Paris, and Pro-test Lab in Vilnius, Lithuania, were also invited to take part in the center in a broadening of the platform and a wish for cultural exchange beyond the local level. On the other hand, it would be difficult not to credit the hundreds of Italian and international artists who passed through the center and made a critical contribution to the project, as well as the theoreticians, curators, activists, and others. If one were to identify the parameters to which the institution of a community and art center in the district of Isola adhered (as well as its ability to articulate them over a ten-year period), they would have to be found in something absolutely original and unique—in something that considers the city both as a material from which innovation is generated and as a condition of its own possibility of existence: a molecular, conflicted, changing, insurgent urbanity in the making. In other words, they would have to be found in a state of crisis with regard to consolidated collective uses and functional hierarchies.

The forms of production that the center implemented, as well as the distribution channels that it generated, did not exclude alternative economic networks, systems of interaction, and mobilization of collective energies—the potential wealth of expanding embryonic, affirmative microcommunities that lack contractual power but are steeped in the desire for transformation. In this sense, the questions that concerned the center's artistic practices most directly were: how to achieve representation of communitarian citizenships in the district and their changing relationships with the space, and how to imagine affirmative forms of struggle that demand not the preservation of a communal integrity but the radical, democratic right to the city,

14. Bert Theis and Mario Scotini, "Partecipazione: pensiero incompiuto. Intervista a Bert Theis di Marco Scotini," in *Networking City. Pratiche artistiche e trasformazione urbana*, ed. Marco Scotini (Florence: M&M Maschietto Editore, 2003), 173.

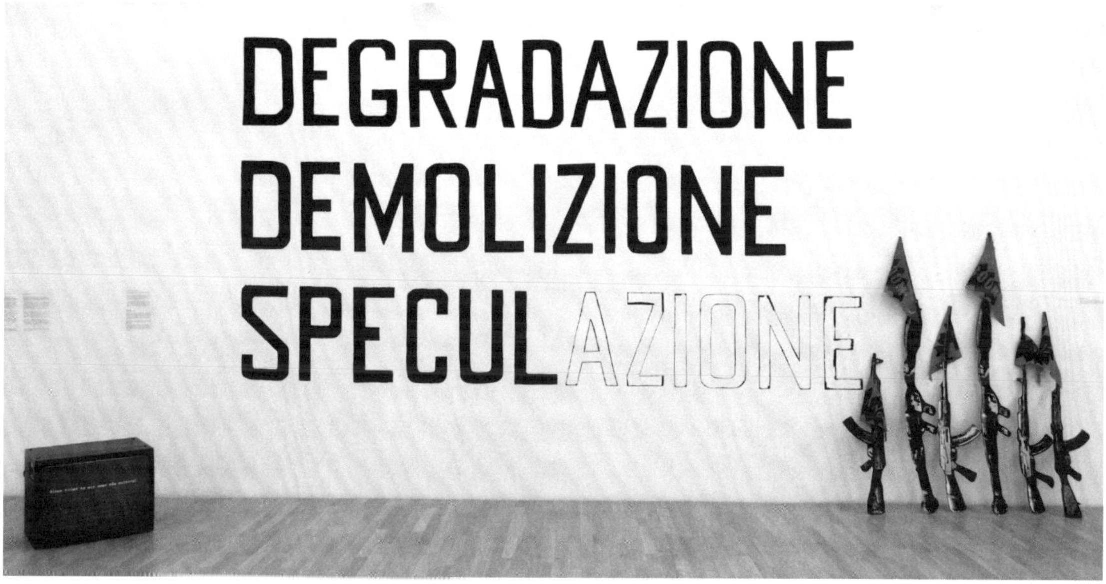

View of the group-show *1:1 stopover*, +MSUM – Museum of Contemporary Art Metelkova, Ljubljana, Slovenia, 2013
Center: Reproduction of a protest mural against real estate speculation in Isola, Milan, 1976
Right: Gruppo Etcétera, *Errorist Arsenal*, for the exhibition *The People's Choice*, curated by Marco Scotini at Isola Art Center, 2006

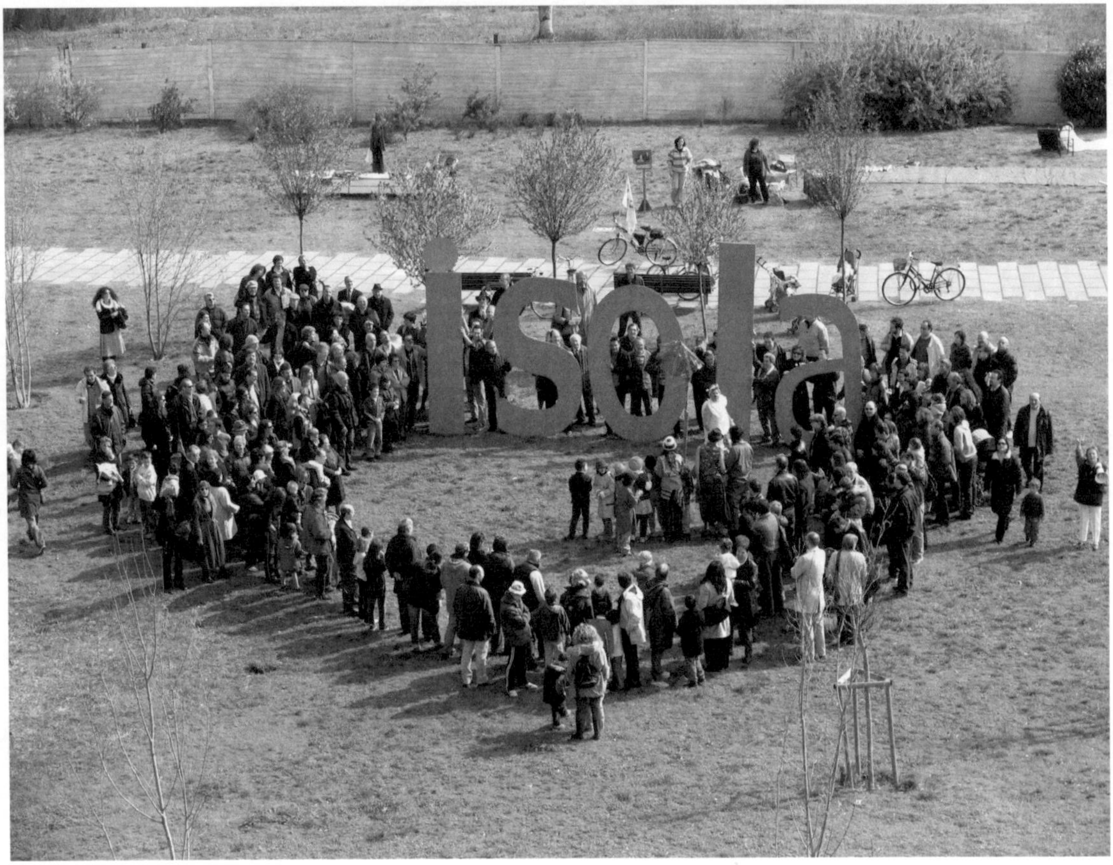

Comitato I Mille, group photograph with residents of the Isola district, 28 March 2004

where it is up to groups and individuals to actively control and plan their own lives. Illegal actions of spatial appropriation, counterproposals to urban development plans, continuous assembly meetings, cycles of philosophy seminars, and protest parades formed the daily fabric of the center. In this sense, the term *dirty cube* does not merely refer to a space that is occupied and left in its natural state, in contrast to the sterile nature and purported neutrality of the white cube; the exhibition model is "dirty" because of the contaminations it entails and the disorder it fuels on a daily basis. But beyond the fact that the center originated out of the occupation of a disused industrial building—the former Siemens factory—what catalyzes the importance of the Isola Art Center lies outside of the Stecca degli Artigiani: in the neighboring green areas, the streets of the Garibaldi-Repubblica district, the city of Milan; in the character of global urbanity in general; and in the struggle against its deterritorialization and the dispossession of its inhabitants. Therefore, art in a similar context cannot but be *fight-specific*—an art that takes a stance in close relationship with those who work and struggle in the community, and that puts itself at the service of the antagonistic process as it unfolds. Although it has not yet been written, a factual history pointing in this very direction exists, from the contributions of Russian artists like Vladimir Mayakovsky, Sergey Malyutin, and Anton Lavinsky during the Soviet Revolution to the proletarian theater of Erwin Piscator; from the collages of John Heartfield for the antifascist struggle to the murals of the Brigada Ramona Parra in Chile; from the graphic work of Emory Douglas in support of the Black Panthers to the Peoples' Liberation Music of Cornelius Cardew. Let's just say that when this long and glorious narrative is at last compiled, the Isola Art Center and Bert Theis will be a part of it. And others will follow.

Saut dialectique. Bert Theis et la plateforme Isola Art Center

Marco Scotini

LE THÉÂTRE URBAIN

> « Notre futur finira-t-il par devenir horizontal[1] ? »
> – Bert Theis

Un Rip Van Winkle qui se serait endormi dans le quartier milanais d'Isola en 2007 et se réveillerait aujourd'hui se croirait dans un tout autre monde. À la place d'une communauté autosuffisante et autonome (une sorte de « village dans la ville »), il trouverait une banlieue hypermoderne constituée de bâtiments verticaux et d'« icônes autistes[2] ». Non plus les constructions basses, les ruines industrielles et les terrains vagues qui lui étaient familiers, mais une concentration de tours et de flèches en métal chromé et verre réfléchissant. Même en ayant perdu tous ses repères, notre protagoniste reconnaîtrait sans peine le modèle ayant présidé à cet agglomérat qui se présente à lui : celui d'un district financier dans une ville néolibérale quelconque – une typologie urbaine qui, telle quelle, est désormais appliquée sous toutes les latitudes, de Bogotá à Brisbane et de Shanghai à Téhéran, et maintenant aussi à Milan. Un modèle reproductible et transnational auquel ne cessent de se soumettre les stars mondiales de l'architecture dans une sorte de rituel d'adoration ancestral.

Même la morphologie sociale ne lui paraîtrait plus la même. À l'instar du tissu physique du quartier, elle a été irrémédiablement compromise par l'apparition de ce nouveau modèle urbain inégalitaire, dissymétrique et panoptique. Le contraire de la communauté rebelle, pluraliste et antagoniste que Rip Van Winkle avait quittée ! L'arrivée de nouveaux acteurs économiques (multinationales, groupes bancaires, compagnies d'assurances), l'expulsion de nombreuses catégories sociales héritées du passé (petites entreprises, artisans, immigrants, étudiants, créatifs) et l'effet du pouvoir sur celles qui sont restées ont fini par domestiquer et discipliner le contexte, rasant les vécus et les histoires, les économies et les luttes locales, les concaténations collectives transversales et horizontales.

Rien de tout cela ne tient de la fable. Mais le recours à cet expédient narratif pour introduire le sujet qui nous préoccupe permet d'énoncer l'artifice dont est constitué le récit urbanistique néolibéral[3], de manière à ne pas confondre

1. Bert Theis, « Independent Subcurator Project », dans *Manifesta 2*, cat. d'exp. Casino Luxembourg – Forum d'art contemporain, Amsterdam, Idea Books, 1998, p. 177.
2. Voir Maria Kaika, « Autistic Architecture: The Fall of the Icon and the Rise of the Serial Object of Architecture », dans *Environment and Planning D: Society and Space*, vol. 29, n° 6, décembre 2011, p. 968-992.
3. Sur le rôle de la narration dans les processus de planification urbaine, voir Barnardo Secchi, *Il racconto urbanistico. La politica della casa e del territorio in Italia*, Turin, Einaudi, 1984.

l'analyse des textes avec celle des choses, la colonisation de l'imaginaire (la rhétorique de la régénération écologique) avec les conflits sociaux réels (expropriation, dépossession), la construction de consensus avec la réalité concrète de la transformation urbaine. Ce n'est pas un hasard si l'expropriation du langage de l'indivis – pour le mettre au service de la privatisation et du marché – est l'une des techniques violentes dont s'est servie l'idéologie néolibérale pour construire Isola comme un *enclosure* moderne et rutilant[4].

En réalité, au cours de la première moitié du siècle dernier (et depuis ses origines au XIXe siècle), le quartier d'Isola s'est plutôt défini comme un regroupement d'édifices industriels, de petites usines, d'entrepôts, d'ateliers d'artisans et de logements pour travailleurs et classes ouvrières. Son caractère d'enclave décentralisée (bien que proche du centre) était le résultat de deux barrières urbaines, à savoir le canal Martesana (enterré dans les années 1960) et la ligne de chemin de fer qui, depuis 1865, reliait la ville à Venise et à Varèse. Le quartier devait garder ce caractère de séparation jusqu'en 2007, peu avant sa démolition partielle et sa transformation radicale. Il continua de ressembler à un site industriel désaffecté, dont le quadrillage physique (avec la morphologie hétérogène des parcelles) était davantage le fruit du hasard que d'un plan d'aménagement. Un plan d'aménagement qui, après la guerre, n'avait jamais été vraiment mis en œuvre ou avait échoué, et resta donc lettre morte. Nonobstant les additions et les innovations architecturales répétées et malgré le changement de la composition sociale des habitants d'Isola, l'esprit populaire, associatif et politique de sa communauté resta l'une des caractéristiques principales du quartier : l'un de ses signes distinctifs – de classe, pourrait-on dire[5].

Jusqu'à cette date, rien dans la nature du quartier n'avait substantiellement changé, et ce malgré la menace posée au début des années 2000 par un vaste projet de spéculation immobilière (baptisé Centro Direzionale), que les mouvements de lutte du quartier réussirent à empêcher. C'est dans ce contexte que Bert Theis (en qualité d'habitant du quartier et sans avoir été mandaté par quiconque) décida de réaliser (ou de co-réaliser) l'une de ses plateformes urbaines à vocation collective. Ou mieux : pas seulement l'une de ses plateformes, mais la plateforme par excellence, celle qui nécessiterait son implication directe pendant plus de dix ans et qui, pour être définie, structurée et activée, générerait d'autres paradigmes esthétiques[6]. En 2002, cette plateforme prit le nom de *OUT*, acronyme d'Office for Urban Transformation

4. Voir Tiziana Villani, « Il restyling di Garibaldi-Isola. Milano una set-city ? » et Gerald Raunig, « Industria Isola », dans *Fight-Specific Isola. Arte, Architettura, Attivismo e il Futuro della Città*, dir. Isola Art Center, Berlin, Archive Books, 2013, p. 301-310 et 325-333.
5. Marco Biraghi, « Storia dell'architettura dell'Isola (1900-2011) », *ibid.*, p. 313-323.
6. « L'Isola Art Center est une plateforme conceptuelle », affirmait l'artiste. « Il doit être géré de manière différente des plateformes en bois, où mon travail est fini une fois qu'elles sont installées. » Charles Esche et *al.*, « Isola Art Center: Some Concepts », *ibid.*, p. 275.

[Bureau de transformation urbaine], et s'installa dans un espace occupé au premier étage du bâtiment iconique de la Stecca degli Artigiani, peu après que Bert Theis avait conçu *Untitled/Untilted* (2001) pour les jardins adjacents entre Via Confalonieri et Via De Castillia. *OUT* prit la forme d'une structure collective ouverte et autogérée, composée d'artistes, d'architectes, d'associations locales et de figures de l'activisme social qui voulaient se mettre au service des stratégies de lutte en cours et développer des alternatives urbaines aux plans proposés par le Big Government en tentant de catalyser par le bas les forces créatrices, les traces du passé industriel et les revendications du quartier.

Au cours des années, *OUT* a soutenu des activités continues et polymorphes, dont a émergé en 2005 le « projet instituant » Isola Art Center. De toutes les plateformes de l'artiste, *OUT (Office for Urban Transformation)* est peut-être celle qui poussa à ses conséquences extrêmes ce qui était déjà présent de manière implicite dans les dispositifs précédents de Bert Theis, à tel point qu'elle devint une modalité d'action intériorisée, non encore ancrée à un lieu et, de ce fait, praticable partout. Il n'y a pas de meilleure illustration que l'image qui montre, disposés en cercle dans un espace ouvert, quatre chaises et deux tabourets sauvés de la déchetterie et marqués « OUT » (*Isola Art Center. Some Hypotheses 1-19*, 2008), pour rendre compte du caractère situationnel et assembleur de cette activité, qui peut être exercée à chaque occasion. Ou alors *OUT* est le résultat d'un saut dialectique, si l'on admet que la dialectique est l'un des outils privilégiés de la méthodologie de Bert Theis. Un saut dialectique (de la notion de *site-specific* à celle de *fight-specific*, d'un art qui exige une participation à un art qui participe) déjà annoncé par l'artiste dans son programme de *subcurator* de la Manifesta 2, dans lequel il déclarait : « N'est-il pas établi que la philosophie et l'art continuent d'interpréter et de représenter le monde de différentes manières, alors que la guerre, la misère, la faim, le chômage, les catastrophes écologiques, l'ennui, la restauration rapide et les téléphones mobiles nécessiteraient, au contraire, un changement radical du monde ? N'est-il pas évident que la vie est ce qui se passe pendant que nous pensons à autre chose ? Pouvez-vous imaginer, après l'expérience américaine, que les banques et les fabricants de cigarettes soutiennent réellement l'art véritable ? Pouvons-nous nier le fait que la production artistique est devenue un problème écologique identique à celui de l'élimination du rebut urbain ? L'art ne devrait-il pas, au moins, offrir les qualités qu'offre une chaise longue confortable, nous permettant de fermer les yeux jusqu'à la fin du millénaire afin d'y voir plus clair ? Est-il possible d'avoir une vision utopique du futur sans éprouver de nostalgie pour le passé ? Notre futur finira-t-il par devenir horizontal[7] ? » C'est une évidence que, pour dominer

7. Bert Theis, « Independent Subcurator Project », *op. cit.*

toute multiplicité organisée (associations spontanées, coalitions et concaténations horizontales), le pouvoir met constamment en œuvre des procédures de séparation et de hiérarchisation oligarchiques, pyramidales. Sans jamais cesser de reproduire des signes de verticalité qui, entre autres choses, veulent nous faire oublier les rapports qui nous lient à la base.

LE THÉÂTRE SUR LA PLATEFORME PUBLIQUE

> « La scène, si elle est surélevée, ne surgit plus des profondeurs incommensurables ; elle s'est muée en podium[8]. »
> – Walter Benjamin

Le primat de l'horizontalité est une constante dans toute l'activité artistique de Bert Theis. Afin de faire basculer l'axe décisionnel public de la verticale à l'horizontale, l'artiste a autant besoin de l'action dans le champ social que d'un signe urbain symbolique, récurrent, minimal, primaire[9]. Pour comprendre le rôle de la plateforme dans le travail de Bert Theis, il faut se confronter à son caractère théâtral en tant que champ performatif, au rôle situationnel du public et à la dialectique que celui-ci (en tant que dispositif) est capable de générer : à tout ce que l'artiste résumait sous le terme *audience-specific*. Il ne fait pas de doute que la « plateforme » est un sujet amphibie. Ce n'est pas tant une typologie structurelle qu'un terme technique décisif dans la stratégie théorique et opérationnelle de son auteur. La plateforme a surtout un caractère paradigmatique. Déclinée sous forme d'estrade, de banc, de terrasse, de plateau, de gradin ou de triclinium, protégée par un dais ou par un pavillon, la plateforme de Bert Theis se manifeste chaque fois dans son acception littérale : celle d'une surface plane assez surélevée du sol pour créer un écart avec le contexte environnant.

Constituée d'un plan dénoté par une certaine épaisseur, la plateforme est – invariablement et dans sa signification originale – une structure destinée à supporter quelque chose. Ce n'est pas seulement une surface qui circonscrit un lieu donné, mais aussi un piédestal vide : une base potentielle sur laquelle on peut poser toute sorte d'objet, du moment que ce dernier s'en trouve modifié. En d'autres termes, il se soustrait à l'habitude, qui rend toute chose invisible et naturelle, pour apparaître au contraire inhabituel, moins familier, fictif. Une base, donc, où Brecht rencontre Duchamp. Mais ce qui caractérise les plateformes de Bert Theis, c'est justement que l'espace qu'elles définissent est laissé vide : elles sont dépourvues de tout élément

8. Walter Benjamin, « Qu'est-ce que le théâtre épique ? (première version). Une étude sur Brecht », dans *Essais sur Brecht*, trad. Philippe Ivernel, Paris, La Fabrique Éditions, 2003, p. 18.
9. Sur le sujet de l'horizontalité, voir Riccardo Caldura, « La forma delle relazioni », dans *OUT & Theis*, cat. d'exp., Mestre, Galleria Contemporaneo, 2010, p. 5-8.

visuel, parce qu'il revient au public de leur conférer un sens toujours provisoire. S'opposant, par principe, à un mode de perception et d'usage unidimensionnel, elles encouragent différentes propositions d'utilisations qui se soustraient au contrôle de l'artiste. Parfaitement blanches, elles sont invariablement fabriquées à partir de longues planches de bois dépourvues de tout signe, image, texte ou action, conformément à l'idée d'hygiène iconographique (contre la pollution des médias de masse) à laquelle Bert Theis a toujours adhéré.

En elles-mêmes, ces structures ne représentent rien et tout à la fois. Et en tant que telles, elles sont toujours en mesure de servir de plateforme à un potentiel théâtre d'événements, toujours à l'échelle d'une socialité quotidienne. Elles introduisent l'indéfini, l'incertain et le provisoire au cœur même de la distribution, du complexe discipliné et déterminé de la ville contemporaine. Elles ouvrent un espace qui se soustrait au contrôle, un espace non qualifié d'avance, mais qui demande à être défini par chacune des initiatives qu'il accueille. Elles représentent un espace accessible collectivement et qui se rend disponible aux pratiques ordinaires et aux dynamiques spontanées, un espace situé temporairement dans l'espace public urbain. Ces plateformes présentent le même caractère interstitiel que les friches urbaines, les aires abandonnées et les terrains vagues qui résistent aux processus de normativité, de réglementation, d'intégration et d'homogénéisation de la ville. Bien évidemment, leur échelle est différente : c'est celle, réduite et symbolique, des sculptures publiques et des modélisations, même si elles se réfèrent à des structures architecturales précises.

Quand, en 1997, dans le cadre de Skulptur Projekte à Münster, Bert Theis réalisa la grande structure blanche intitulée *Philosophical Platform* (1997) au-dessus de la pelouse du parc derrière le château de style baroque tardif, les habitants l'utilisèrent pour les événements les plus divers et inattendus : concerts de jazz, photos de mariage, anniversaires, compétitions de skateboard, soirées dansantes, comme passage à vélo ou pour contempler le coucher du soleil. Le plan de la plateforme est une citation en trois dimensions de *L'École d'Athènes*, la fresque de Raphaël, au centre de laquelle figurent Platon et Aristote, entourés notamment par Héraclite, Euclide et Épicure. Mais la plateforme de Münster n'est pas un piédestal de philosophes, ni une représentation du savoir, elle est plutôt la plateforme de la « singularité quelconque » contemporaine, de l'auto-exposition de producteurs méconnus de ritualités quotidiennes, d'une majorité anonyme et silencieuse qui se signale par des modes d'usage singuliers et pluriels de cet espace, par ses formes d'appropriation et par ses pratiques d'adaptation à celui-ci. Mais l'aspect surprenant de *Philosophical Platform* est celui d'une sorte d'amphithéâtre inversé où la scène est vide et où les gradins sont tournés vers l'extérieur, vers le contexte qui, à 360°, devient le véritable sujet d'observation.

Par « contexte », il ne faut pas seulement comprendre le parc et ses utilisateurs, mais aussi le cadre de la manifestation artistique, comme cela avait été le cas pour *Potemkin Lock*, le pavillon fictif du Luxembourg à la Biennale de Venise de 1995[10]. Plus qu'aucune autre œuvre, *Philosophical Platform* nous aide à comprendre pourquoi les bancs que Bert Theis a disséminés à l'extérieur et à l'intérieur d'espaces d'exposition ne doivent pas être considérés en termes d'éléments de mobilier urbain ou uniquement en termes de sièges. Ils doivent plutôt être interprétés comme des dispositifs de vision dans lesquels l'œuvre se dérobe en tant que catalyseur d'attention pour devenir un distributeur qui promeut et simultanément interroge un comportement : celui qui consiste à regarder. Dans ce sens, les grandes structures-sièges qui constituent *Le Troisième Système* (2007, inspiré du projet de l'architecte Le Corbusier pour une ville de trois millions d'habitants), *Suprematist Platform* (dédiée à Malevitch), *Warburg Spirale. Un monument aux vivants* (2002, qui fait allusion au projet de Tatline pour un monument à la Troisième Internationale), *Runningwater (W)right House* (2006, qui prend pour modèle Fallingwater, la Maison sur la cascade, de Frank Lloyd Wright) ou les *Gropius Drifters* (2008, dérivés du projet de Walter Gropius pour l'Académie internationale de philosophie d'Erlangen) font tous référence à des modèles radicaux de l'architecture moderniste, dont le potentiel utopique est ramené au plan horizontal de leur utilisation immédiate, de manière à les rendre accessibles et à la portée de tous.

La plateforme dans l'œuvre de Bert Theis est cependant une interruption non seulement spatiale, mais aussi temporelle. De la même manière qu'elle interrompt la continuité de l'espace urbain, elle entend suspendre le flux du temps programmé, du temps dominé par le capital, laissant au contraire les possibilités d'éclore et de devenir événement. D'où les plantations de palmiers, de bananiers ou de végétation tropicale qui accompagnent chacune de ses plateformes. Le repos auquel elles invitent le spectateur ne doit pas être confondu avec l'inertie ou l'immobilité forcée. Au contraire, l'oisiveté ne peut naître qu'à partir d'un véritable travail sur soi, d'un changement radical du regard sur le monde, d'une lutte au fil du temps : contre le temps homogène et « régulé » de la production et au service d'un temps qualitatif, improductif, potentiel.

Si, en substance, les plateformes perdent chez Bert Theis leur fonction d'origine, elles conservent cependant leur potentiel transformateur grâce à leur capacité à faire passer l'individu du statut de passant inconscient et passif à celui d'auteur d'une dynamique créative imprévue. Dans ce sens, la plateforme

10. Marco Senaldi, « *Potemkin Lock*, 1995: The Paradox of Appearance », dans *Bert Theis: Some Works*, dir. Florian Matzner, Ostfildern-Ruit, Hatje Cantz, 2003, p. 10-25.

ne doit pas être considérée comme un dispositif relationnel, mais comme une machine à valeur théorique et philosophique. Ainsi, comme le disait l'artiste lui-même, elle a une « fonction épistémologique » au-delà de toute valeur pratique concrète. Ou mieux : elle a cette fonction précisément par rapport à son caractère pratique. C'est une sorte d'énigme qui entraîne le spectateur dans un cercle herméneutique de libre interprétation sur l'usage qu'il voudra faire de cet espace, sur les activités qu'il voudra y exercer et sur le sens qu'il voudra lui attribuer. La plateforme devient un activateur théorique capable de relier les sphères de valeur à des types d'intérêts, l'objectivité à l'affirmation de soi, la vérité à la justification, la connaissance à l'opinion. Le « sens » n'est pas le résultat ultime d'une épistémologie naturelle, mais l'aboutissement d'un consensus social. Dans ce sens, la plateforme transforme à chaque fois ses utilisateurs ordinaires en philosophes pragmatiques.

LE THÉÂTRE DE LA LUTTE

> « Le problème est toujours le même : qui prend part ? à quoi ?
> et dans quel but[11] ? »
> – Bert Theis

S'il est vrai que dans aucune plateforme de Bert Theis la conclusion n'est anticipée dès sa conception, il est non moins vrai que le caractère général de chacune d'entre elles – justement à cause de leur ouverture au contexte – est influencé par les conditions dans lesquelles elles sont installées. Le résultat sera différent selon qu'il s'agit d'une *situation froide*, calme et contrôlée, ou d'une *situation chaude*, lourde de conflits et de luttes potentielles, car les plateformes existent toujours au sein d'un réseau de liens, elles sont toujours en situation[12]. De ce point de vue, il n'y a pas de contradiction entre la *Philosophical Platform* à Münster et la plateforme Isola Art Center à Milan. Cela démontre que l'approche (que nous pourrions qualifier d'activiste) de Bert Theis dans les confrontations à Isola et son approche en tant qu'artiste en général n'appartiennent pas à des identités distinctes, mais sont étroitement liées. Il ne fait pas de doute que toute son activité dans ce quartier a déplacé le concept d'art dans d'autres champs, mais elle a en même temps permis de surmonter le discours non référentialiste de nombreuses formes actuelles de *community-based art* pour qui, dès lors qu'elles sont dispensées de l'obligation de correspondre point par point au monde non linguistique, celui-ci se limite à une prolifération indéfinie d'énoncés facilement

11. Bert Theis et Marco Scotini, « Un altra città è ancora possibile ? Una conversazione tra Marco Scotini e Bert Theis », 26 avril 2015, www.alfabeta2.it/2015/04/26/unaltra-citta-e-ancora-possibile.
12. Bert Theis, « Eredi illegittimi dei Situazionisti », dans *Millepiani/Urban*, n° 4, 2012, p. 103-113.

manipulables. En ce sens, comme l'a dit Charles Esche, on peut parler de la plateforme Isola Art Center comme d'une sorte de couronnement de toute l'activité de Bert Theis. Son rejet du concept traditionnel de la « participation » dans l'art, la figure du *dirty cube* et l'idée d'un art *fight-specific* me paraissent être les contributions théoriques fondamentales de toute cette histoire. À Milan aussi, *OUT* et le modèle instituant de l'Isola Art Center apparaissent comme héritiers directs de l'urbanisme situationniste. Ce n'est pas la prétention de « montrer la vie aux gens », mais l'idée de « la leur faire vivre » qui est à l'origine de ces deux plateformes nées sous la forme d'une collaboration avec les mouvements et associations du quartier. La phrase de Debord de 1961 est bien connue : « Une organisation révolutionnaire est obligée de rappeler à tout moment que son but n'est pas de faire entendre à ses adhérents les discours convaincants de *leaders* experts, mais de les faire parler eux-mêmes, pour parvenir, ou à tout le moins tendre, au même degré de participation[13]. » Or, l'Isola Art Center n'est pas (et ne veut pas être) un collectif avec des membres définis et des rôles assignés, mais une formation rhizomatique et ouverte qui permet aux artistes, théoriciens, activistes et associations de développer des projets de recherche, des expérimentations artistiques-communicatives et de nouveaux modes d'habiter l'espace urbain dans un contexte de lutte. Tous les sujets sont mus par une volonté commune de déprofessionnalisation et par le désir de cultiver un type de créativité différent, de même que par le désir de se réapproprier les pouvoirs collectifs autonomes : autogestion, indépendance radicale vis-à-vis de tout pouvoir externe, activation d'économies de subsistance et formes décisionnelles horizontales. « Je ne crois pas », affirmait Bert Theis, « que les gens ou les spectateurs devraient participer à l'art, à l'architecture ou à l'urbanisme. Plutôt le contraire : les artistes, les architectes et les urbanistes devraient descendre de leur piédestal et participer aux initiatives des gens[14]. »

Étaient également invitées à faire partie du centre [Isola Art Center] des organisations artistiques internationales qui travaillaient dans des contextes similaires, telles que Park Fiction à Hambourg, l'Atelier d'architecture autogérée à Paris et Pro-test Lab à Vilnius, dans l'optique d'une extension de la plateforme et dans la volonté d'un échange culturel au-delà du niveau local. Cependant, il serait difficile de rendre compte des centaines d'artistes italiens et internationaux qui sont passés par le centre et qui ont apporté une contribution décisive au projet, sans parler des théoriciens, curateurs, militants, etc.

13. Guy Debord, « Pour un jugement révolutionnaire de l'art », dans *Notes critiques, bulletin de recherche et d'orientation révolutionnaires*, n° 3, second trimestre 1962.
14. Bert Theis et Marco Scotini, « Partecipazione : pensiero incompiuto. Intervista a Bert Theis di Marco Scotini », dans *Networking City. Pratiche artistiche e trasformazione urbana*, dir. Marco Scotini, Florence, M&M Maschietto Editore, 2003, p. 173.

S'il fallait donc identifier les paramètres ayant présidé à l'institution d'un centre d'art et communautaire dans le quartier d'Isola (sa capacité à se structurer sur une période de dix ans), il faudrait les chercher dans quelque chose d'absolument original et particulier, dans quelque chose qui comprend l'urbain à la fois comme matériau générateur d'innovation et condition de sa propre possibilité d'existence : un urbain moléculaire, conflictuel, mutant, insurgent, en devenir. C'est-à-dire en crise par rapport à ses usages collectifs consolidés et à ses hiérarchies fonctionnelles.

Les formes de production mises en œuvre par le centre et les canaux de distribution qu'il a générés n'ignorent pas les réseaux économiques alternatifs, les systèmes d'interaction et de mobilisation des énergies collectives, les richesses potentielles de micro-communautés embryonnaires, affirmatives, en expansion : dénuées de pouvoir contractuel, mais imprégnées du désir de transformation. En ce sens, les questions ayant concerné les pratiques artistiques du centre de manière la plus directe sont les suivantes : comment arriver à une représentation des citoyennetés communautaires présentes dans le quartier et de leurs relations changeantes à l'espace ? Comment imaginer des formes de lutte affirmatives qui ne revendiquent pas la conservation d'une intégrité communautaire qui n'existe pas, mais qui veulent faire du droit à la ville une exigence démocratique radicale, où il revient aux groupes et aux individus de contrôler et de planifier activement leur propre existence ?

Actions illégales d'appropriation de l'espace, contre-propositions aux projets d'urbanisation, assemblées continues, cycles de séminaires de philosophie de l'urbain et manifestations constituaient la texture quotidienne du centre. En ce sens, le terme *dirty cube* n'entend pas simplement désigner un type d'espace occupé et laissé dans son état naturel, par opposition au caractère aseptique et à la prétendue neutralité du *white cube*. Le modèle d'exposition est « sale » en raison des contaminations qu'il entraîne et du désordre qu'il alimente au jour le jour. Cependant, bien que le centre soit né de l'occupation d'un bâtiment industriel désaffecté comme l'ancienne usine Siemens, ce qui catalyse l'intérêt de l'Isola Art Center se situe en dehors de la Stecca degli Artigiani : dans les espaces verts voisins, dans les rues du quartier Garibaldi-Repubblica, dans la ville de Milan, dans le caractère de l'urbain global en général, dans la lutte contre la déterritorialisation et la dépossession de ses habitants. Pour cette raison, un art dans un contexte similaire ne peut être que *fight-specific*, un art qui prend position en relation étroite avec ceux qui travaillent et luttent dans le quartier et qui se met au service du processus antagoniste en cours. Bien qu'elle n'ait pas encore été écrite, il existe bel et bien une histoire qui pointe dans cette même direction, une histoire qui mène de la contribution des artistes russes tels que Maïakovski, Malyoutine et

Lavinsky à la révolution soviétique au théâtre prolétarien de Piscator, des collages de John Heartfield pour la lutte antifasciste aux peintures murales du groupe chilien Brigada Ramona Parra, de l'œuvre graphique d'Emory Douglas en soutien des Black Panthers à la Peoples' Liberation Music de Cornelius Cardew. Disons que quand ce long et glorieux récit sera compilé, l'Isola Art Center et Bert Theis en feront partie. D'autres les suivront.

Works
Œuvres

Works Though not exhaustive the following pages offer an overview of Bert Theis's work through his most important creations. Organized chronologically, they testify to the variety of forms his work has taken on throughout his career, as well as the shifts made by the artist between each one: between the political commitment of his youthful years and the literary imagination of his first collages, between the conceptual works that questioned painting and history of art and his first pieces in public space, between art and activism, between personal work and collective practice…

Just as with the images, the notes that accompany some of the works are based, for the most part, on documents preserved in the archives of Bert Theis, which Mariette Schiltz, who curates the estate of the artist, and Rob Engel, his friend and collaborator, have been organizing, cataloguing and digitizing since his death. Unless otherwise stated, the notes signed by the artist ("BT") are taken from mostly unpublished texts written during the conception of a work, or after its realization.

Authors of the notes:
MP: Markus Pilgram
BT: Bert Theis
MV: Marion Vergin

This section was conceived by Marion Vergin, Christophe Gallois and Deborah Lambolez, in close collaboration with Mariette Schiltz and Laura Zaccaria.

Œuvres Sans être exhaustives, les pages qui suivent proposent un parcours dans l'œuvre de Bert Theis à travers ses réalisations les plus importantes. Organisées de manière chronologique, elles témoignent de la variété des formes qu'a empruntées son œuvre au fil de sa carrière tout autant que des passages que l'artiste a opérés entre celles-ci : entre l'engagement politique de ses années de jeunesse et l'imaginaire littéraire de ses premiers collages, entre ses œuvres conceptuelles interrogeant la peinture et l'histoire de l'art et ses premières réalisations dans l'espace public, entre art et activisme, entre travail personnel et pratique collective…

Tout comme pour les images, les notices qui accompagnent une partie des œuvres s'appuient en majeure partie sur les documents conservés dans les archives de Bert Theis, que Mariette Schiltz, ayant droit de l'artiste, et Rob Engel, son ami et collaborateur, s'attachent à organiser, cataloguer et numériser depuis son décès. Sauf mention contraire, les notices signées de l'artiste (BT) sont extraites de notes, le plus souvent inédites, rédigées lors de la conception de ses œuvres ou suite à leur réalisation.

Auteurs des notices :
MP : Markus Pilgram
BT : Bert Theis
MV : Marion Vergin

Cette section a été conçue par Marion Vergin, Christophe Gallois et Deborah Lambolez, en étroite collaboration avec Mariette Schiltz et Laura Zaccaria.

99 *Leitfaden 16*, 1982

13 collages
21 × 15 cm each
Published as an handmade brochure (handwritten cover, photocopies of 13 collages, red thread, 21 × 15 cm)
Collection Mariette Schiltz

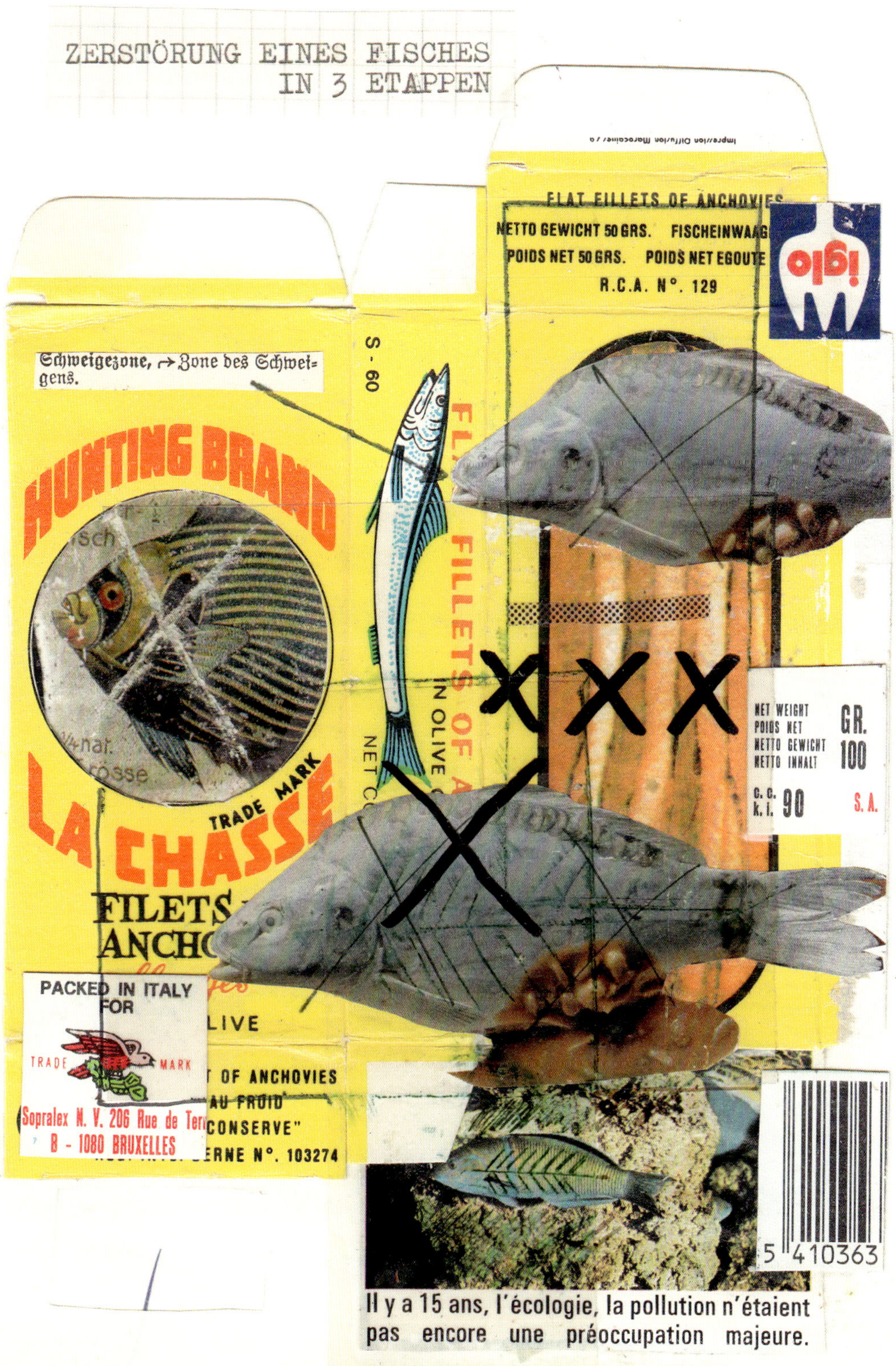

 1984, 1984 Photo comics, 2 double plates
Collage, handwritten text, drawing on paper
32.2 × 45 cm each
Published in *De Fonken* 21, 1984, pp. 9-12
Collection Mariette Schiltz

Bert Theis's political engagement started in secondary school. When the ripples of May '68 reached Luxembourg later that year, he joined the Revolutionary Communist League, which evolved into the Socialist Revolutionary Party. In the early 1980s, he produced several political posters that reflected his commitment to peace, ecology and workers' rights. For *De Fonken*, the journal of the Revolutionary Socialist Youth, he produced a "photo novel" titled *1984*. Presented as a missing chapter of George Orwell's famous dystopian novel of the same name, it uses a satirical tone to address the main social issues in Luxembourg's society at the time: plant closures, inflation, nuclear armament, and youth unemployment.

Les premiers engagements politiques de Bert Theis remontent à ses années de lycée. En 1968, lorsque l'onde de choc des événements en France atteint le Luxembourg, il adhère à la Ligue communiste révolutionnaire, qui deviendra plus tard le Parti socialiste révolutionnaire. Au début des années 1980, il réalise plusieurs affiches politiques qui témoignent de son engagement pour la paix, l'écologie et les luttes ouvrières. Pour *De Fonken*, le journal de la Jeunesse socialiste révolutionnaire, il réalise un « roman-photo » titré *1984*. Présenté comme un chapitre manquant du célèbre roman dystopique de Georges Orwell qui serait dédié au Luxembourg, celui-ci aborde de manière satirique tous les débats du moment : fermetures d'usines, inflation, armement nucléaire ou encore chômage des jeunes.
MP

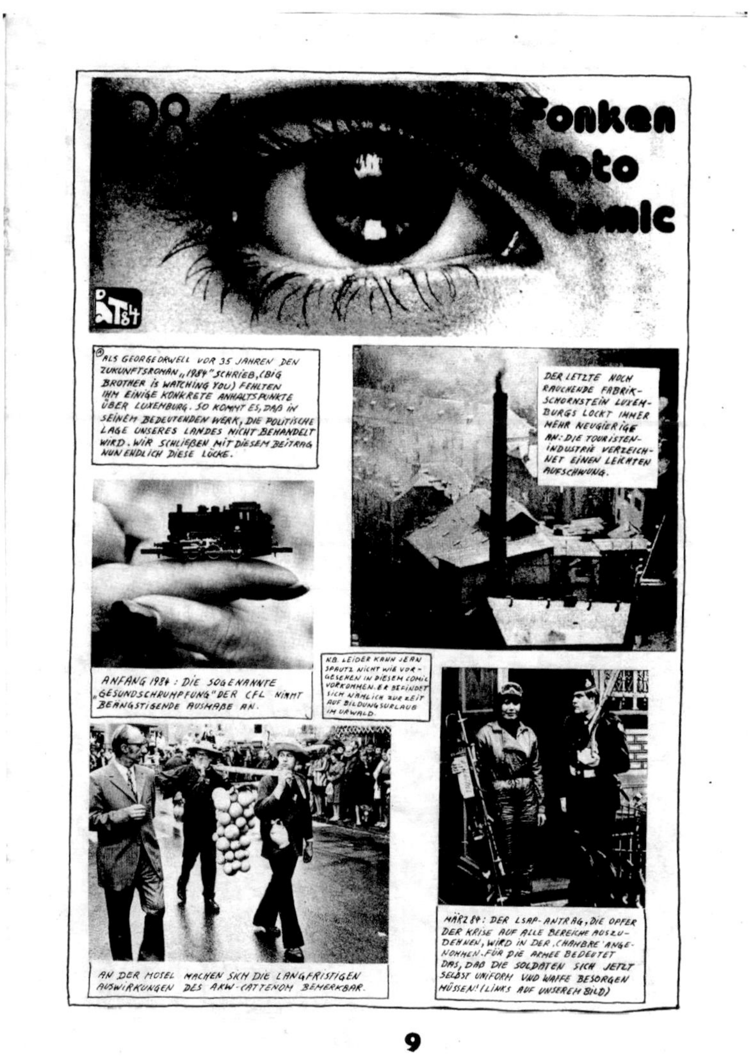

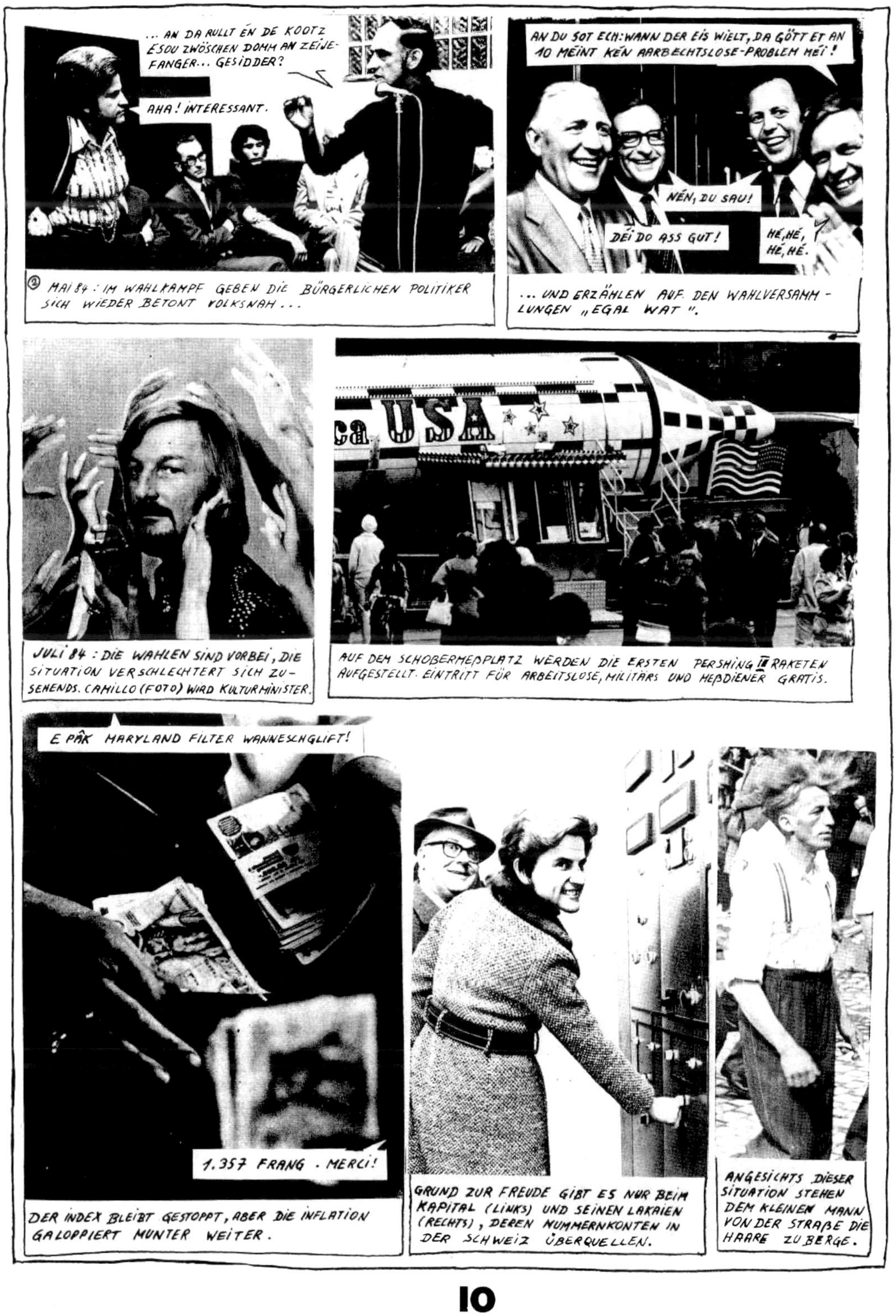
... AN DA RULLT ÉN DE KOOTZ ESOU ZWÖSCHEN DOMM AN ZEIJEFANGER... GESIDDER?
AHA! INTERESSANT.
② MAI 84: IM WAHLKAMPF GEBEN DIE BÜRGERLICHEN POLITIKER SICH WIEDER BETONT VOLKSNAH...
AN DU SOT ECH: WANN DER EIS WIELT, DA GÖTT ET AN 10 MÉINT KÉN AARBECHTSLOSE-PROBLEM MÉI!
NÉN, DU SAU!
DÉI DO ASS GUT!
HÉ, HÉ, HÉ, HÉ.
... UND ERZÄHLEN AUF DEN WAHLVERSAMMLUNGEN „EGAL WAT".
USA
JULI 84: DIE WAHLEN SIND VORBEI, DIE SITUATION VERSCHLECHTERT SICH ZUSEHENDS. CAMILLO (FOTO) WIRD KULTURMINISTER.
AUF DEM SCHOBERMEßPLATZ WERDEN DIE ERSTEN PERSHING II RAKETEN AUFGESTELLT. EINTRITT FÜR ARBEITSLOSE, MILITÄRS UND MEßDIENER GRATIS.
E PÂK MARYLAND FILTER WANNESCHGLIFT!
1.357 FRANG. MERCI!
DER INDEX BLEIBT GESTOPPT, ABER DIE INFLATION GALOPPIERT MUNTER WEITER.
GRUND ZUR FREUDE GIBT ES NUR BEIM KAPITAL (LINKS) UND SEINEN LAKAIEN (RECHTS), DEREN NUMMERNKONTEN IN DER SCHWEIZ ÜBERQUELLEN.
ANGESICHTS DIESER SITUATION STEHEN DEM KLEINEN MANN VON DER STRAßE DIE HAARE ZU BERGE.
10

102 *Loß dech net aweckelen…*, 1985 Poster for the paper "Sozialistesch Aktioun" of the RSP (Revolutionary Socialist Party)
69.6 × 47.6 cm
Collection Rob Engel

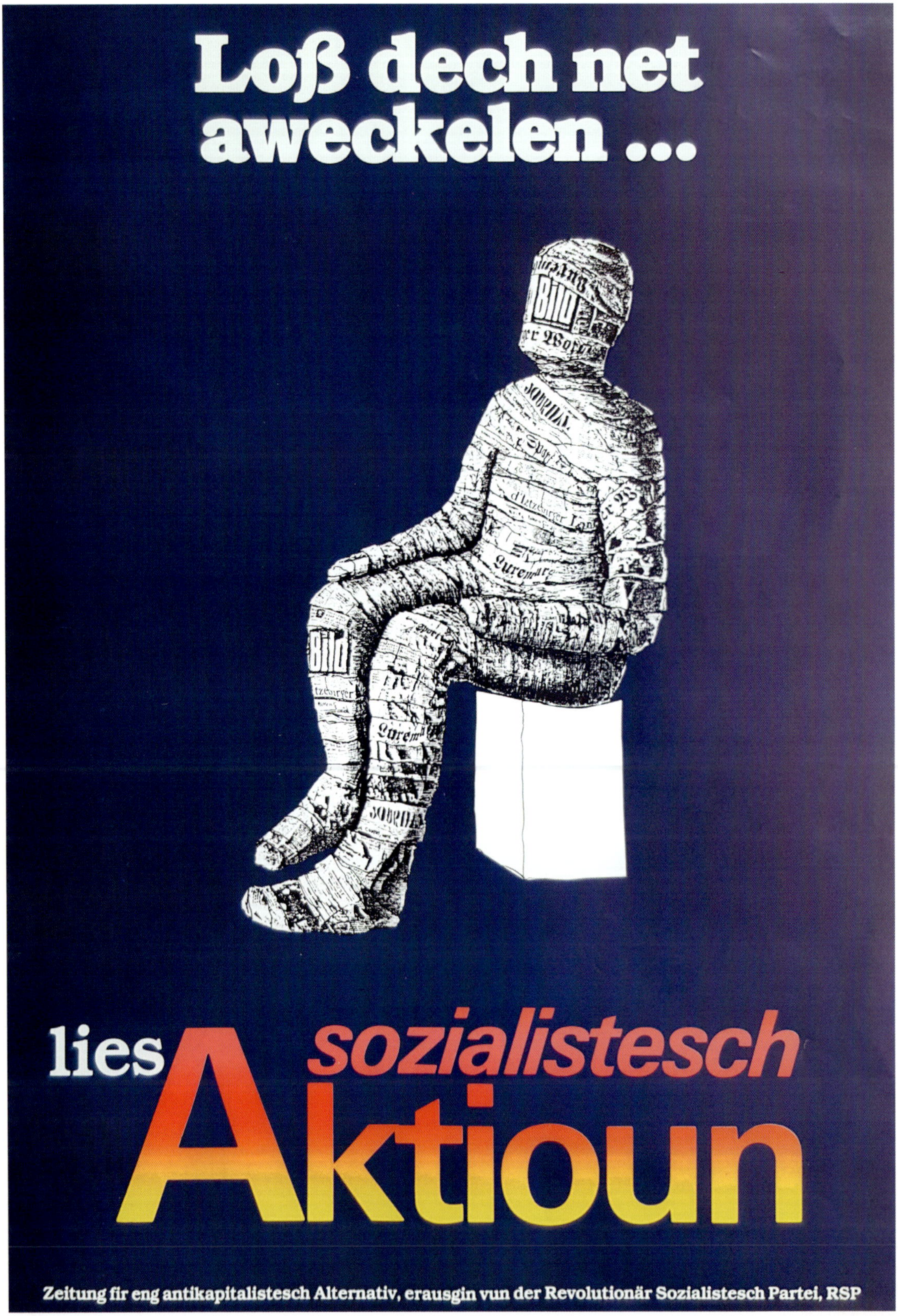

103 *Woytila Nee Merci*, 1985 In collaboration with Mariette Schiltz
Poster for the JSR (Revolutionary Socialist Youth) – *De Fonken*
67 × 46.5 cm
Collection Rob Engel

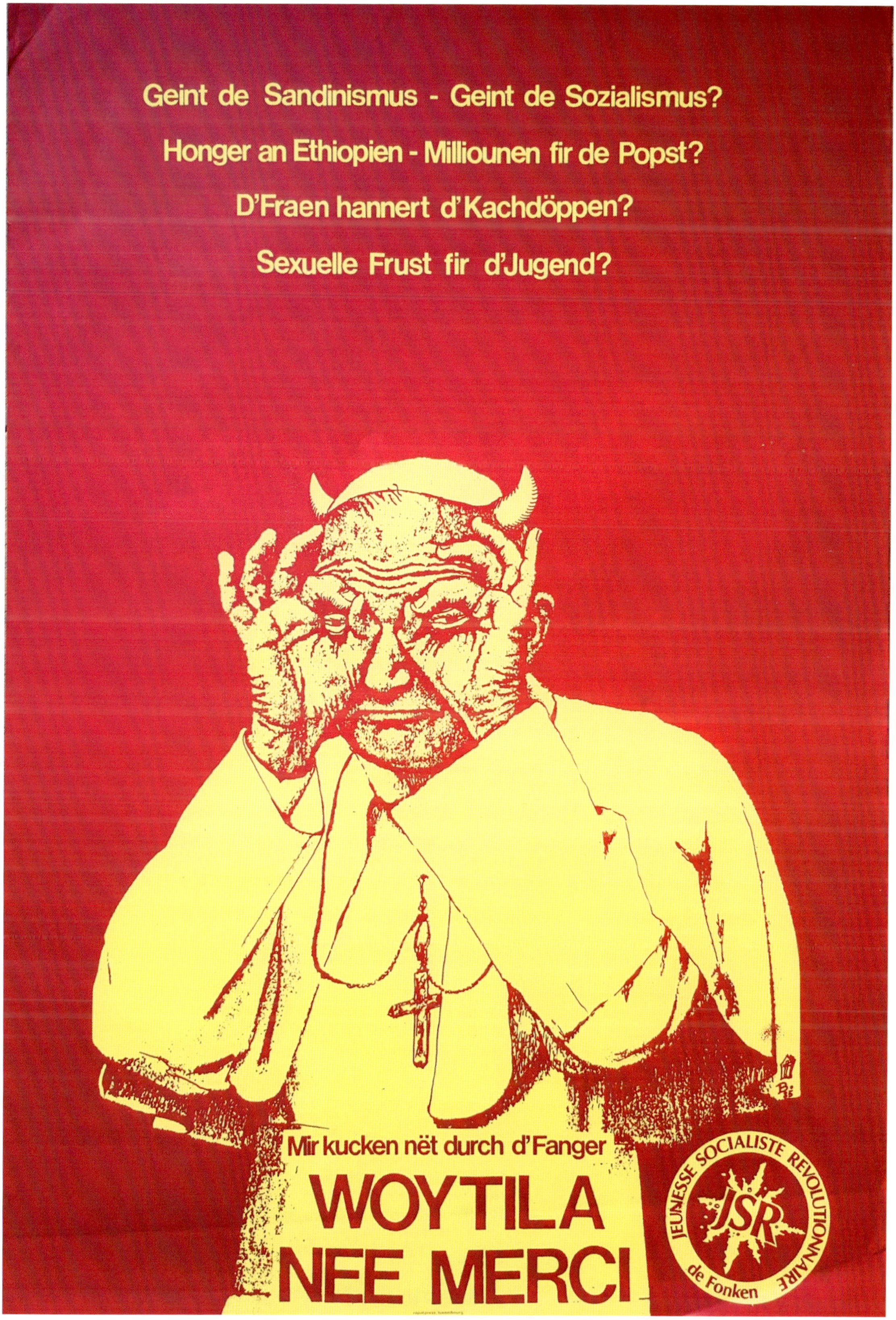

 Dat lest. Wéi Gedichter entstinn, 1985

11 collages
19 × 11.5 cm each
Published as illustrations in Robert Steffen, *Dat lest*, Op der Lay, Wiltz, 1985
Collection Mariette Schiltz (8 collages/11)

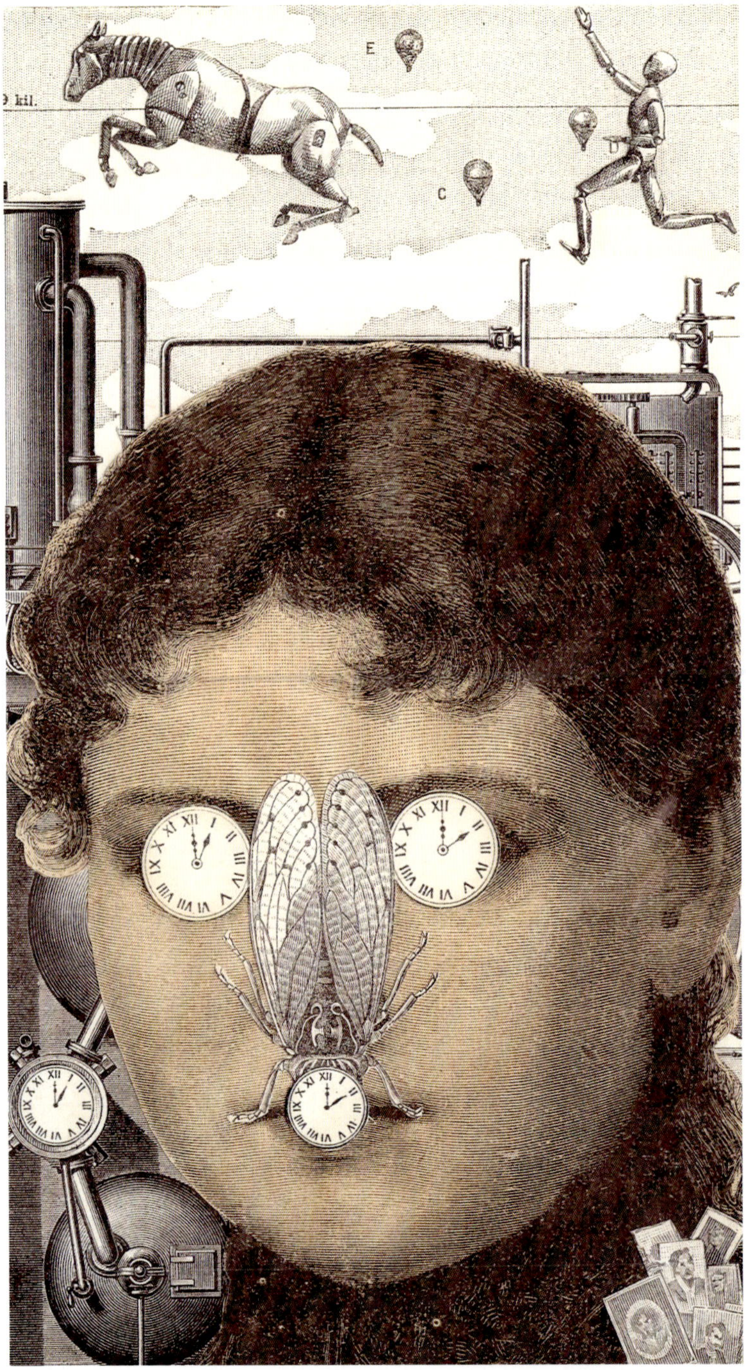

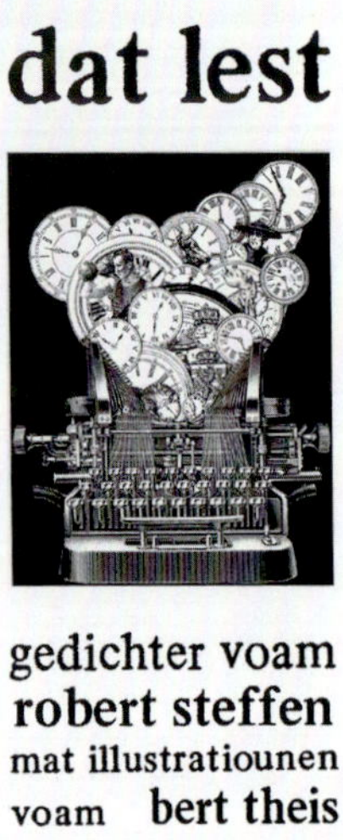

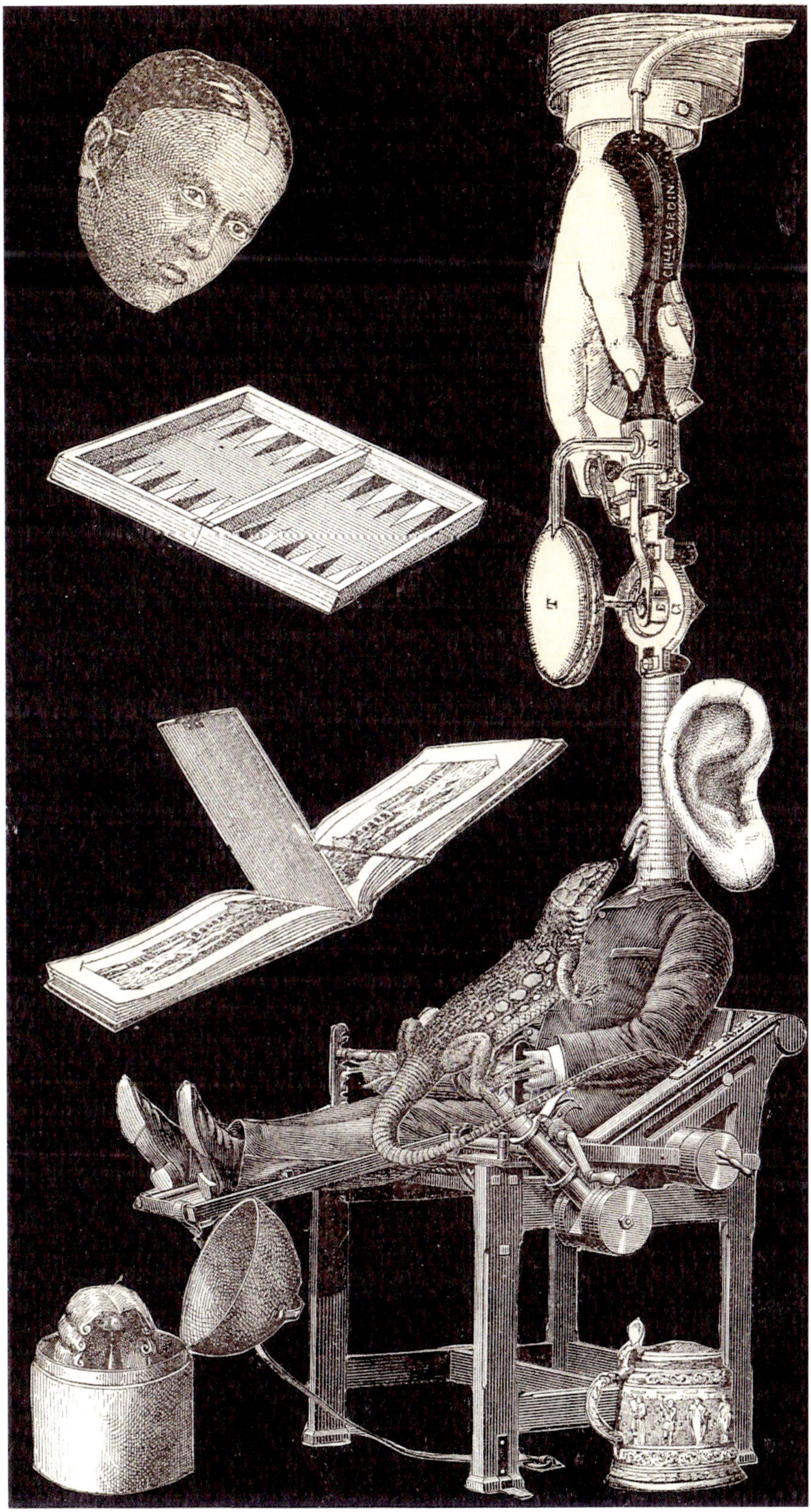
VERDIN

 ***Chaocoll 1, 2, 3, 4, 5, 13, 14, 21, 22*, 1985** 9 collages, mixed media
40.5 × 30.5 cm each (framed)
Collection Mariette Schiltz

The collages from this series, which was first presented in 1985 at Art Gallery in Luxembourg, bring together fragments of images and texts in a surrealist mode. In these prolific works, dreams and reality, anguish and hope merge, as beauty arises from chaos—echoing Comte de Lautréamont's famous metaphor of "the chance meeting on a dissecting table of a sewing machine and an umbrella,"[1] which Theis liked to quote when describing the spirit of his early collages.

Présentés pour la première fois en 1985 à la Art Gallery à Luxembourg, les collages de la série *Chaocoll* associent, sur un mode surréaliste, des fragments d'images et des bribes de textes. Dans ces œuvres foisonnantes, où se mêlent rêves et réalités, angoisses et espoirs, la beauté naît du chaos comme dans la célèbre formule de Lautréamont décrivant « la rencontre fortuite sur une table de dissection d'une machine à coudre et d'un parapluie[2] », que l'artiste évoquait souvent pour décrire l'esprit de ses premiers collages.

MV

1. Isidore Lucien Ducasse (aka Comte de Lautréamont), *Lautréamont's Maldoror*, trans. Alexis Lykiard (New York: Thomas Y. Crowell, 1972), 177.
2. Isidore Lucien Ducasse (Comte de Lautréamont), « Les Chants de Maldoror », dans *Œuvres complètes*, Paris, Guy Lévis Mano, 1938, chant VI, 1, p. 256.

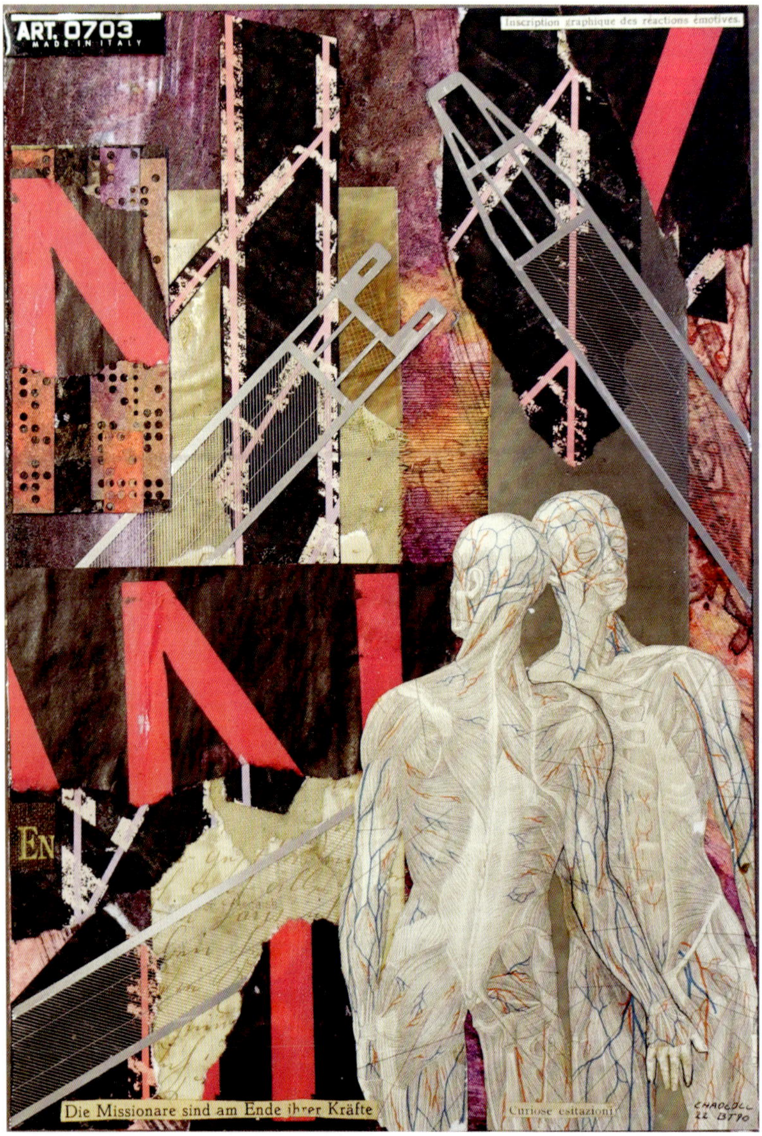

 Chaocoll 1, 2, 3, 4, 5, 13, 14, 21, 22, 1985

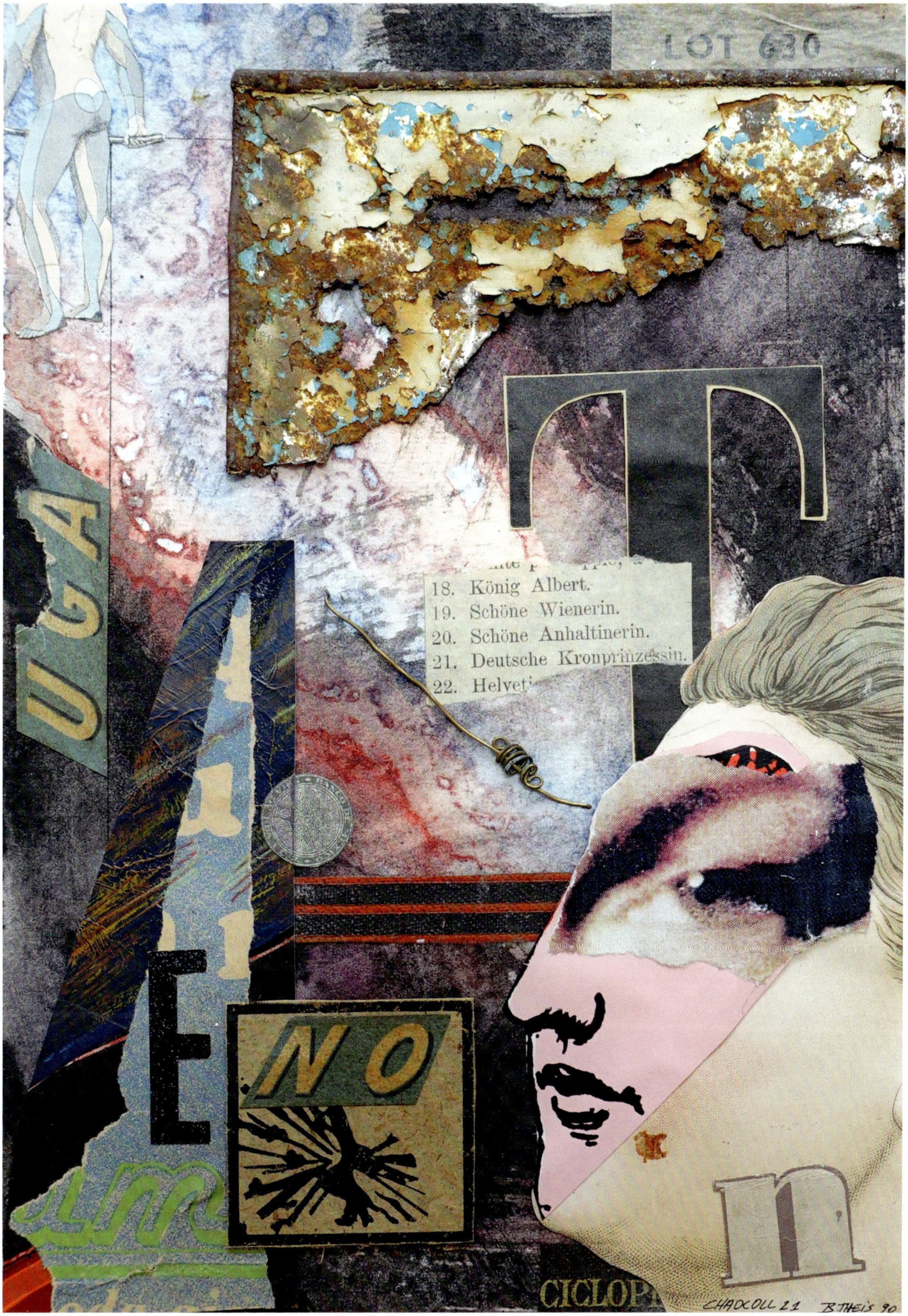

 Parabel vom Wasserbecken, 1986

59 collages, 10 text collages
19.5 × 13 cm each
Collection Mariette Schiltz

This series of collages is emblematic of the artist's work in the 1980s. It is based on Edward Bellamy's text "The Parable of the Water-Tank," a satire on capitalism from his utopian novel *Equality* (1897), which was widely read in militant socialist and anarchist circles at the time. Displayed in an archival binder and organized in eleven chapters, the collages appear in dialogue with excerpts from the text.

Œuvre emblématique de la pratique que l'artiste développe au cours des années 1980, cet ensemble de collages a été réalisé à partir de « La Parabole du réservoir d'eau » d'Edward Bellamy, une satire du capitalisme extraite de son roman utopiste *Equality* (1897), qui fut très largement diffusée dans les réseaux militants socialistes et anarchistes de l'époque. Rassemblés dans un porte-vue et organisés en onze chapitres, les collages sont présentés en regard d'extraits du texte.

MV

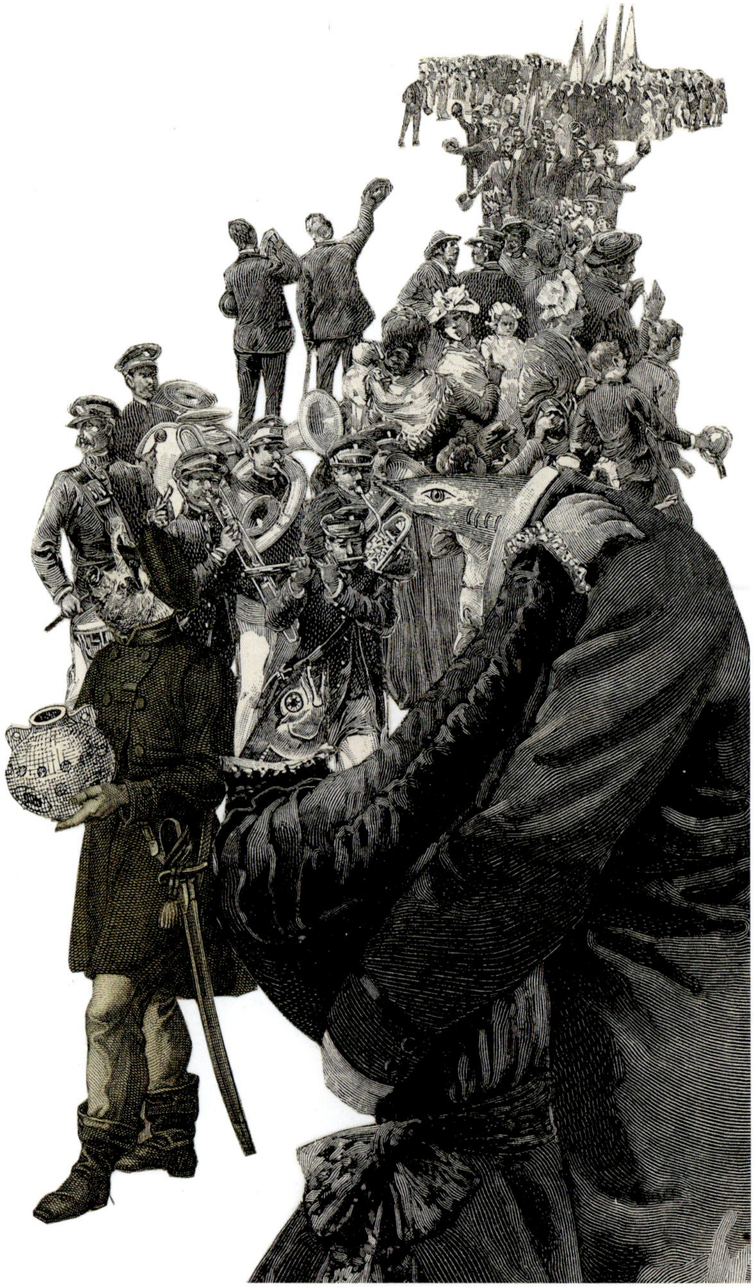

109 *Parabel vom Wasserbecken*, 1986

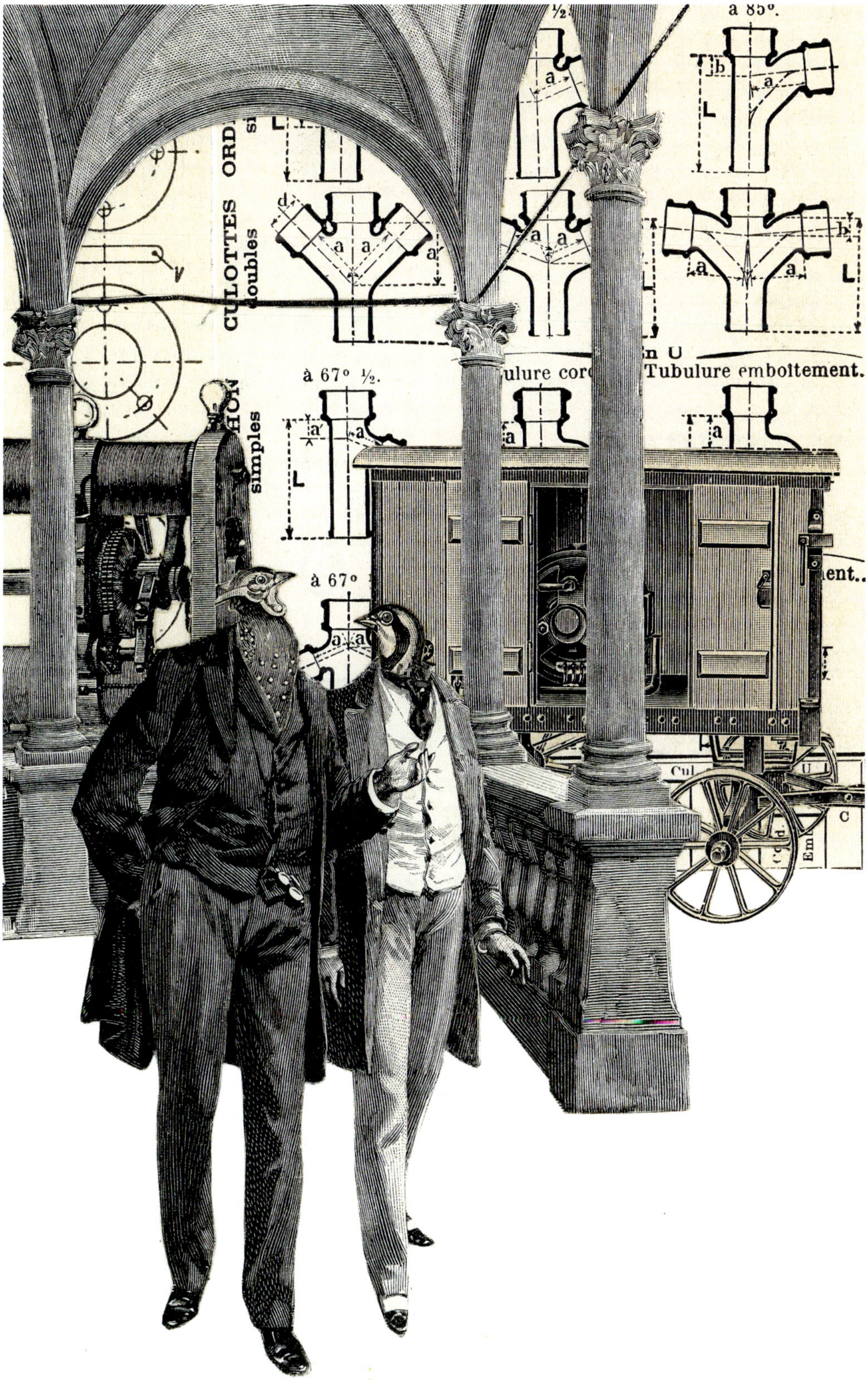

110 *Les Architectes*, 1987 Collage
10 × 20 cm (framed)
gws collection, Luxembourg

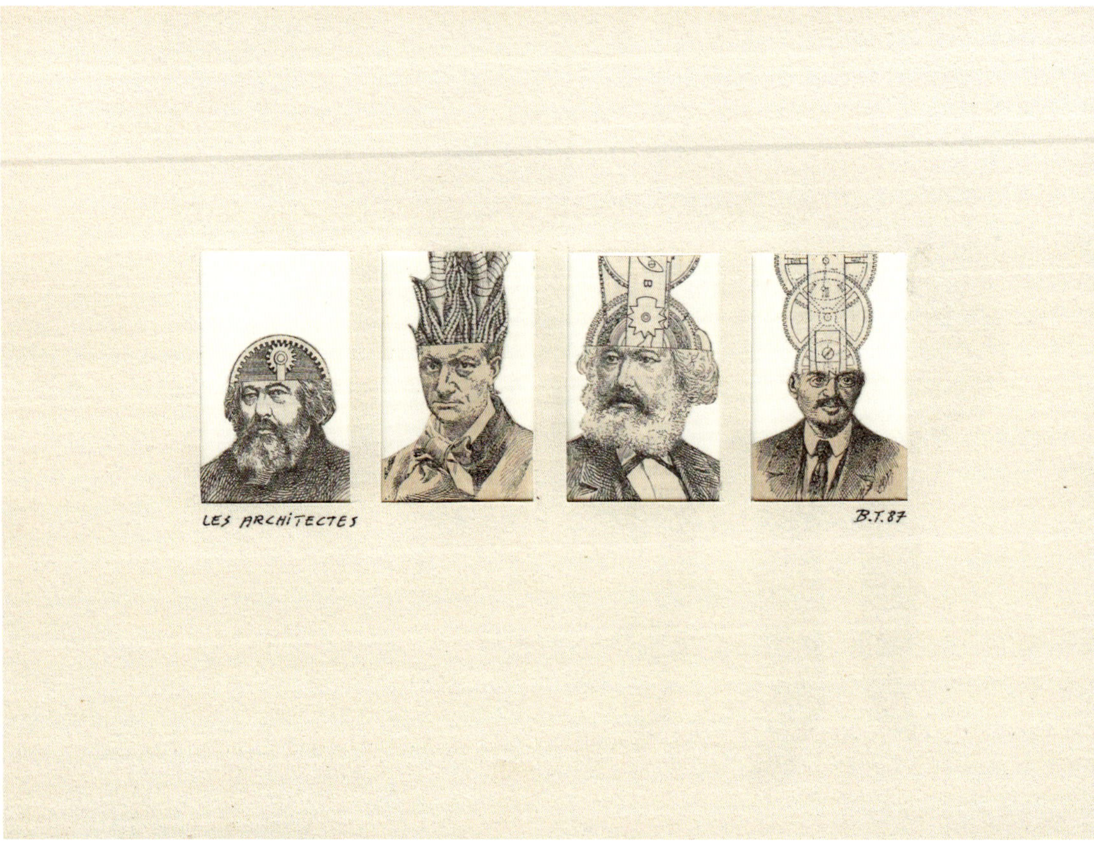

111 *Szene aus: "Von Platen jagt das kollektive Unbewusste"*, 1987 Collage, mixed media
Collection Mariette Schiltz
Courtesy Erna Hecey Gallery, Luxembourg

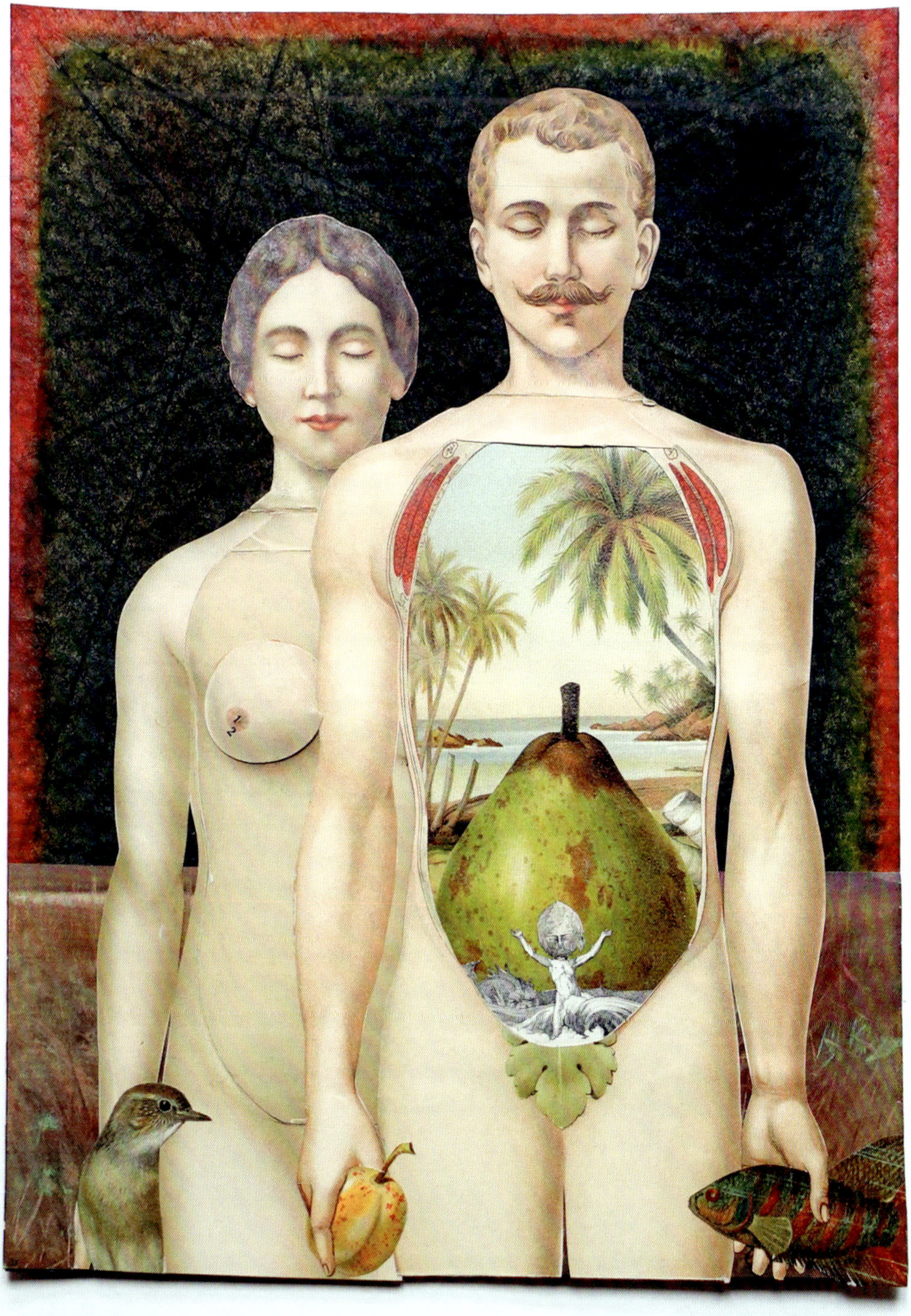

 Du point de vue du tableau (Sélavy à Knokke), 1993

B/w print on baryta paper
125.3 × 188.7 × 2.2 cm
Collection Musée national d'histoire et d'art Luxembourg

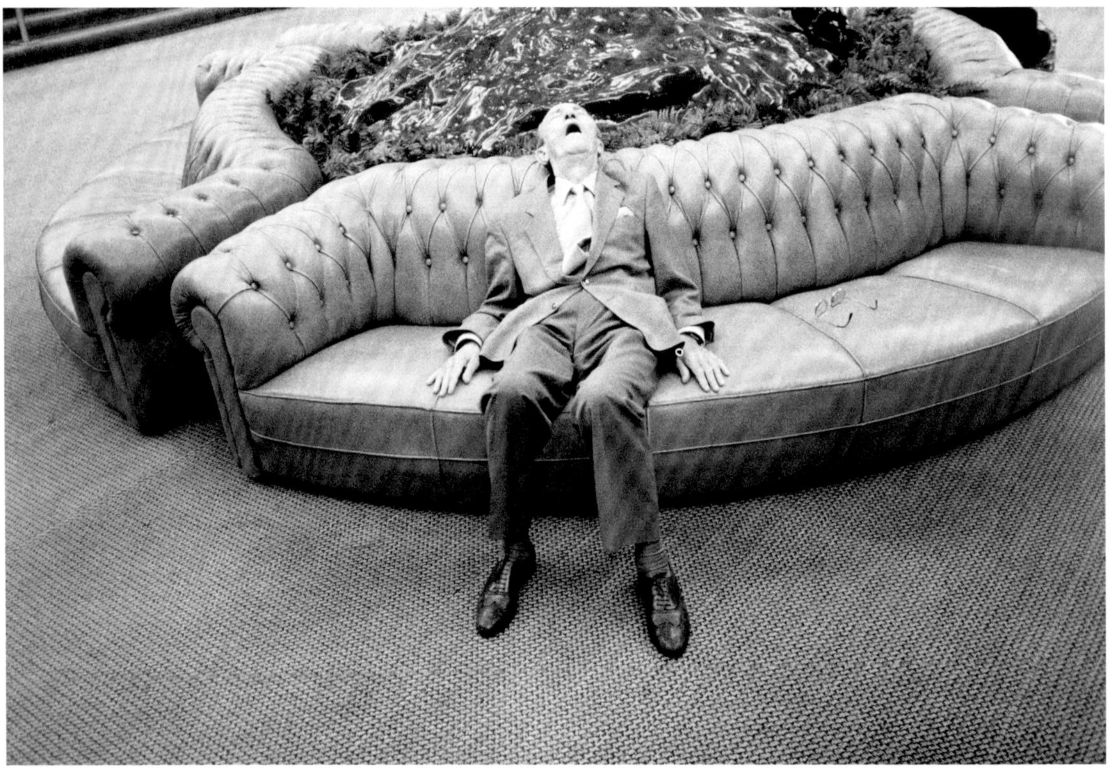

113 ***Vivisection*, 1993**

Multimedia installation composed of 3 elements:
Pittura: white canvas, slide projection
Bausteine: 1 engraved aluminium plate (12.5 × 12.5 cm), 13 prints on transparency film mounted on black cardboard (12.5 × 12.5 cm each), lamp
Disegno: black velvet canvas (100 × 50 cm), sound
Variable dimensions
Collection Mariette Schiltz

Vivisection
“Drawing”
A black rectangle and a tape recorder. When switching on the tape recorder, exhibition-goers can listen to the rhythm and sounds I produce while drawing.

“Painting”
A blank canvas and a slide projector. When the projector is turned on, a painted pattern appears on the canvas (*Immaculate Conception*). This is not the image of a slide, but an original pictorial motif.

“Bausteine”
A collection of thoughts and a lamp. When the lamp is lit, one can peruse the texts and images. This is an unfinished, open work. It will evolve over time, with the addition and, perhaps, removal of elements. The German word “Bausteine” means “building blocks,” but figuratively also refers to the components of a theory.

« Dessin »
Un rectangle noir et un magnétophone. Lorsqu’il allume le magnétophone, le spectateur peut écouter le rythme et les sons que je produis en dessinant.

« Peinture »
Une toile vierge et un projecteur de diapositives. Lorsque le projecteur est allumé, un signe peint apparaît sur la toile (Immaculée Conception). Il ne s’agit pas de l’image d’une diapositive, mais bien d’une peinture authentique.

« Bausteine »
Un recueil de pensées et une lampe. Lorsque la lampe est allumée, on peut examiner les textes et les images. Il s’agit d’une œuvre ouverte non achevée. Elle évoluera avec le temps, avec l’ajout et, peut-être, la suppression, d’éléments. Le mot allemand « *Bausteine* » signifie « pierres de construction », mais, au sens figuré, il signifie aussi « éléments constitutifs » d’une théorie.
BT, 1993

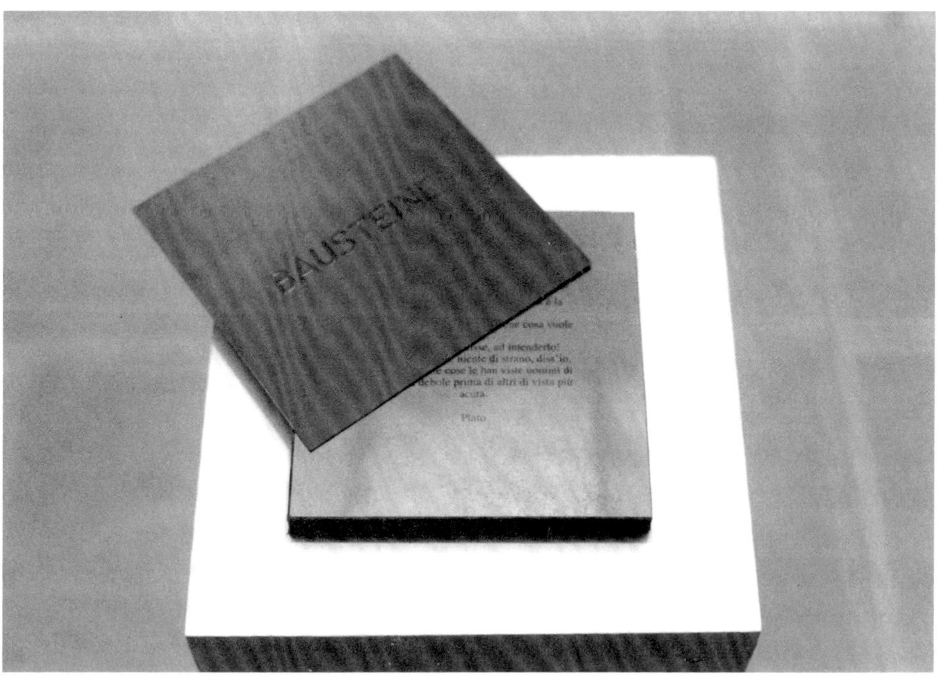

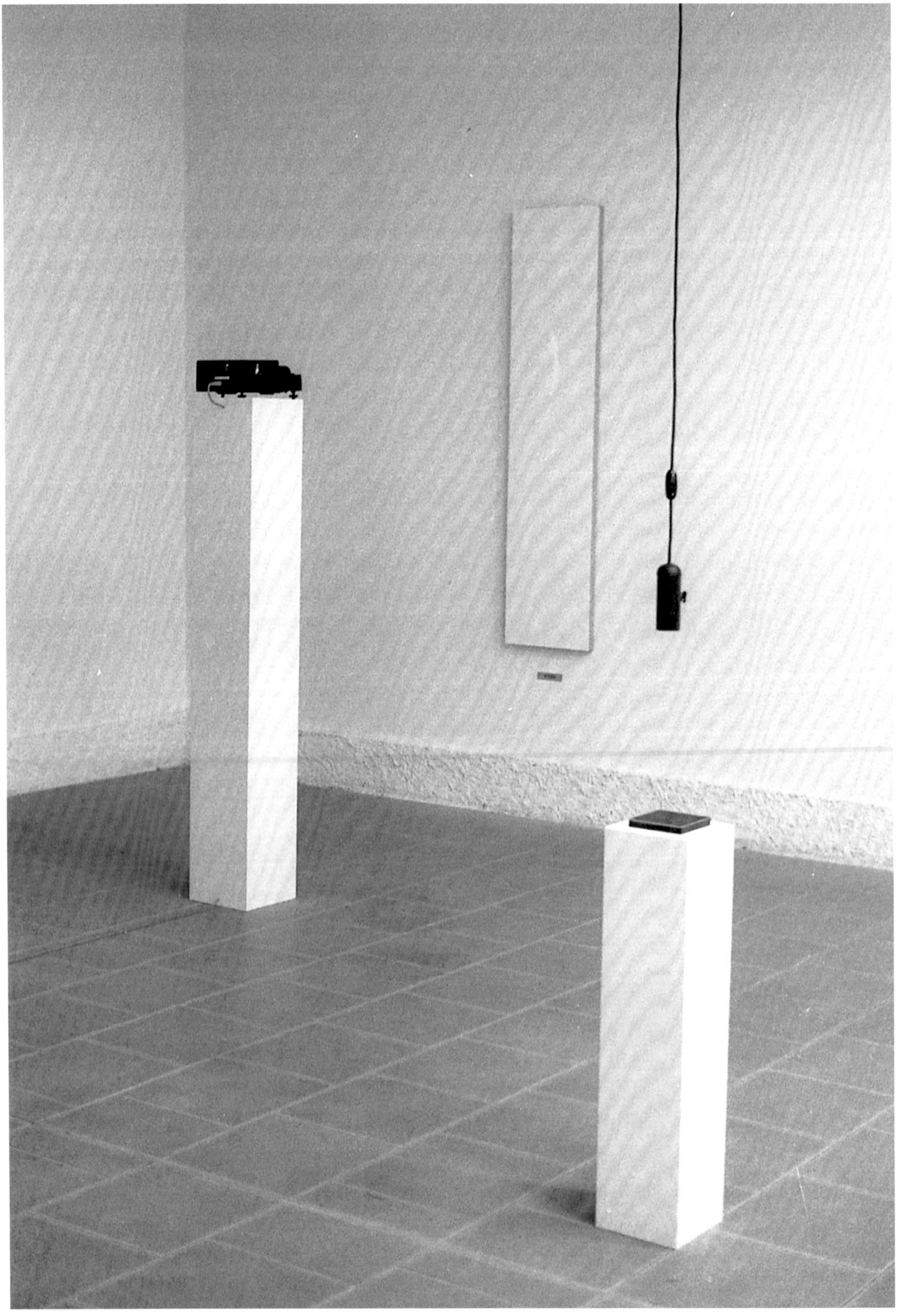

115 *Shadow Fixing I*, 1993 Natural black pigments, oil
Temporary installation, 18/04/1993, 12pm, Turkish Fort, Pheonix, Crete, Greece

cf. p. 124

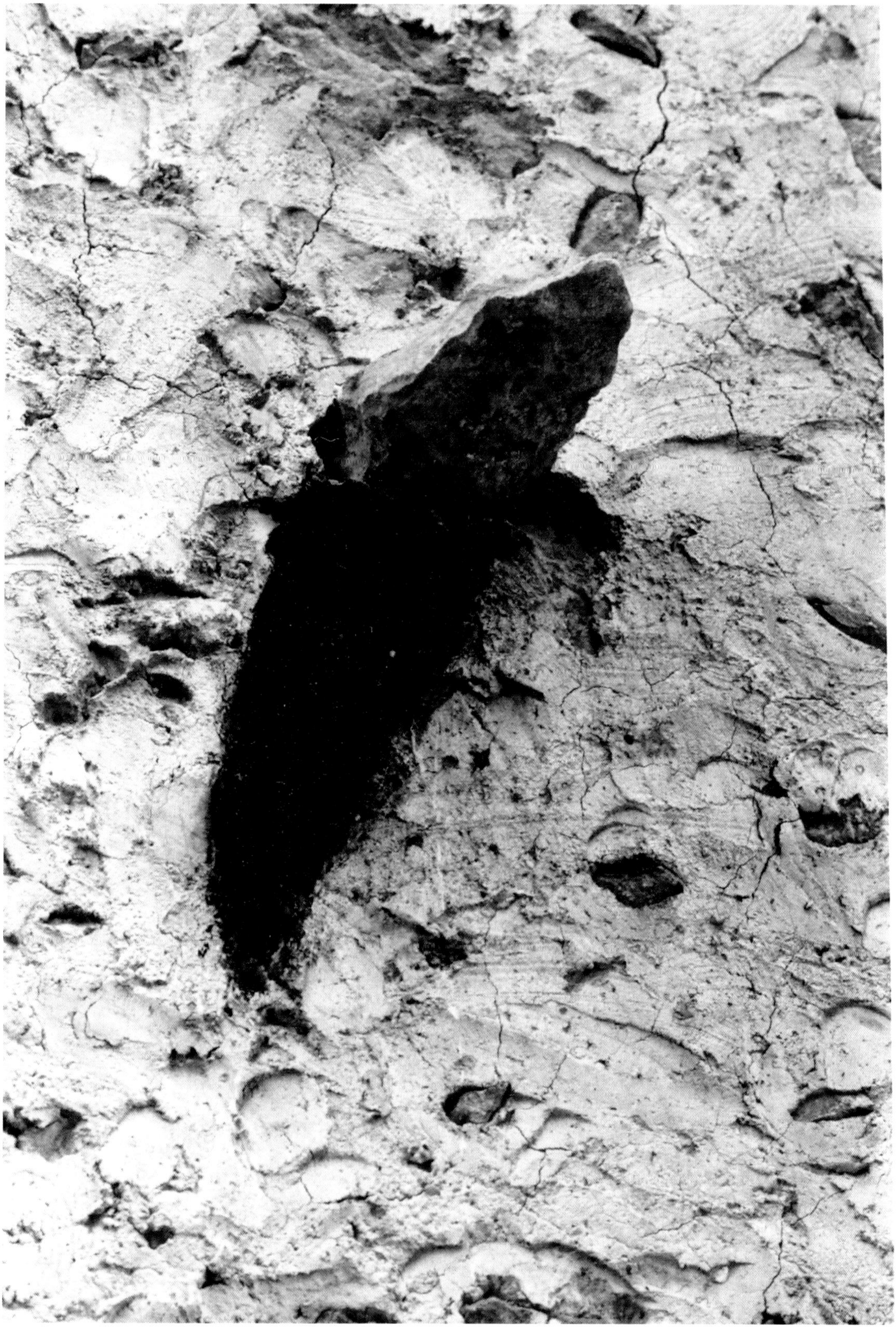

116 *Shadow Fixing III*, 1993 Natural black pigments
Temporary installation, 27/06/1993, 1pm, via Camillo e Otto Cima, Milan, Italy

cf. p. 124

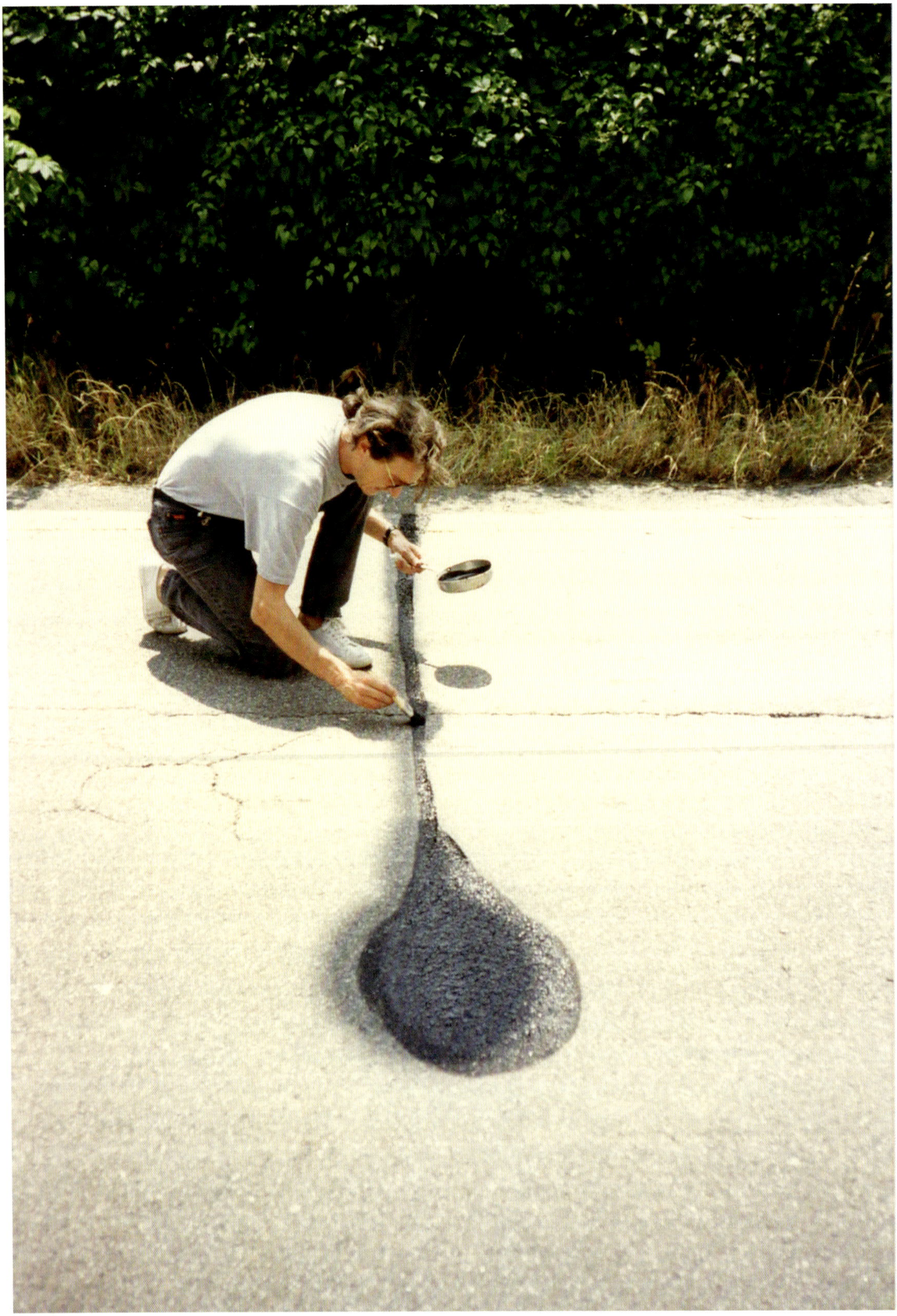

117 *Rosso*, 1994 Neon
7 × 28 cm
Collection Mariette Schiltz

Rosso takes the shape of a green neon light forming the Italian word for "red" in handwriting. "The paradox by which those who read 'red' see green.... is the trigger that makes you reflect," explained the artist.[1]

Rosso se présente comme un néon vert formant le mot italien « rouge » en écriture manuscrite. « Le paradoxe qui veut que ceux qui lisent "rouge" voient vert [...] est ce qui déclenche la réflexion[1] », expliquait l'artiste.

MV

1. Marco Scotini and Bert Theis, 'Can There Still Be Another Kind of City?', in *Grow It Yourself*, ed. Marco Scotini (Berlin: Archive Books, 2016), 63.

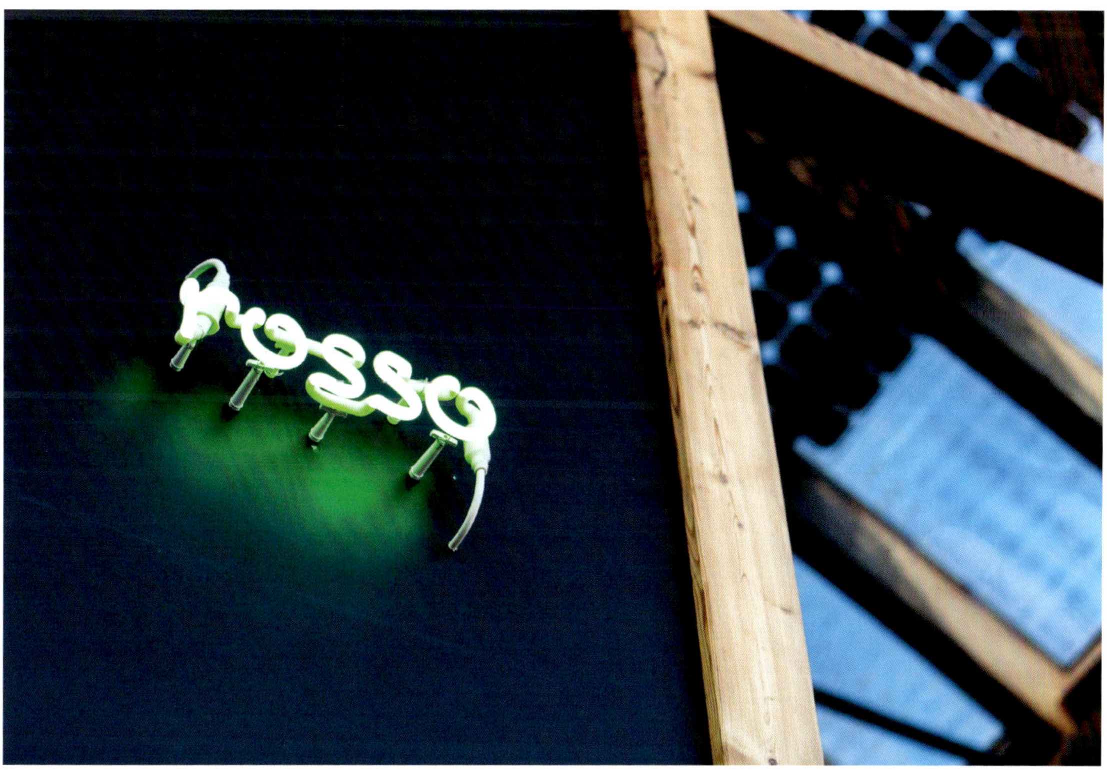

729. *L'Art de la peinture*, 1994

Second-hand book (*L'Art de la peinture*), glue, lectern
Book: 20 × 14 × 4.5 cm; lectern: 141 × 29 × 29 cm
Collection Bibliothèque nationale de Luxembourg

The result of an action conducted over the period of a month and documented through a series of photographs, *729* takes the form of a book—*The Art of Painting*—bought from an antique dealer. Theis proceeded to glue its pages together one by one, ending with the cover. Lying on a reading desk, as though frozen in time, the hermetic object marks the artist's radical break with the pictorial tradition. "It obviously belonged to a painter, because there are traces of paint on it," he remarked in amusement.[1]

Fruit d'une action menée pendant plus d'un mois et documentée par un ensemble de photographies, *729* prend la forme d'un livre – *L'Art de la peinture* – que l'artiste avait acheté chez un antiquaire et dont il colla les pages, une à une, pour le fermer à jamais. Posé sur un pupitre, figé dans le temps, l'objet désormais muet marque la rupture radicale de Bert Theis avec la tradition picturale. « Il a manifestement appartenu à un peintre, puisqu'il porte des éclaboussures de couleur[1] », s'amusait-il.

MV

1. Bert Theis, working notes related to the project *729. L'Art de la peinture* (1994), Bert Theis Archives.

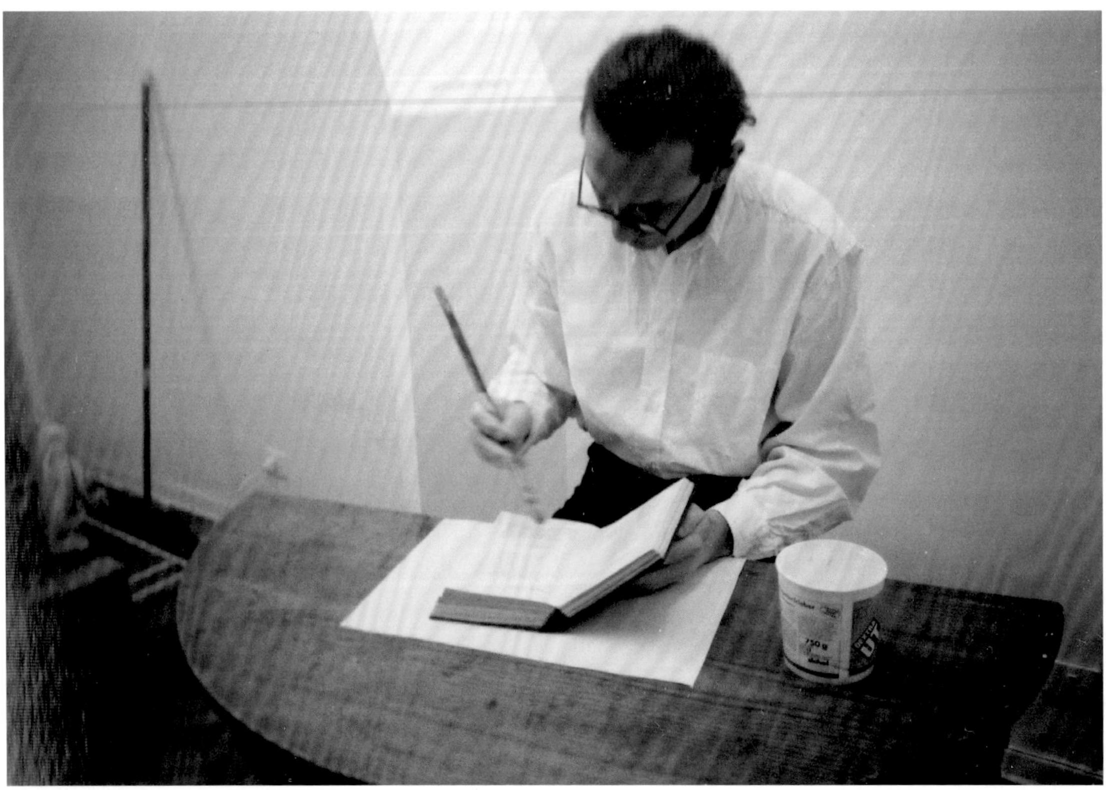

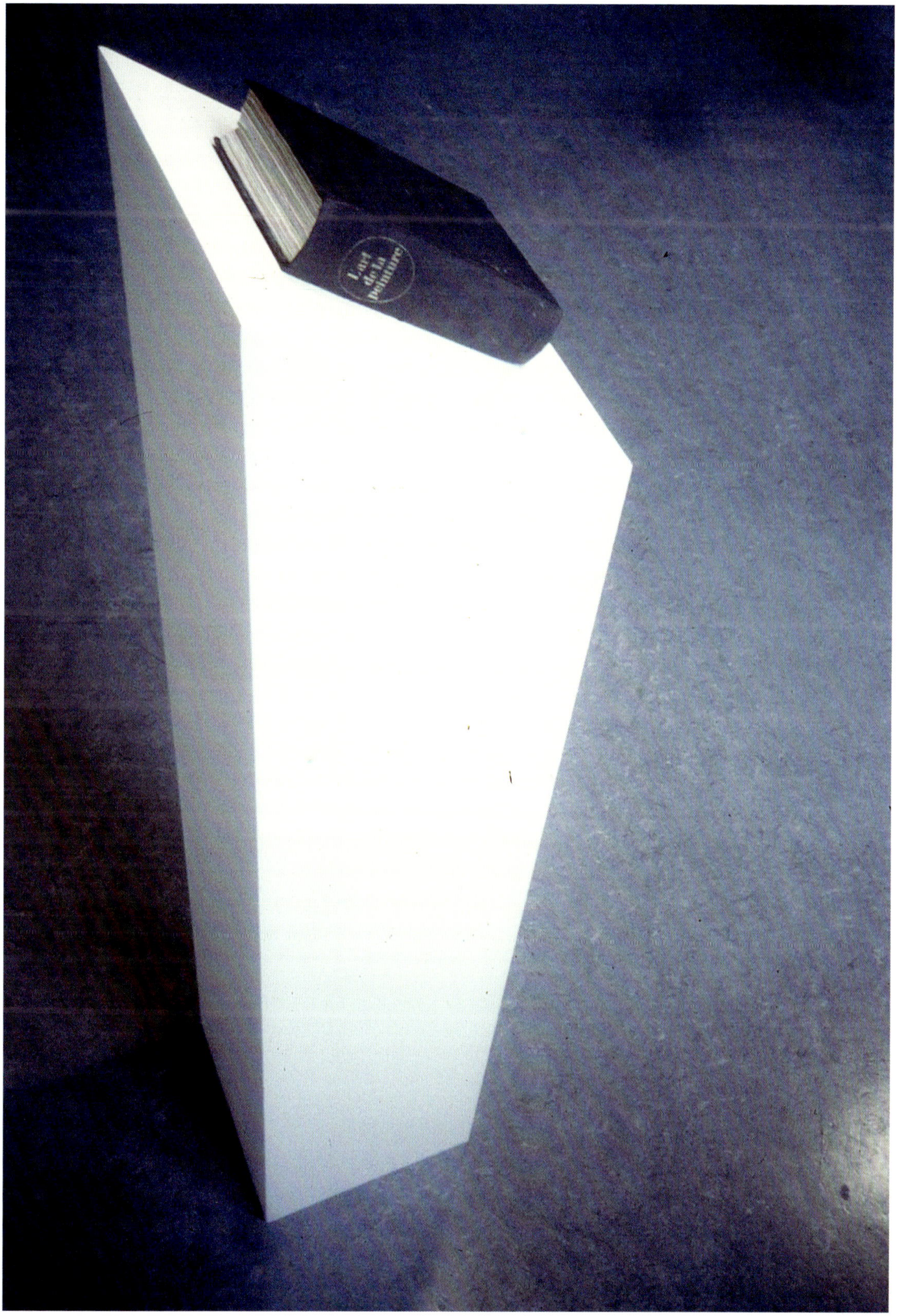
L'art
de la
peinture

 ***What is hidden doesn't interest us*, 1994** Lightbox
50 × 216 × 13 cm
Collection Mariette Schiltz

This lightbox, which was shown as part of the group exhibition *Rendez-vous provoqué* at the National Museum of History and Art in Luxembourg, features a quote by Ludwig Wittgenstein in braille: "What is hidden doesn't interest us." But the inscription is essentially unreadable—both for the sighted, unless they are fluent in braille, and for the blind, since it is printed on a perfectly flat surface. Playing on the dichotomy between visibility and invisibility, or "light" and "darkness," it reflects on the relationships between art and interpretation. Its juxtaposition of image and text foreshadows the place that language and philosophy would hold in many of the artist's later works.

Présenté lors de l'exposition *Rendez-vous provoqué* au Musée national d'histoire et d'art à Luxembourg, ce caisson lumineux reproduit en braille une citation de Ludwig Wittgenstein : « Ce qui est caché ne nous intéresse pas[1]. » Illisible pour les personnes ne maîtrisant pas le braille, l'inscription l'est tout autant pour les non-voyants, puisqu'elle est reproduite sur une surface parfaitement plane. En jouant sur l'ambiguïté entre visibilité et invisibilité, ou entre « lumière » et « obscurité », l'artiste proposait ainsi une réflexion sur l'art et son interprétation. Mêlant image et texte, cette œuvre préfigure la place qu'occuperont le langage et la philosophie dans nombre de ses œuvres ultérieures.

MV

1. Ludwig Wittgenstein, *Recherches philosophiques*, Paris, Gallimard, 2005, p. 88.

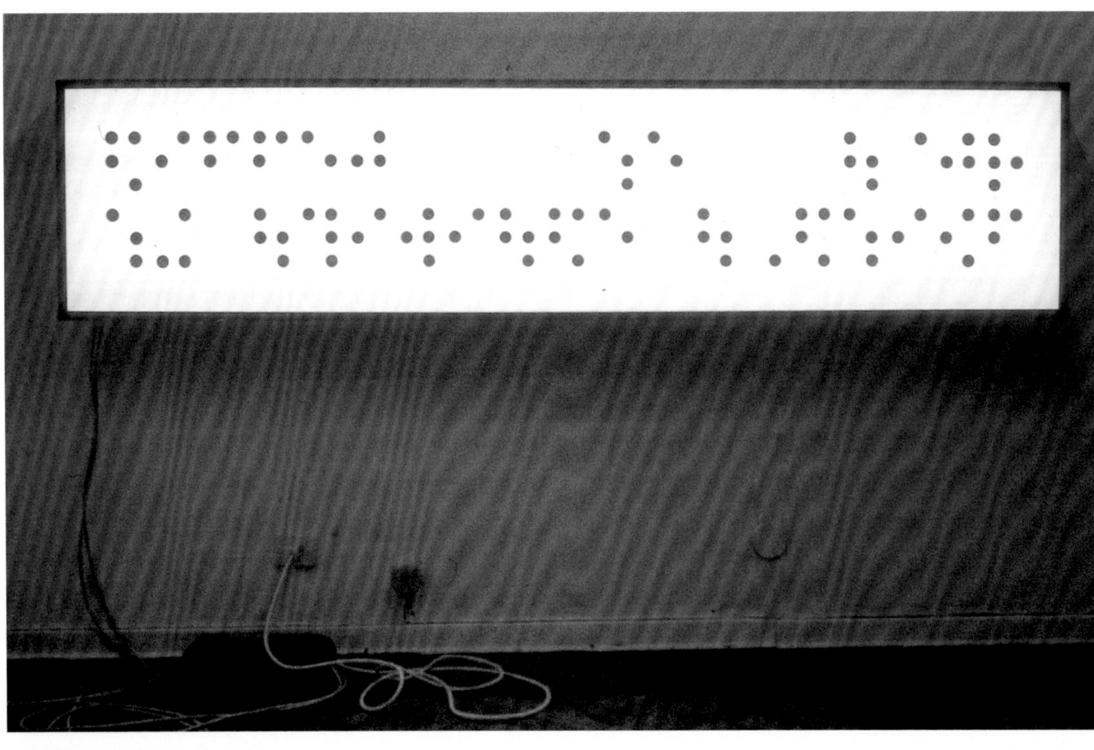

121 ***Réponse à Vincent*, 1994** White paint on white wall, paintbrush, paint bucket, newspapers, adhesive letters
(text: "Ja Vincent, het is mogelijk")
Variable dimensions
Collection Mariette Schiltz

Réponse à Vincent consists of a paintbrush, a bucket of paint, sheets of newspaper on the floor and a line of white paint on the wall, next to an inscription in Dutch: "Ja Vincent, het is mogelijk" ("Yes Vincent, it is possible"), a reference to van Gogh's musings on the possibility of using white as a color. By establishing a dialogue through time, Theis reacted to the context of the exhibition *Rendez-vous provoqué*, which brought together Luxembourgish and Dutch artists. More generally, his "reply" was part of a conceptual approach guided by questions around painting and the history of art.

L'installation *Réponse à Vincent* se composait d'un pinceau, d'un pot de peinture, de feuilles de papier journal posés à même le sol et d'un trait de peinture blanche sur un mur, à côté de l'inscription en néerlandais : « Ja Vincent, het is mogelijk » (Oui Vincent, c'est possible), en référence à l'interrogation de Vincent van Gogh sur la légitimité d'utiliser le blanc comme couleur en peinture. En nouant un dialogue au-delà du temps, Bert Theis répondait directement au contexte de l'exposition *Rendez-vous provoqué*, qui rassemblait des artistes luxembourgeois et hollandais. Plus généralement, sa *Réponse* s'inscrit dans une démarche conceptuelle, animée à cette période par des préoccupations sur la peinture et l'histoire de l'art.
MV

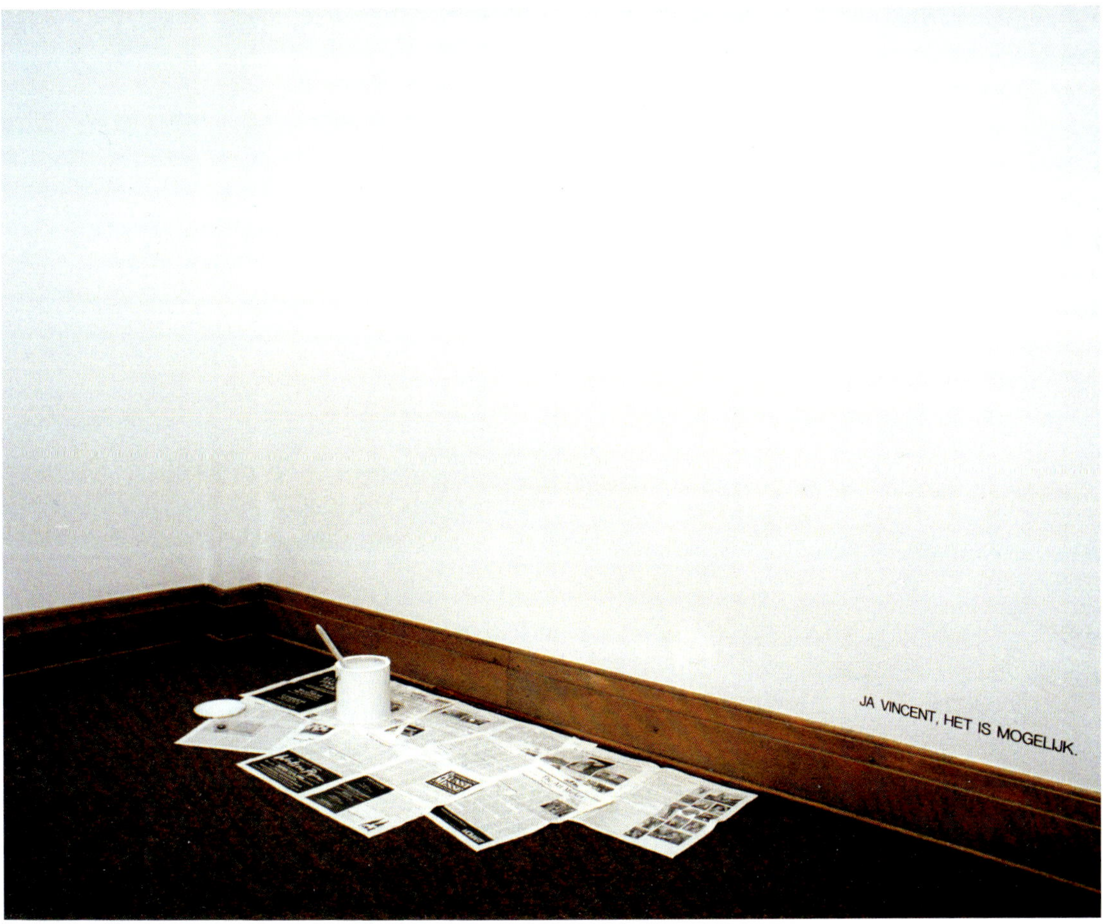

 Désenchantement virtuel. Opération publique, 1994

In collaboration with Raphaël Rippinger
Performance
Organised on the occasion of Bert Theis's exhibition
Désenchantement virtuel, Centre culturel français, Luxembourg

The "public operation" *Désenchantement virtuel. Opération publique* (Virtual Disenchantment) was implemented shortly before the artist's exhibition at the Centre culturel français in Luxembourg. It borrows several iconographic elements from Albrecht Dürer's famous engraving *Melencolia I* (1514), namely, the ladder, the sphere, and most importantly, the magic square. The interpretation of this square is at the heart of Theis's work: following the indications of a computer, Theis put Dürer's square to the test of Marcel Duchamp's "Sélavy method" and painted one by one the sixteen paintings forming his installation, accompanied by sixteen sounds composed by Raphaël Rippinger using a computer program based on chaos theory.

Réalisée en amont de l'exposition de l'artiste au Centre culturel français à Luxembourg, *Désenchantement virtuel. Opération publique* emprunte plusieurs éléments iconographiques à la célèbre gravure *La Melencolia* (1514) d'Albrecht Dürer, à savoir l'échelle, la sphère et plus particulièrement le carré magique. L'interprétation de ce carré est au cœur du travail : suivant les indications fournies par un ordinateur, Bert Theis met le carré de Dürer à l'épreuve de la « méthode Sélavy » de Marcel Duchamp et peint une à une les seize toiles qui composeront par la suite son installation, sur fond de seize sons composés par Raphaël Rippinger à l'aide d'un programme informatique basé sur la théorie du chaos.
MV

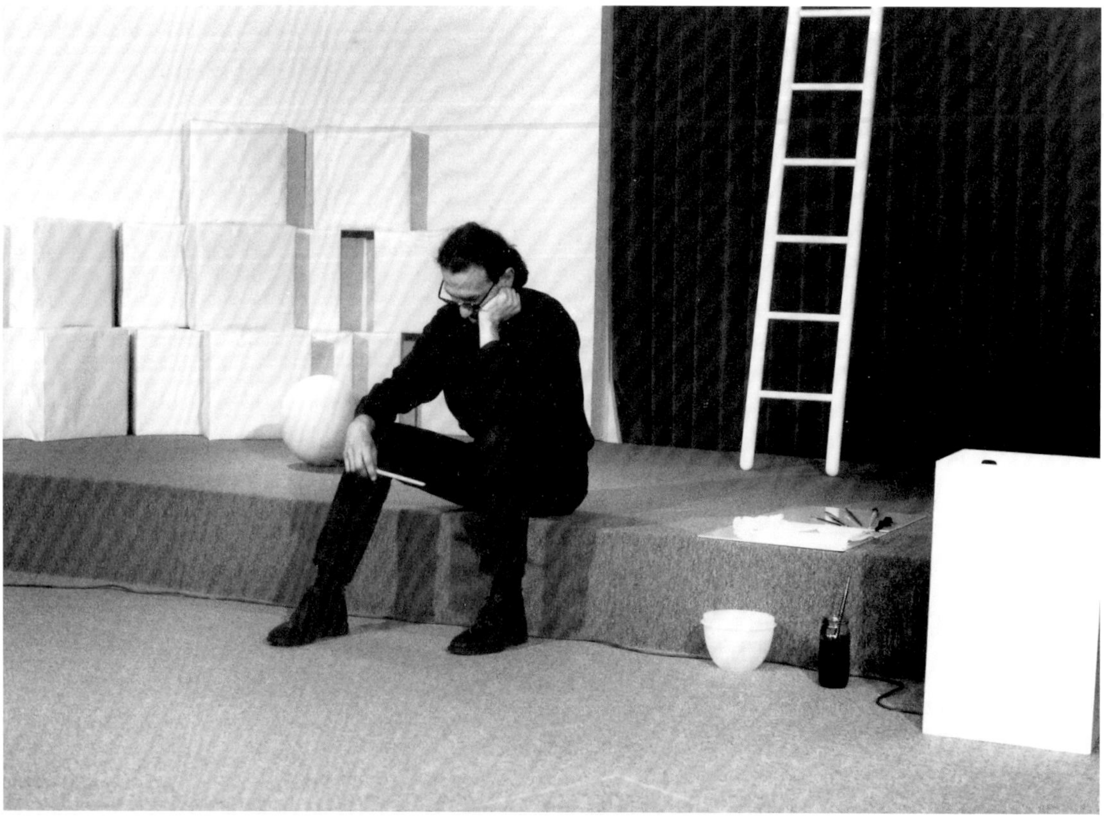

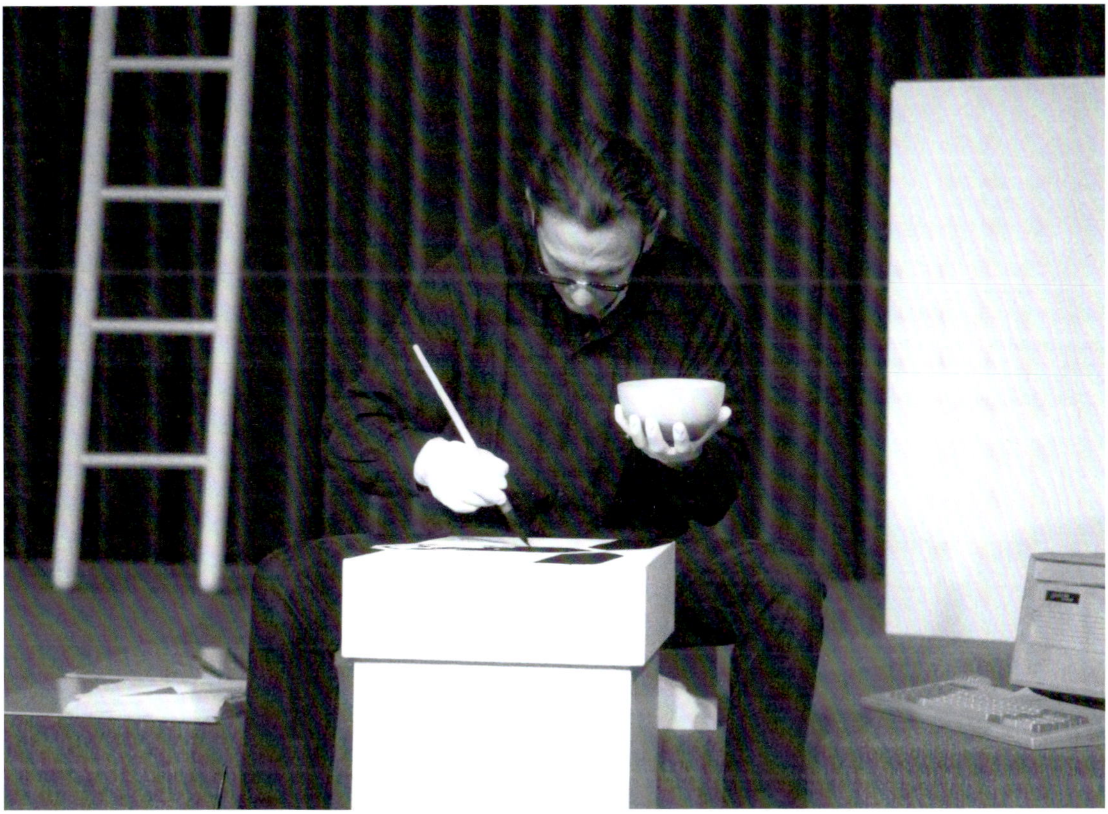

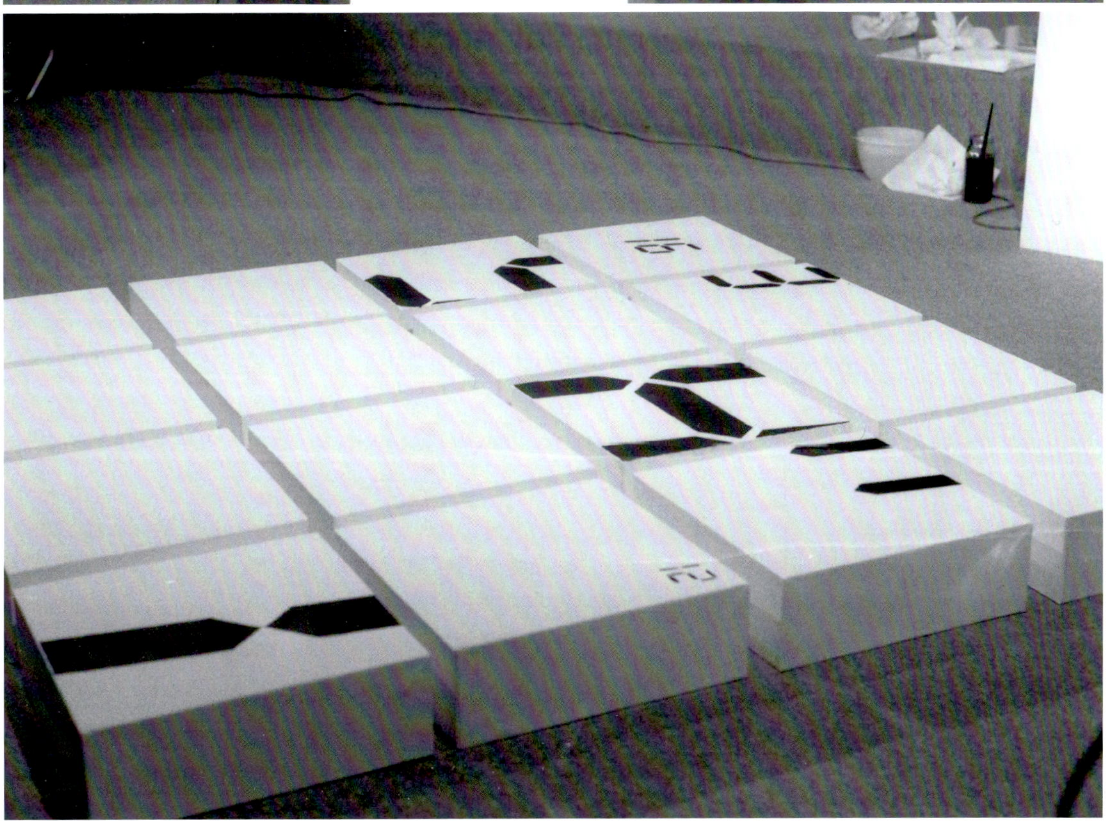

 ***Shadow Fixing V*, 1995** Natural black pigments
Temporary installation, 02/08/1995, 10.30am, Fort Thüngen, Luxembourg

According to Theis, these photographs taken in Finix, Phaistos [Greece], Milan, Rybnik [Poland] and Luxembourg aimed to "fix the shadow of a specific object in a specific place and at a specific moment in time."[1] In Luxembourg, the artist performed this piece in the area around Fort Thüngen, in the park that had been designated as the site for Mudam Luxembourg – Musée d'Art Moderne Grand-Duc Jean. Back in 1995, I. M. Pei's architectural vision and the location of the future museum were the subject of much fierce debate. An edition of twenty box sets, each containing seventeen photographs, documents these different interventions.

Finix, Phaistos, Milan, Rybnik et Luxembourg sont autant de sites dans lesquels Bert Theis a réalisé cette série d'actions photographiées, qui consistent, selon l'artiste, à « fixer l'ombre d'un objet précis dans un lieu précis et à un moment précis[1] ». En 1995, à l'occasion de la manifestation Luxembourg, Capitale européenne de la culture, Bert Theis intervient aux abords du fort Thüngen, dans le Park Dräi Eechelen, lieu où commencera quelques années plus tard la construction du Mudam Luxembourg – Musée d'Art Moderne Grand-Duc Jean. Rassemblé dans un coffret édité à vingt exemplaires, un ensemble de dix-sept photographies relie ces différentes interventions.

MV

1. Bert Theis, unpublished typescript, 1995, Bert Theis Archives.

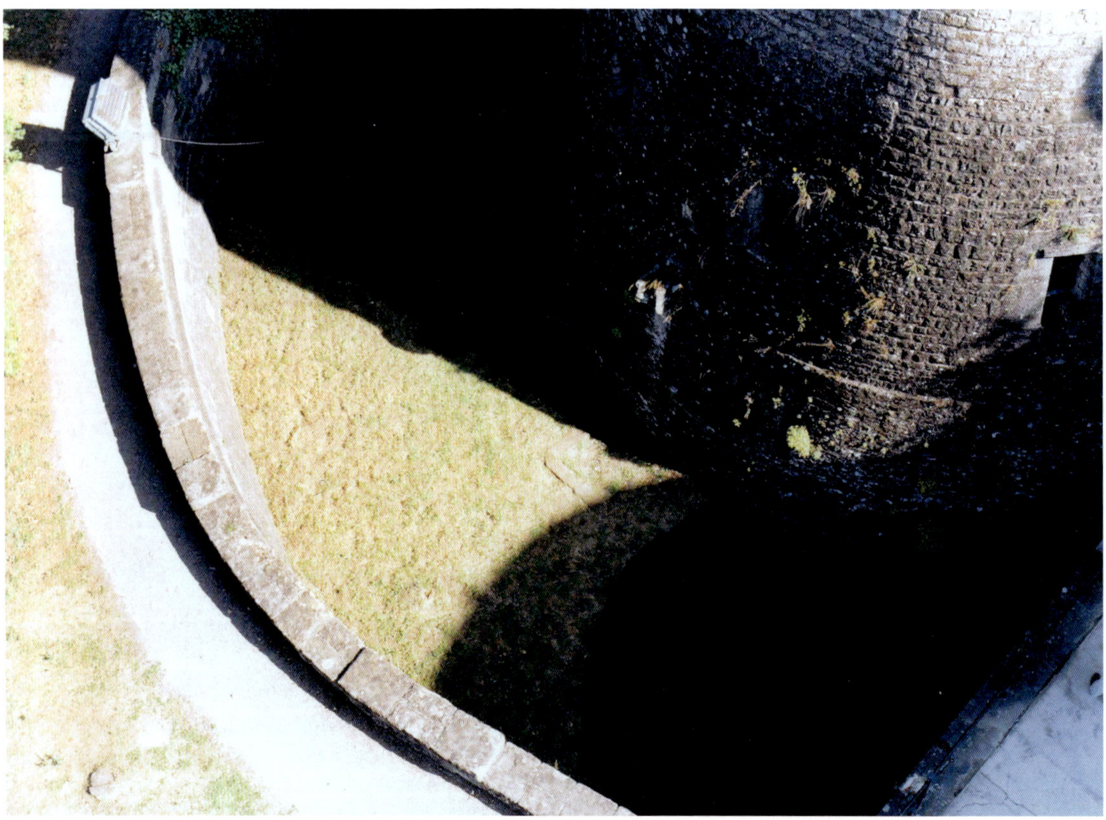

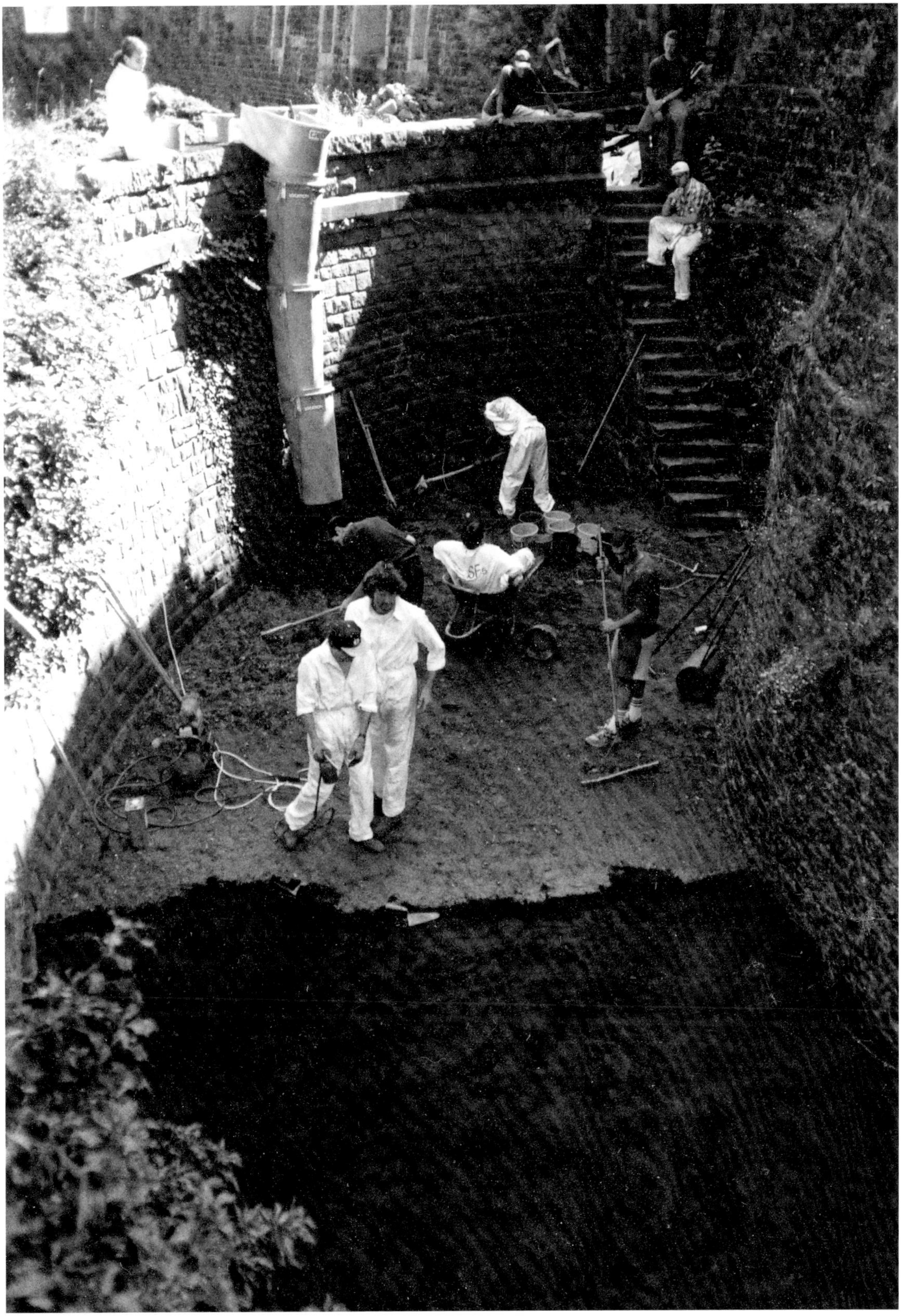

Non partecipare all'inquinamento iconografico 4, 1995

Advert published in the 12/01/1995 edition of the newspaper *Il Resto del Carlino*, Bologna, Italy, p. 2
57.5 × 42.5 cm (1 page)
Collection Mariette Schiltz

Between 1994 and 1996, Theis published an advertisement in local newspapers in five countries—Czech Republic, Greece, Morocco, Italy and Spain—in which he urged readers to "refuse to take part in the iconographic pollution." "It's difficult, if not impossible, to escape from the general visual aggression," he observed. "Before I get to the articles that interest me, I'm forced to consume a bagful of reproductions, images and mostly ad-related information."[1]

Entre 1994 et 1996, Bert Theis publia une annonce dans des quotidiens de cinq pays – République tchèque, Grèce, Maroc, Italie et Espagne –, dans laquelle il appelait les lecteurs à « ne pas participer à la pollution iconographique ». Selon ses propres mots, « il est difficile, voire impossible, d'échapper à l'agression visuelle généralisée. […] Avant d'arriver aux articles qui m'intéressent, je suis obligé de consommer un tas de reproductions, d'images et d'informations pour la plupart publicitaires[1] ».

MV

1. Carlo Dolci and Bert Theis, "Interview," unpublished typescript, 1995, Bert Theis Archives.

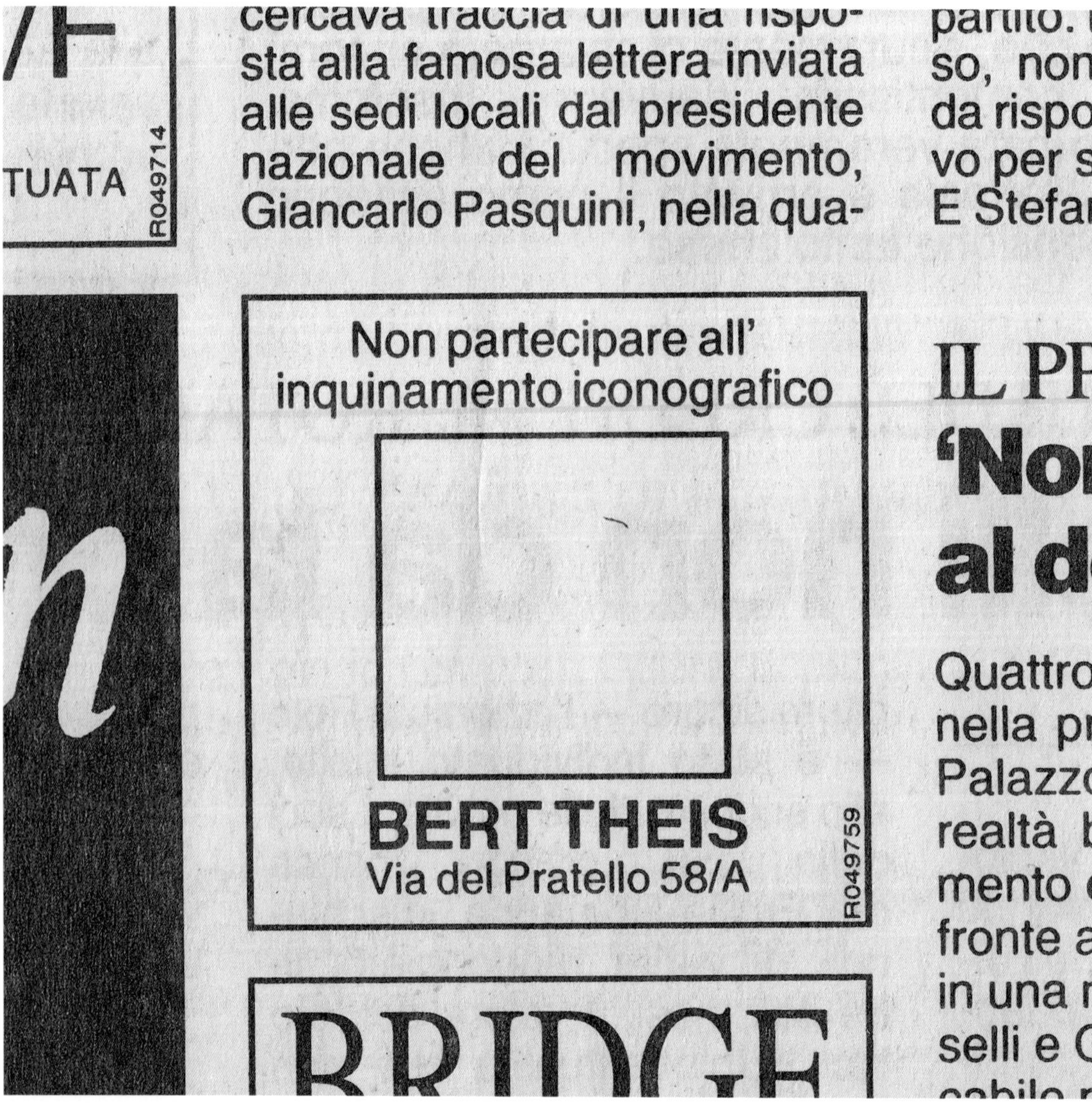

TUATA
R049714

cercava traccia di una rispo-
sta alla famosa lettera inviata
alle sedi locali dal presidente
nazionale del movimento,
Giancarlo Pasquini, nella qua-

Non partecipare all'
inquinamento iconografico

BERT THEIS
Via del Pratello 58/A
R049759

BRIDGE

127 *Il terzo giorno*, 1995 Installation, table, chair, sound, headphones, tape player
Variable dimensions
Temporary installation, park of the Villa delle Rose, Galleria d'Arte Moderna, Bologna, Italy

The installation and performance *Il terzo giorno* was set in the park of Villa delle Rose, which is part of the Galleria d'Arte Moderna in Bologna. The setup imagined by the artist consisted of a platform with a table, a chair, and a cassette player connected to a headset. Visitors could sit down and listen to an experimental soundtrack composed by Theis in collaboration with Raphaël Rippinger. This work foreshadows several of the artist's later installations, such as *Broadway Fly* (1996) and *AQ* (1999), which also let exhibition-goers experience sensory isolation.

L'installation-performance *Il terzo giorno* avait pour cadre le parc de la Villa delle Rose, qui fait partie de la Galleria d'Arte Moderna de Bologne. Le dispositif imaginé par l'artiste se composait d'une plateforme sur laquelle étaient placés une table, une chaise et un lecteur cassette relié à un casque d'écoute. Les visiteurs pouvaient s'y installer et écouter une composition sonore expérimentale réalisée en collaboration avec Raphaël Rippinger. Cette œuvre préfigure plusieurs installations ultérieures de Bert Theis telles que *Broadway Fly* (1996) et *AQ* (1999), qui proposent elles aussi une expérience d'isolation sensorielle.
MV

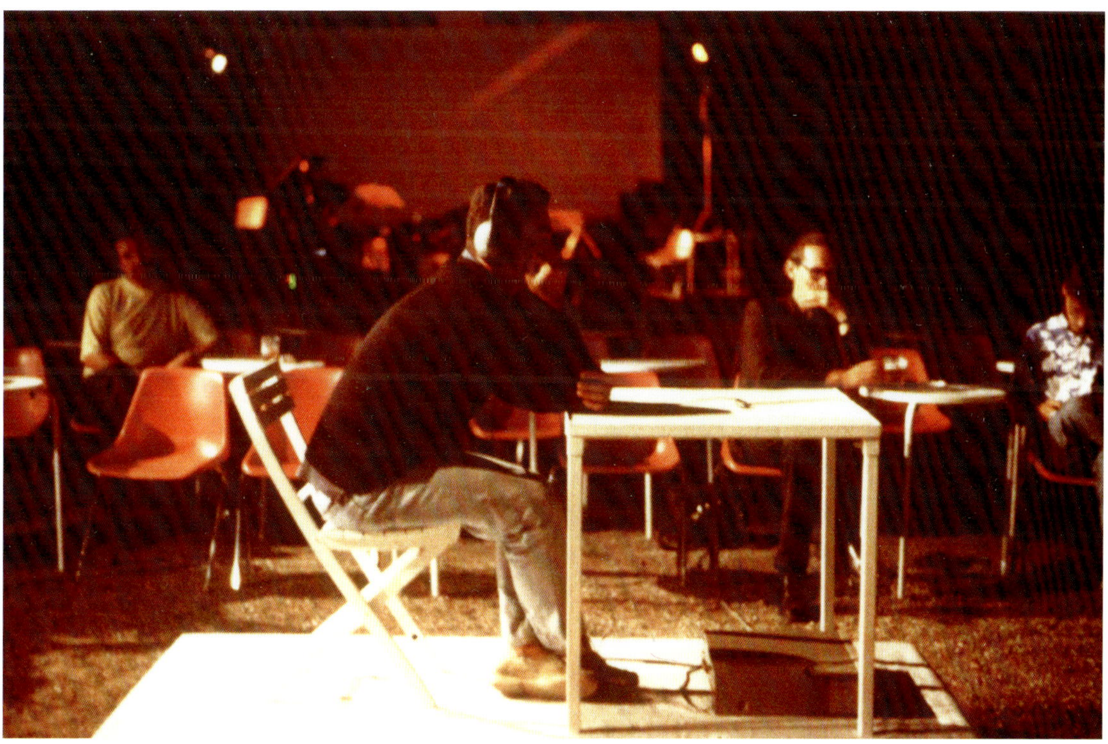

 Potemkin Lock, 1995 Painted wood, metallic structure, 11 deck chairs, sound
400 × 840 × 1200 cm
Sound: in collaboration with Raphaël Rippinger
Temporary installation, Giardini, Venice
Produced in the context of the 46th Venice Biennale, 1995

At the 1995 Venice Biennale, Luxembourg—like China, South Africa and many other countries—did not have a national pavilion. I, therefore, built a mock national pavilion situated between the Belgian and the Dutch pavilions.... Many visitors thought that the pavilion had always been there.... The title refers to the mock Russian villages built by Prince Potemkin and to a lock on a river or canal, which enables boats to pass from one water level to another. Upon entering the pavilion, spectators passed from one level of reality (the biennial, the art world) to another. Behind the facade, they discovered a garden with deckchairs, a view of the area behind the walls of the biennial, a campanile. A doubt arose in their minds: are the people in the deckchairs actors in a performance? Who is the observer, who is the observed?.... This feeling of extraterritoriality at the biennial prompted visitors to fill the interior walls of the pavilion and the chairs with texts, drawings and graffiti—the laws of the “white cube” were no longer respected. The “lock” had worked.

En 1995, à la Biennale de Venise, le Luxembourg, comme la Chine, l’Afrique du Sud et beaucoup d’autres pays, ne possédait pas de pavillon national. J’ai donc construit un simulacre de pavillon national entre le pavillon belge et le pavillon hollandais. [...] Beaucoup de visiteurs pensaient que le pavillon avait toujours été là. [...] Le titre fait référence aux simulacres de villages russes construits par le prince Potemkin. Le terme *lock* signifie « écluse ». Grâce à l’écluse d’un fleuve ou d’un canal, on passe d’un niveau d’eau à un autre niveau. En entrant dans le pavillon, les spectateurs passaient d’un niveau de réalité (la Biennale, le monde de l’art) à un autre niveau de réalité. Derrière la façade, ils découvraient un jardin avec des transats, une vue sur le quartier derrière les murs de la Biennale, un campanile. Un doute naissait : est-ce que les personnes dans les transats sont des acteurs d’une performance ? Qui est le regardeur, qui est le regardé ? [...] Ce sentiment d’extraterritorialité à la Biennale a conduit les visiteurs à remplir toutes les parois internes du pavillon et tous les transats de textes, dessins et graffitis : les lois du « *white cube* » n’étaient plus respectées. Le « *lock* » avait fonctionné.

BT, 1995

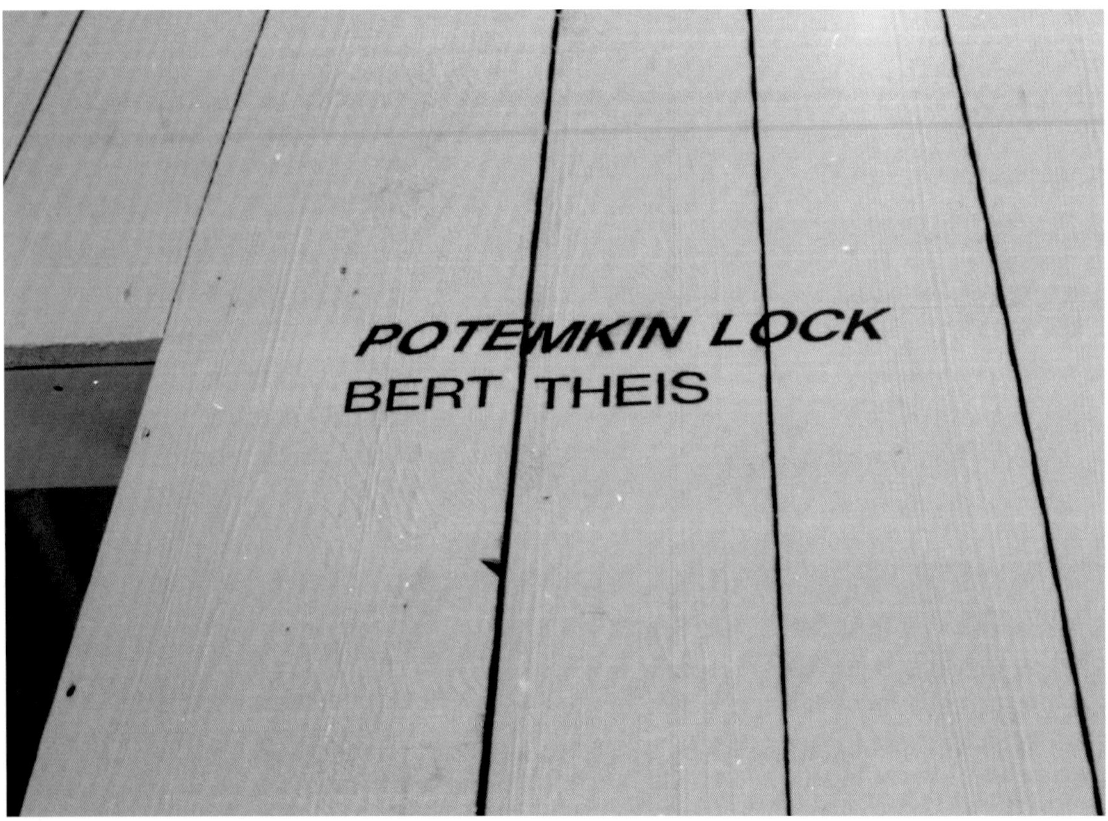

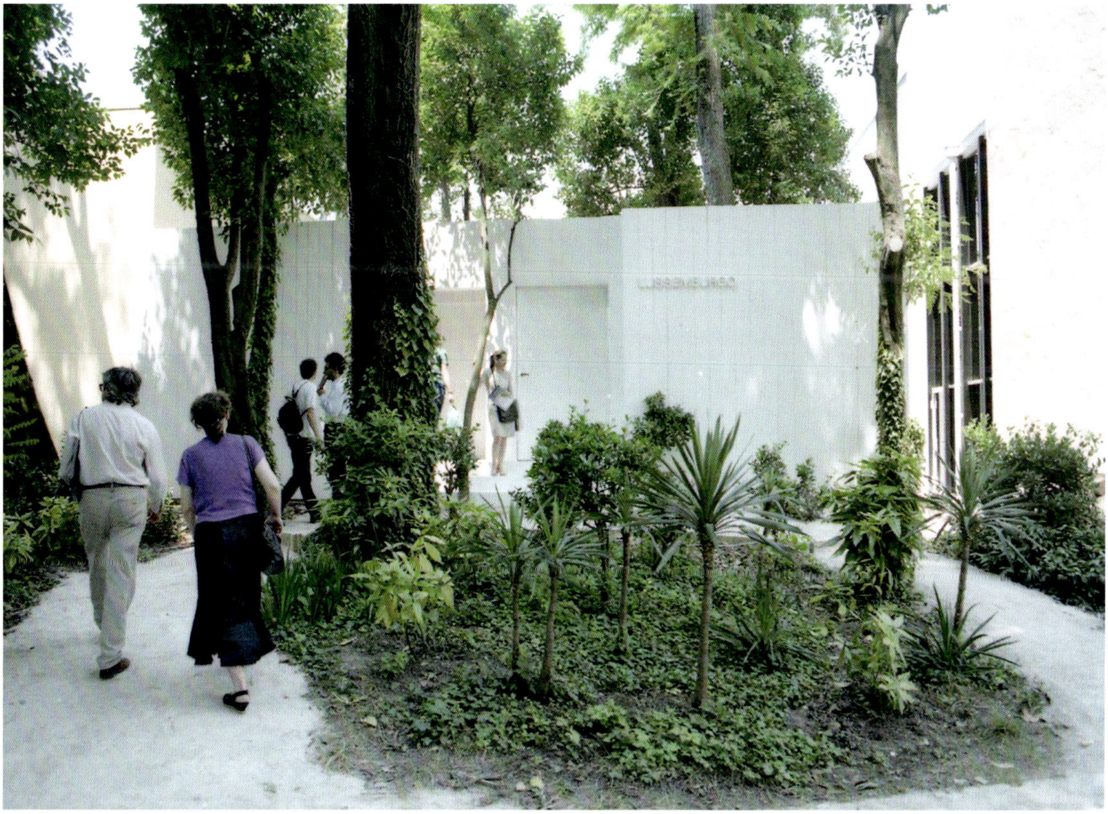

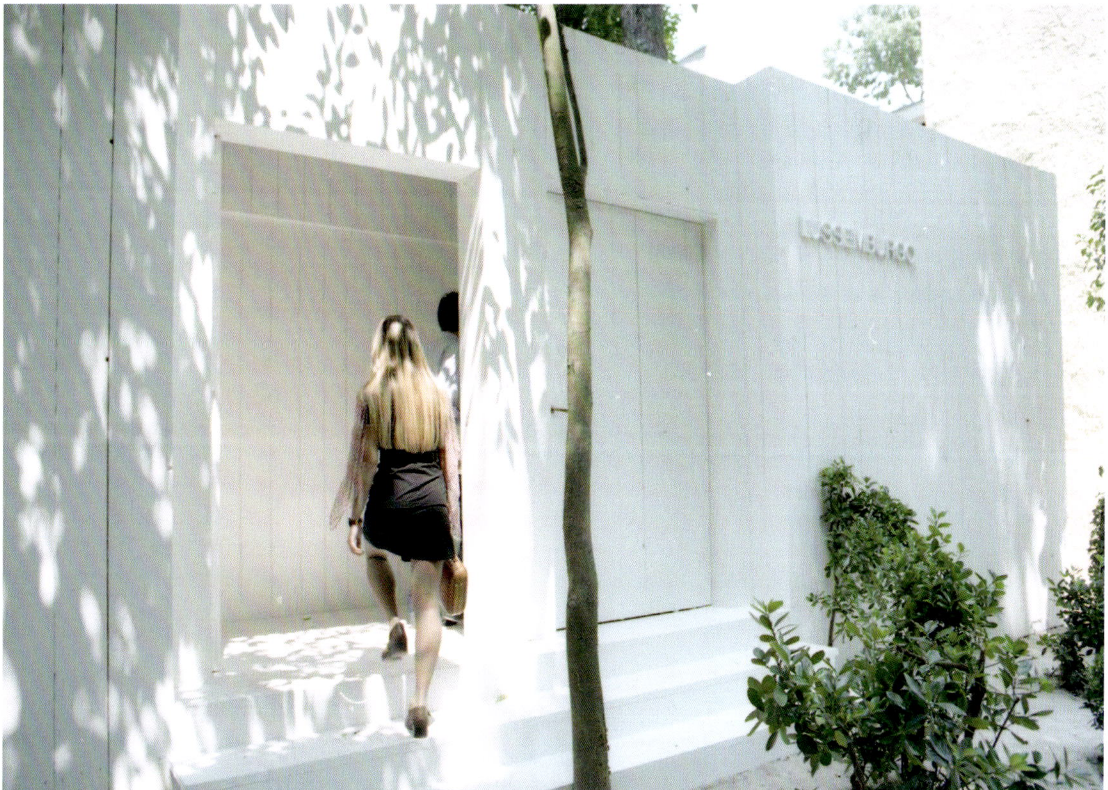
LUSSEMBURGO

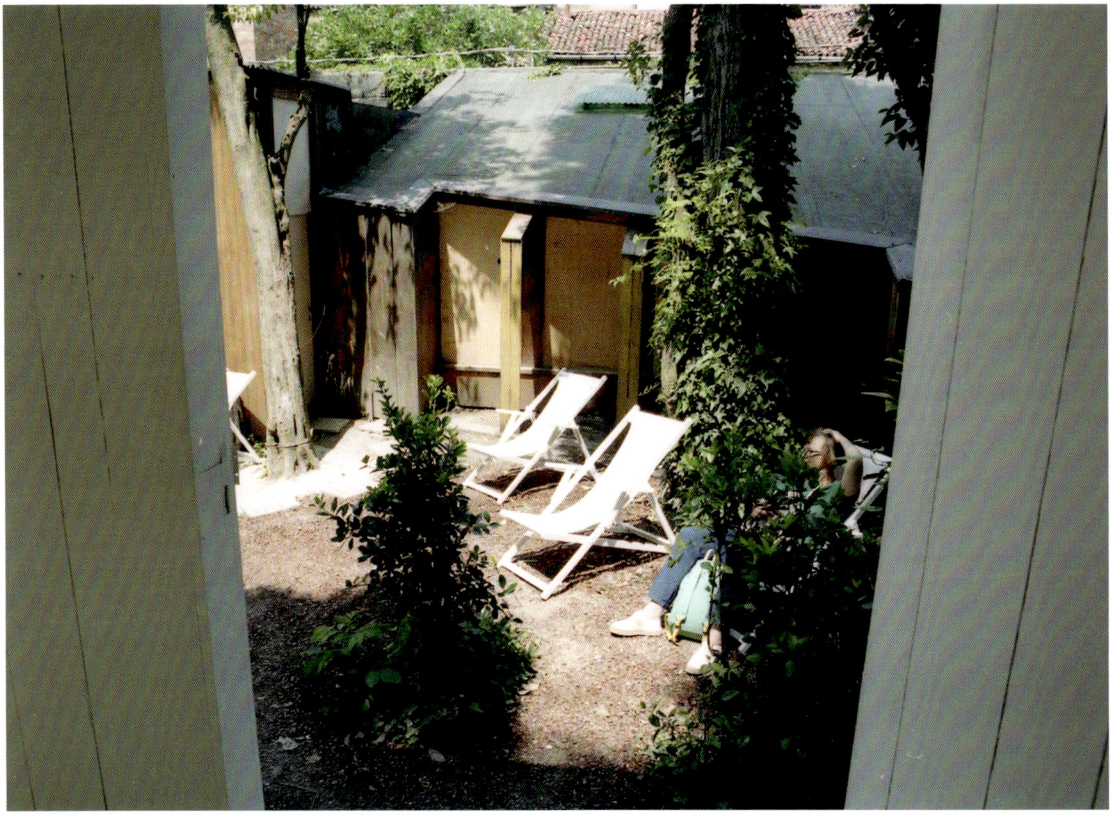

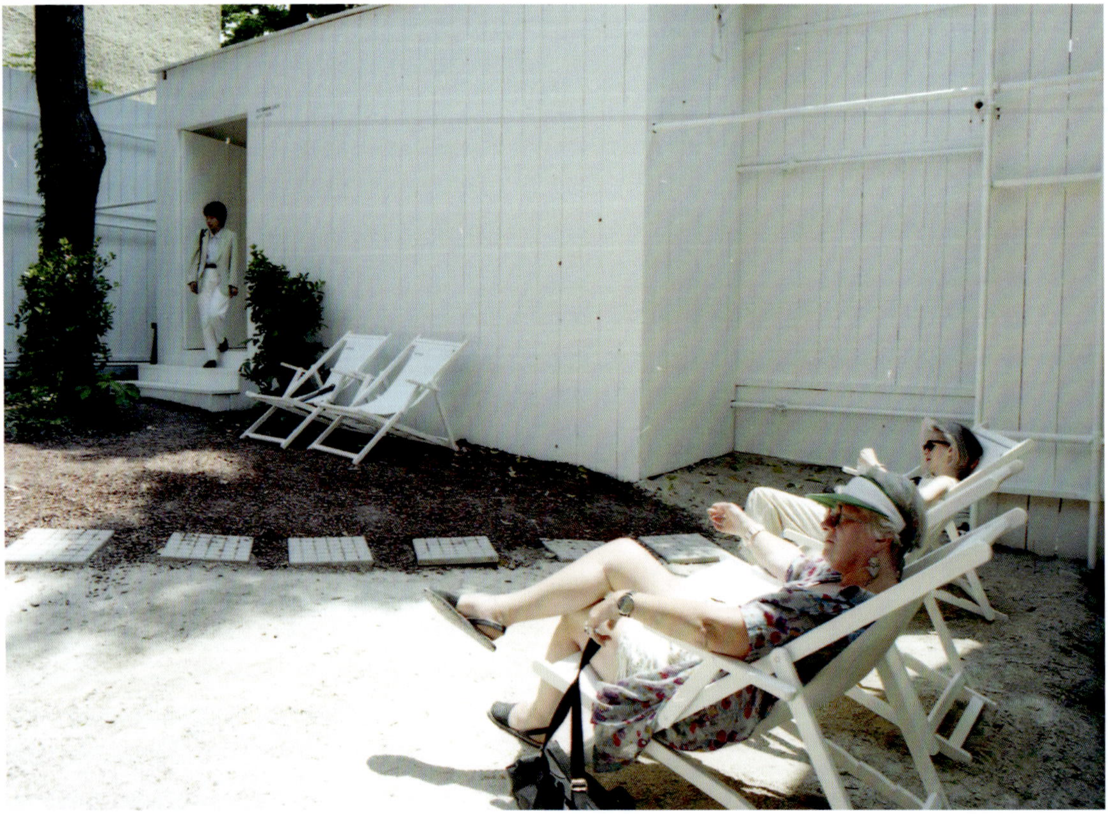

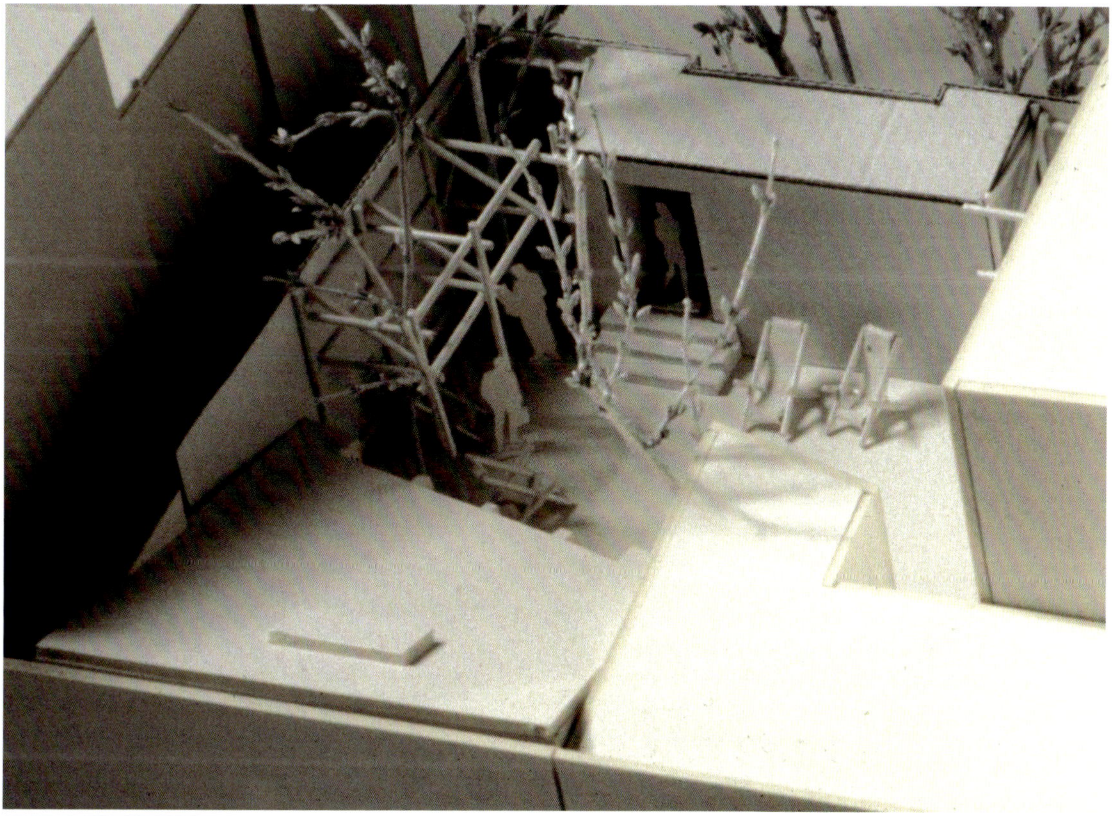

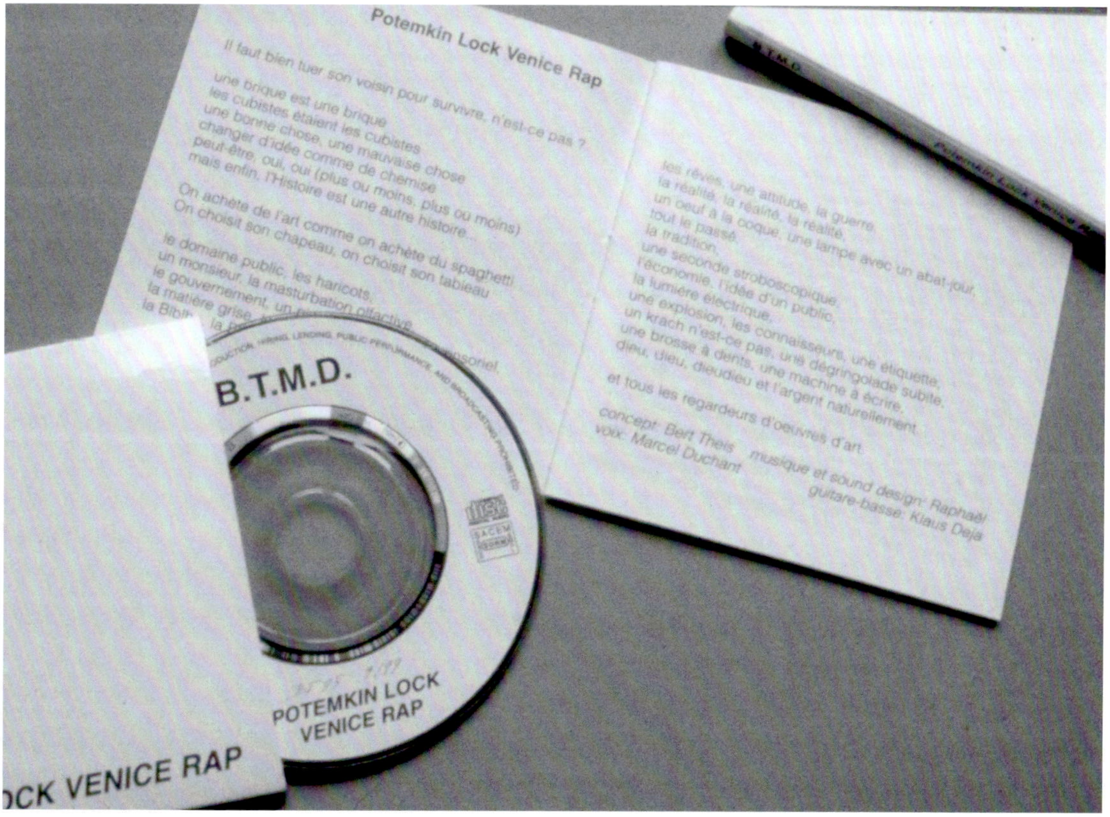
Potemkin Lock Venice Rap
Il faut bien tuer son voisin pour survivre, n'est-ce pas ?
une brique est une brique
les cubistes étaient les cubistes
une bonne chose, une mauvaise chose
changer d'idée comme de chemise
peut-être, oui, oui (plus ou moins, plus ou moins)
mais enfin, l'Histoire est une autre histoire...
On achète de l'art comme on achète du spaghetti
On choisit son chapeau, on choisit son tableau
le domaine public, les haricots,
un monsieur, la masturbation olfactive
le gouvernement,
la matière grise,
les rêves, une attitude, la guerre
la réalité, la réalité, la réalité
un oeuf à la coque, une lampe avec un abat-jour,
tout le passé
la tradition,
une seconde stroboscopique,
l'économie, l'idée d'un public,
la lumière électrique,
une explosion, les connaisseurs, une étiquette,
un krach n'est-ce pas, une dégringolade subite,
une brosse à dents, une machine à écrire,
dieu, dieu, dieudieu et l'argent naturellement
et tous les regardeurs d'oeuvres d'art.
concept: Bert Theis
voix: Marcel Duchant
musique et sound design: Raphaël
guitare-basse: Klaus Deja
B.T.M.D.
POTEMKIN LOCK
VENICE RAP
CK VENICE RAP

132 ***Broadway Fly*, 1996** Steel, wood, sound, Walkman, binoculars
Variable dimensions, height of the tower: 400 cm
Sound: in collaboration with Raphaël Rippinger
Collection Mariette Schiltz

This tower was shown at Art Frankfurt (1996) and FIAC (1997). It was devised to be exhibited as part of group shows and in similar situations. It enables users to see the surrounding objects and situations from an unusual vantage point. They can listen to sounds that I recorded in a Spanish city over the headphones of a Walkman. This means there is a double distancing from the context—both optical and acoustical. At art fairs, users can use binoculars to spy on the various stands from above. The people who climb up the tower are the variable component of the work. For those who look at the work from below, with people on the tower, the situation is ambiguous: is it a performance?

La tour a été montrée à la foire de Francfort (1996) et à la FIAC (1997). Elle est pensée pour être montrée lors de *group shows* et dans des situations similaires. Elle permet de voir les objets et les situations des alentours d'un point de vue inhabituel. Les écouteurs du Walkman transmettent des sons que j'ai enregistrés dans une ville espagnole. Il y a donc une double distanciation du contexte : dans le sens de l'optique et de l'acoustique. Dans les foires, les jumelles permettent d'espionner les différents stands d'en haut. Les personnes qui y montent deviennent la partie variable de l'œuvre. Pour ceux qui regardent l'œuvre d'en bas, avec des personnes sur la tour, la situation est ambiguë : s'agit-il d'une performance ?
BT, 1996

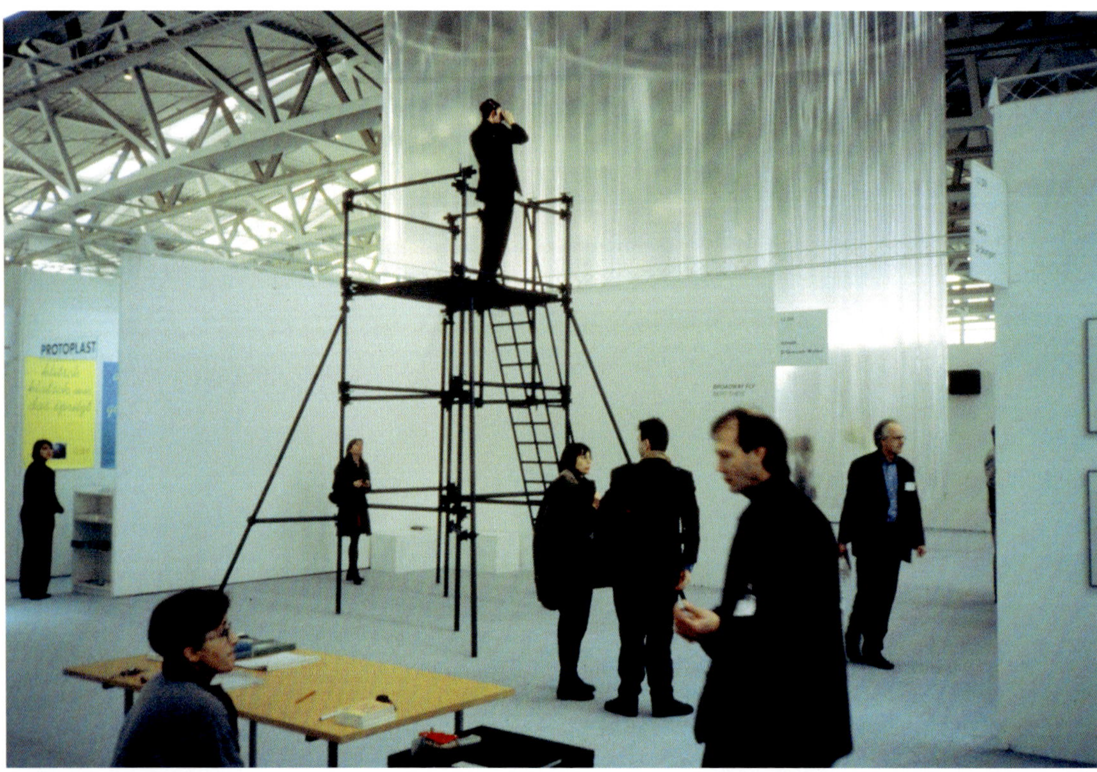

133 *Thanks, that's enough!*, 1996

Performance/installation, shuttle bus with sound system
Sound: in collaboration with Raphaël Rippinger
Shuttle between Art Basel, Liste – the Young Art Fair, Basel, Switzerland, and Galerie Heinrich Schmidt, Grenzach-Wyhlen, Germany
Organised on the occasion of Bert Theis's exhibition *Thanks, that's enough!*, Galerie Heinrich Schmidt, Grenzach-Wyhlen, Germany

In 1996, as part of the contemporary art fairs Art 27'96, Art Basel, and Liste in Basel, Theis set up a shuttle service that took visitors from the fairgrounds to Heinrich Schmidt Gallery in Grenzach-Wyhlen, a rural town a few kilometers away. The contrast between the overcrowded halls and the nearly empty gallery was striking. As the city receded, the soundscape in the bus changed: the noise of fair visitors gave way to the sounds of farm animals, recorded by Raphaël Rippinger, a regular collaborator of the artist.

Dans le cadre des trois foires d'art contemporain – Art 27'96, Art Basel et Liste – à Bâle en 1996, Bert Theis met en place une navette qui emmène les visiteurs à la galerie Heinrich Schmidt à Grenzach-Wyhlen, village rural à quelques kilomètres de là. Le contraste entre les halls d'exposition surpeuplés et la galerie quasiment vide est saisissant. À mesure que le bus s'éloigne de la ville, l'environnement sonore dans l'habitacle de la navette change : le brouhaha des visiteurs laisse place aux bruits d'animaux de la ferme, sonorisés par Raphaël Rippinger, collaborateur régulier de l'artiste.
MV

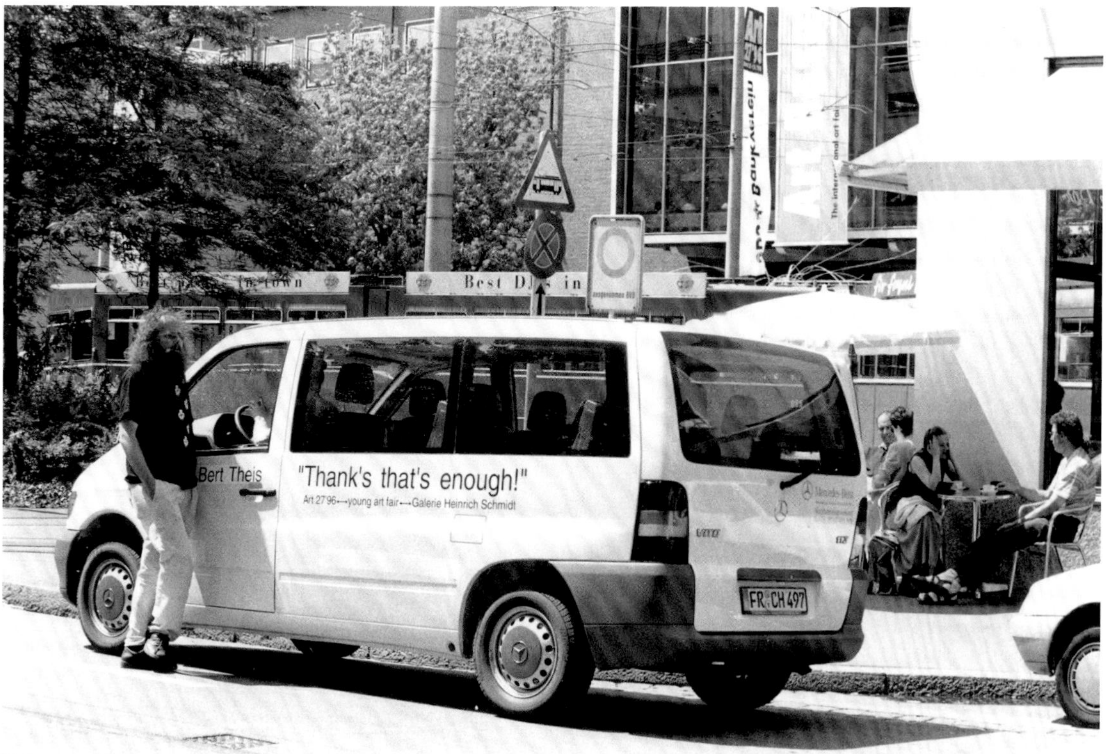

 The Lunghi-Gaeng Project, 1996

Installation (in a ceiling), wood, cardboard, photocopies, 8 peepholes, stool
Variable dimensions
Produced for the home of Enrico Lunghi and Catherine Gaeng, Beggen, Luxembourg
Collection Enrico Lunghi and Catherine Gaeng

This installation, which was conceived for the home of Enrico Lunghi and Catherine Gaeng, takes the form of a miniature "exhibition" that can be seen through several peepholes in the ceiling of the corridor, to be accessed by climbing on a stool. "This 'micro-installation,'" explained Theis, "should take up as little (living) space as possible. What spaces have in common with books, videos and digital files is that, unlike sculptures or paintings, they do not constantly attract the gaze, and therefore become invisible less quickly."[1]

Conçue pour le domicile d'Enrico Lunghi et de Catherine Gaeng, cette installation prend la forme d'une « exposition » miniature visible à travers des judas installés dans une ouverture pratiquée dans le plafond du couloir, auxquels on accède en grimpant sur un escabeau. « Cette 'micro-installation', précise l'artiste, doit accaparer aussi peu d'espace (de vie) que possible. Les espaces ont en commun avec un livre, une vidéo ou un document informatique qu'à l'inverse d'une sculpture ou d'une toile, ils n'attirent pas constamment le regard, et deviennent donc moins vite invisibles[1]. »

MV

1. Bert Theis, working notes related to the work *The Lunghi-Gaeng Project* (1996), Bert Theis Archives.

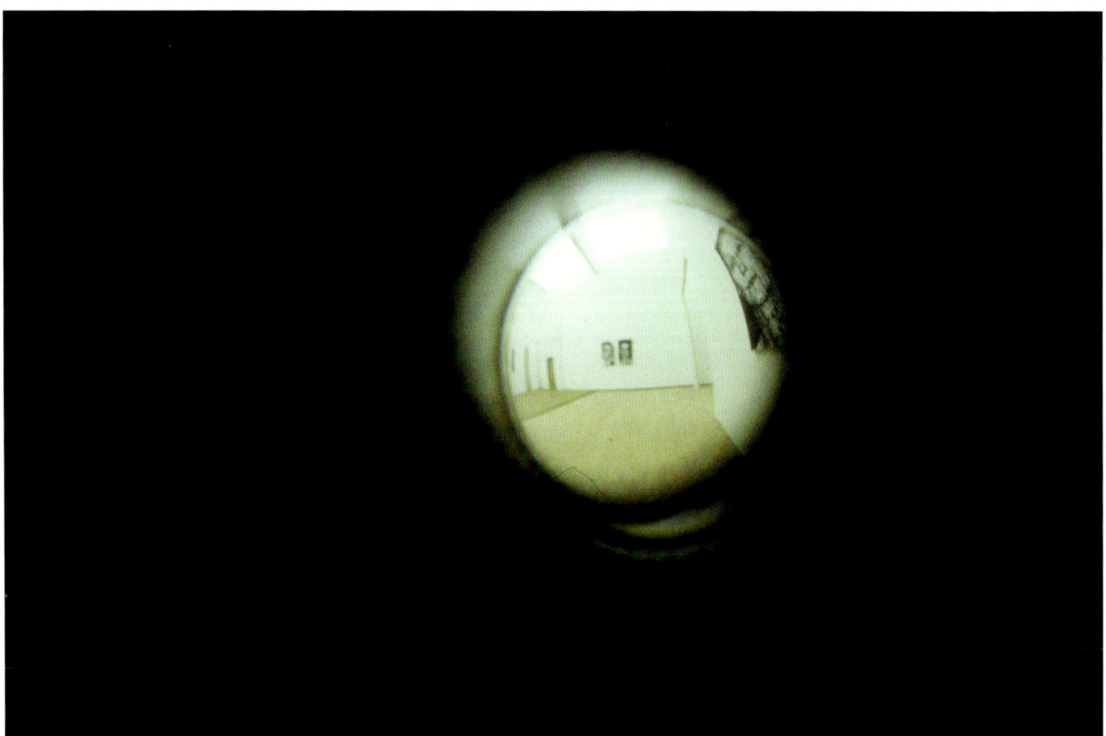

135 *La Montagne Sainte-Victoire*, 1996 From the *Sandwiches* series
Laminated cibachrome mounted on aluminum
50 × 70 cm
Collection Elia and Enrico Bianchi

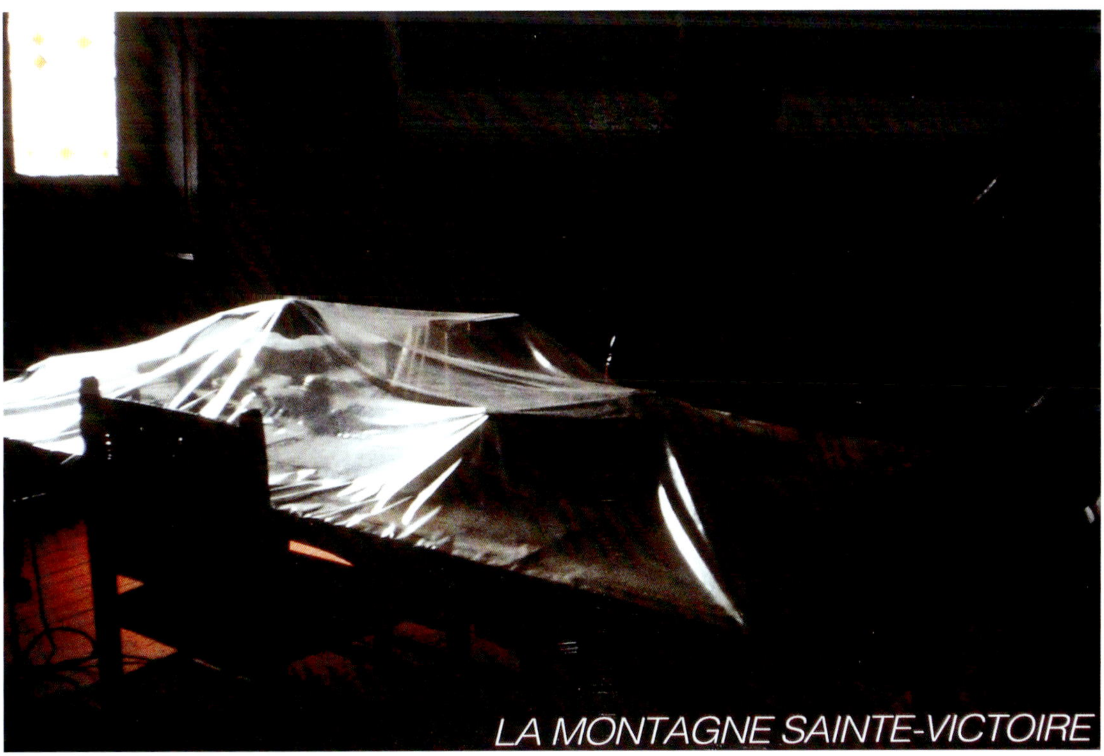

136 ***Einstein's Brain*, 1996**

From the *Sandwiches* series
Scanachrome and paint (stencil) on a semi-transparent veil
220 × 400 cm
Collection FRAC Bourgogne

Along with *La Montagne Sainte-Victoire* and *Guernica*, *Einstein's Brain* forms part of *Sandwiches*, a series of works based on the same principle—namely, the combination of a carefully chosen image and one or several words functioning as captions. The image on this semi transparent veil in the center of the exhibition space represents the dining room of the modernist house designed and built by Ludwig Wittgenstein in Vienna. The inscription stenciled in the lower-right corner of the work refers to Albert Einstein's brain, which shortly after the physicist's death became the subject of much attention and speculation in the scientific world.

Einstein's Brain fait partie, avec *La Montagne Sainte-Victoire* et *Guernica*, d'un ensemble d'œuvres intitulé *Sandwiches*, toutes basées sur un même principe, à savoir l'association d'une image choisie avec la plus grande attention et d'un ou plusieurs mots faisant office de légende. L'image sur ce voile semi-transparent, disposé au centre de l'espace d'exposition, reproduit une célèbre image de la salle à manger de la maison moderniste conçue et bâtie par Ludwig Wittgenstein. L'inscription apposée au pochoir dans le coin inférieur droit de l'œuvre renvoie quant à elle au cerveau d'Albert Einstein, qui dès la mort du physicien, suscita la curiosité du monde scientifique.

MV

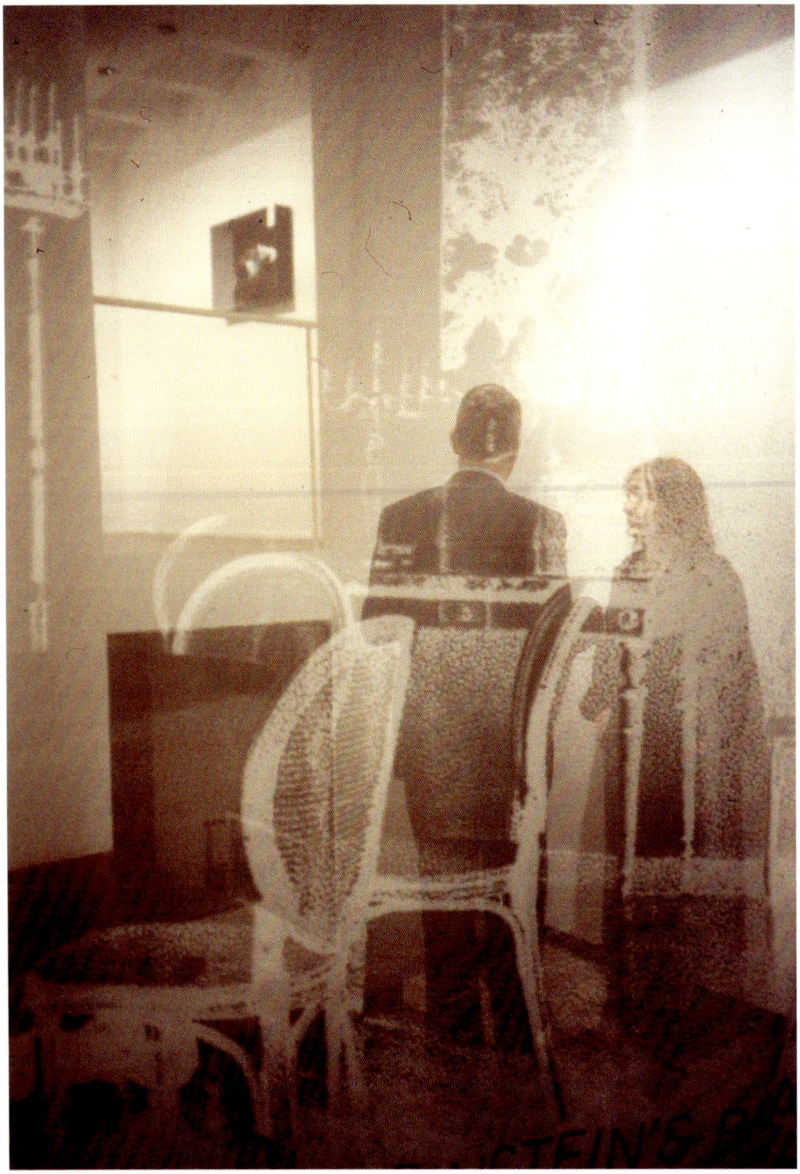

137 *Guernica*, 1996 From the *Sandwiches* series
B/w photograph mounted on aluminium
125 × 160 cm
Collection Elia and Enrico Bianchi

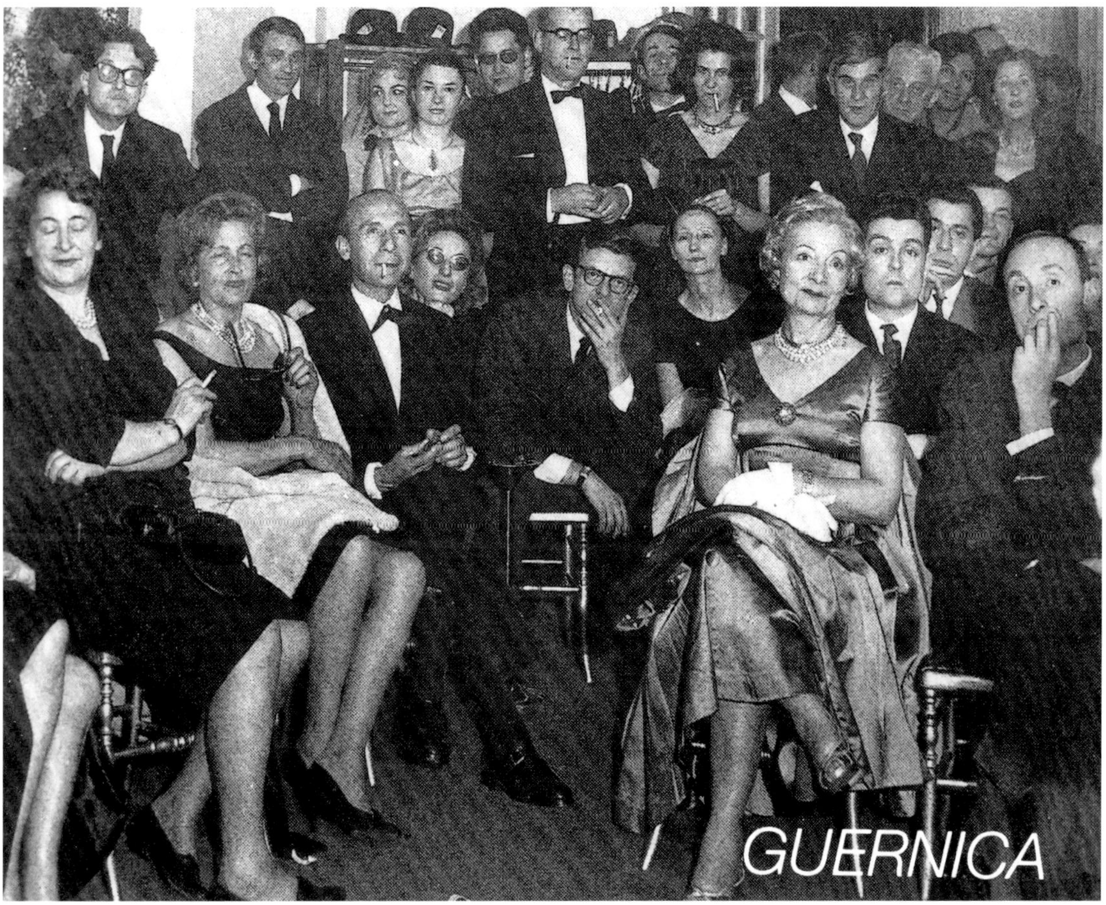

 ***Philosophical Platform*, 1997**

Painted wood, metallic structure, sound, light, smoke machines
1.2 × 23 × 10 m
Sound: in collaboration with Raphaël Rippinger
Technical conception: in collaboration with Rob Engel
Temporary installation, Schlossgarten Park, Münster, Germany
Produced in the context of Skulptur Projekte Münster, Germany, 1997

Reproduced in 2019 by the Fonds Belval, Esch-sur-Alzette, Luxembourg, with the participation of Mudam Luxembourg – Musée d'Art Moderne Grand-Duc Jean
Technical conception: Rob Engel
Le Fonds Belval, courtesy Mariette Schiltz

This piece established a dual relationship with architecture, that is, painted architecture and built architecture. It was inspired by the staircase in Raphael's *School of Athens* in the Vatican *stanze*, which depicts the great Greek philosophers. The dimensions of the platform were derived from Johann Conrad Schlaun's Baroque castle in Münster, in front of which it was installed.... Philosophically speaking, it owes a great deal to [Ludwig] Wittgenstein and American pragmatism. Its main characteristic was to have been empty. It was not the "platform of the philosophers" but an open device that allowed everyone to develop their concepts and interpret it in their own way, which is much more than a philosophical karaoke.... The platform was a popular success. Without my participation, people organized all kinds of events on it: birthday parties, Friday evening tango sessions, concerts.... The room itself had its own soundscape, consisting of digitally reworked recordings of my body sounds that burst out at random intervals, like a storm. At sunset, a white cloud emerged from inside the center of the illuminated platform. This became the moment at which more than a hundred people met every evening.

La pièce avait un double rapport à l'architecture : architecture peinte et architecture construite. Elle s'inspirait de l'escalier de *L'École d'Athènes*, peint par Raphaël dans les *stanze* du Vatican. Sur ce tableau figurent tous les grands philosophes grecs. Les dimensions de la plateforme étaient dérivées du château baroque de Conrad Schlaun, à Münster, devant lequel elle fut construite. [...] Philosophiquement parlant, elle doit beaucoup à Wittgenstein et au pragmatisme américain. Sa qualité principale était d'être vide. Ce n'était pas la « plateforme des philosophes », mais un dispositif ouvert qui permettait à tout le monde de développer ses concepts et de l'interpréter à sa façon, ce qui est bien plus qu'un karaoké philosophique. [...] La plateforme eut un succès populaire très fort. Sans ma collaboration, on y a organisé des manifestations de tout type : des fêtes d'anniversaire, des soirées de tango chaque vendredi, des concerts. [...] La pièce elle-même avait une vie sonore. Des sons enregistrés de mon corps, élaborés et transformés à l'ordinateur, se manifestaient de temps en temps, comme un orage. Au coucher du soleil, un nuage blanc sortait du centre de la plateforme illuminée de l'intérieur. Ceci devint le moment de rendez-vous pour plus d'une centaine de personnes chaque soir.
BT, 1997

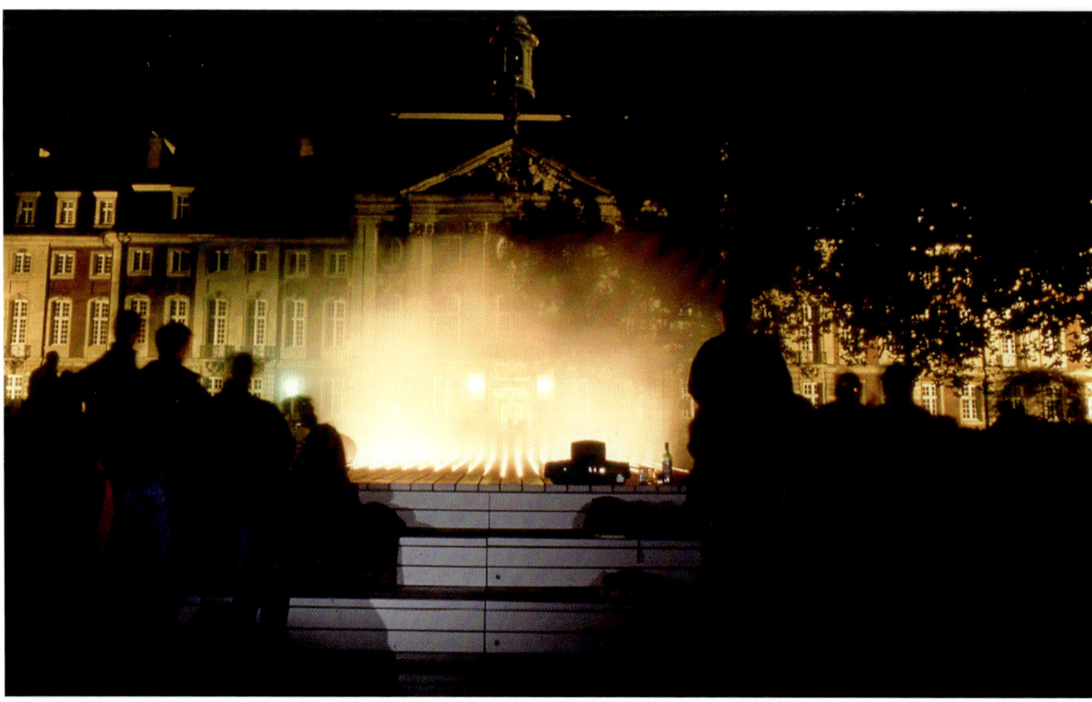

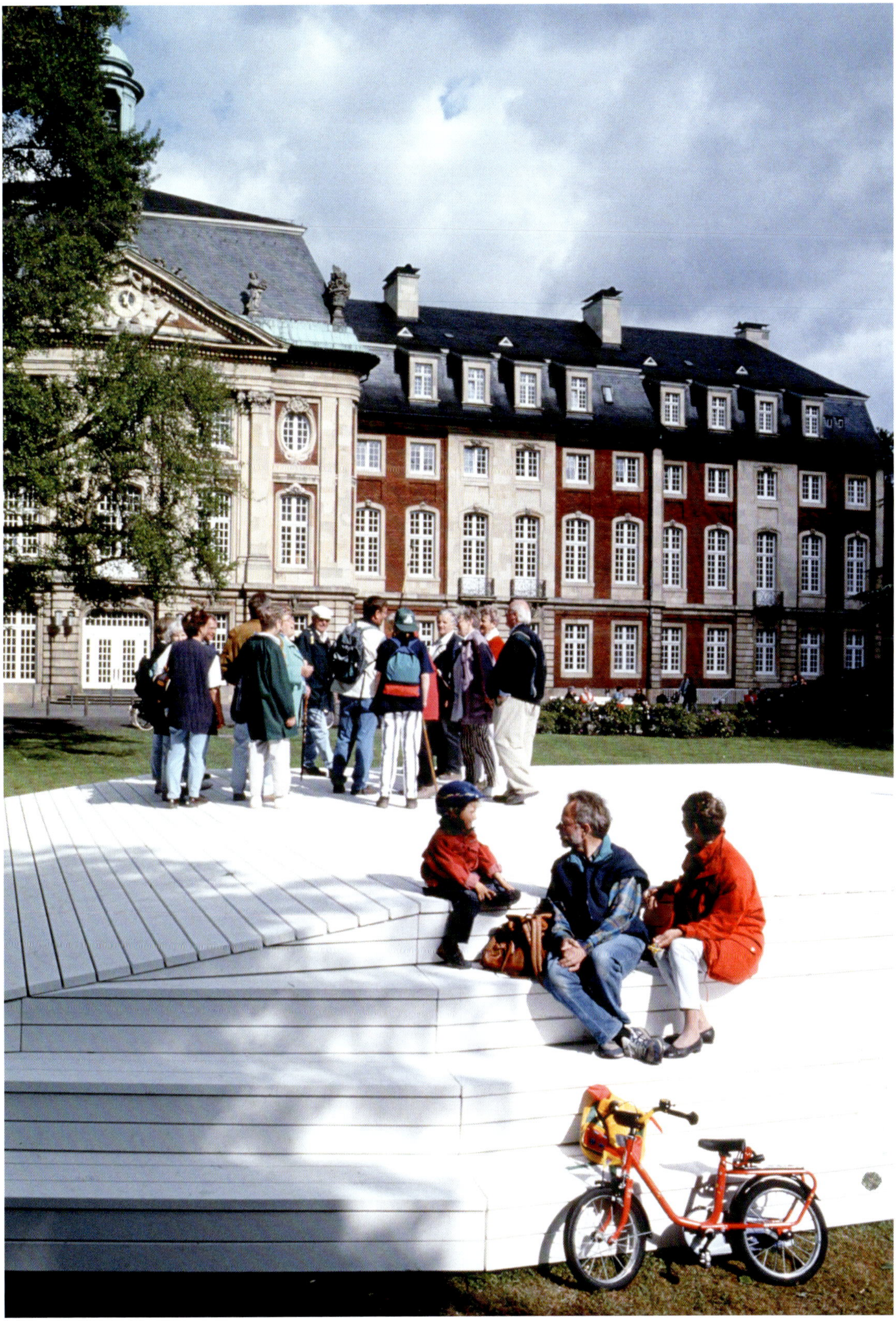

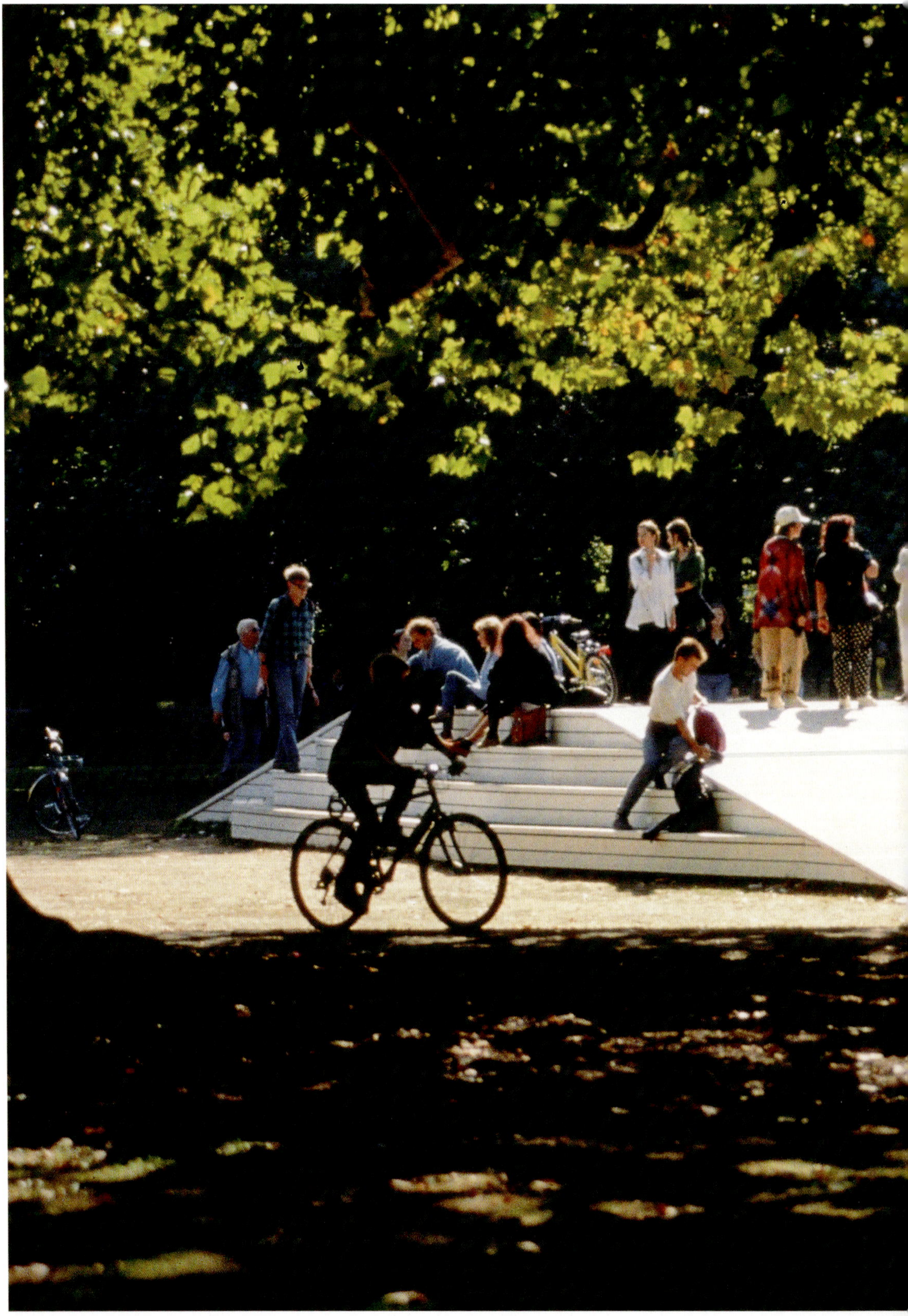

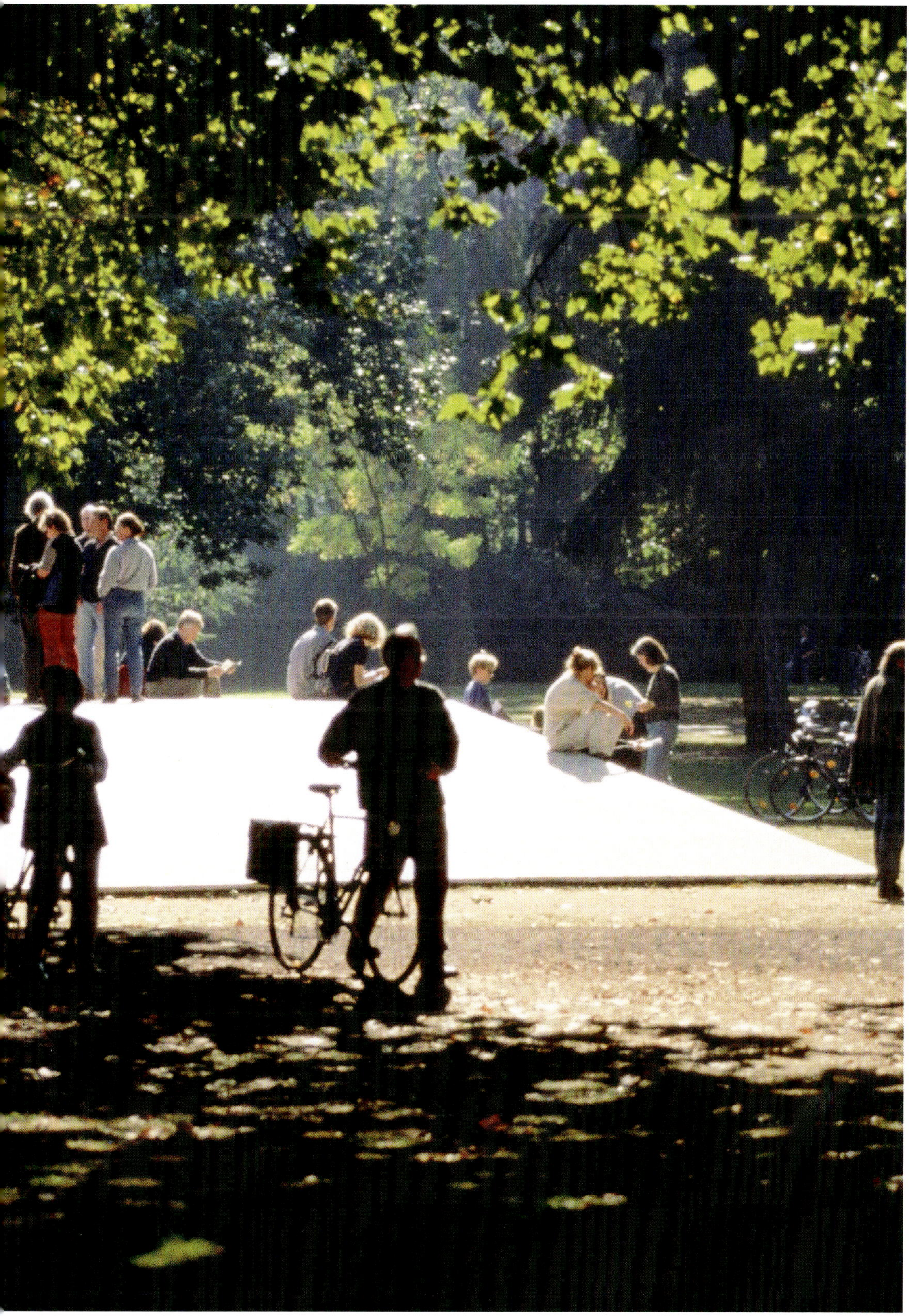

 Le Domaine de Marcel & Joseph, 1998

Installation, birdcage with two mynah birds (Marcel and Joseph), microphone, loudspeakers, plants, furniture
Variable dimensions
Technical conception: in collaboration with Rob Engel
Temporary installation, Casino Luxembourg – Forum d'art contemporain, 1998-2000

This spring, I made a (more or less) permanent piece for the glasshouse of the Casino Luxembourg – Forum d'art contemporain.... I transformed half of this modernist construction, which was added in the 1950s to the historic main building, into a kind of white conservatory with palms, tropical plants, deck chairs and two talking mynah birds named "Marcel" and "Joseph." During several months, I tried to teach Joseph quotes by Beuys, while the artistic director of the Casino Luxembourg tried to teach Marcel quotes by Duchamp. Given the anarchic character of these sympathetic birds, there is no guarantee of success for our demanding work, since they strictly imitate the words and sounds they like. The sound world of their space was broadcast through loudspeakers to the surrounding pavements in the city.

Ce printemps, j'ai créé une pièce (plus ou moins) permanente pour la serre du Casino Luxembourg – Forum d'art contemporain. […] J'ai transformé la moitié de cette construction moderniste, ajoutée dans les années 1950 au vénérable bâtiment principal, en un genre de jardin d'hiver blanc avec des palmiers, des plantes tropicales, des chaises longues et deux mainates parleurs baptisés Marcel et Joseph. Pendant des mois, j'ai essayé d'apprendre à Joseph des citations de Joseph Beuys, tandis que le directeur artistique du Casino faisait de même avec Marcel et des citations de Marcel Duchamp. Ces sympathiques volatiles étant rebelles, il est impossible de garantir que ces efforts porteront leurs fruits – car ces oiseaux se limitent à imiter les mots et les sons qu'ils aiment. Le monde sonore de leur espace est diffusé par des haut-parleurs jusqu'aux trottoirs autour du Casino.

BT, in *Manifesta 2*, exh. cat. Casino Luxembourg – Forum d'art contemporain (Amsterdam: Idea Books, 1998)

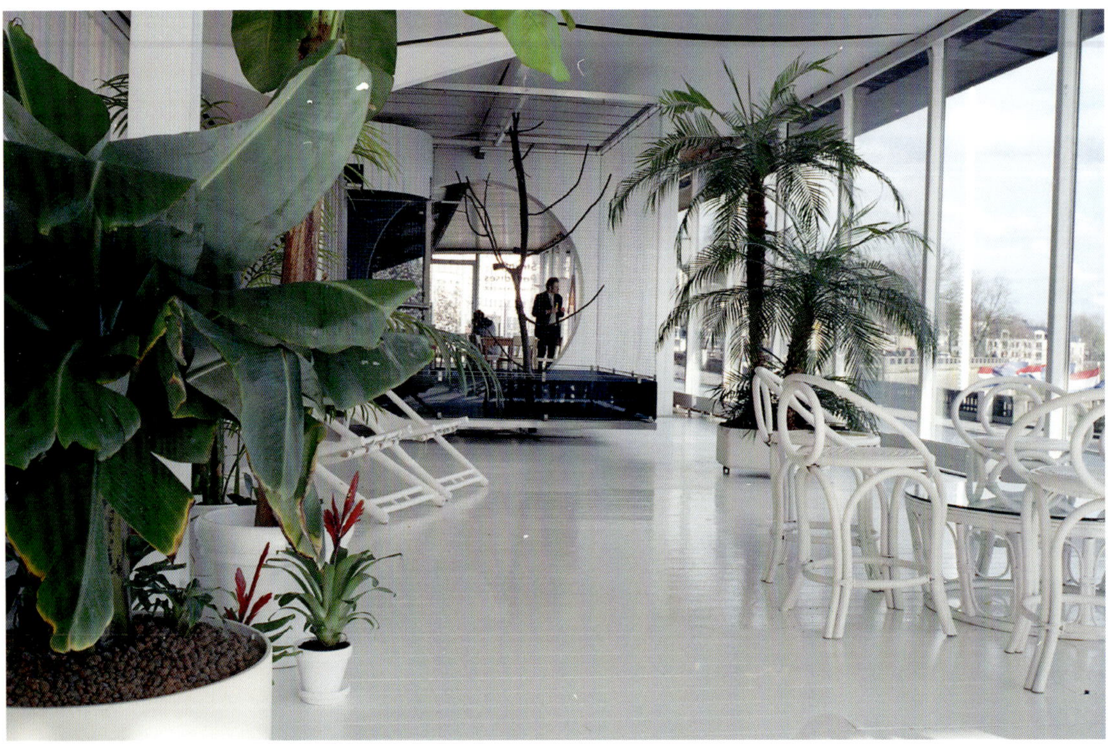

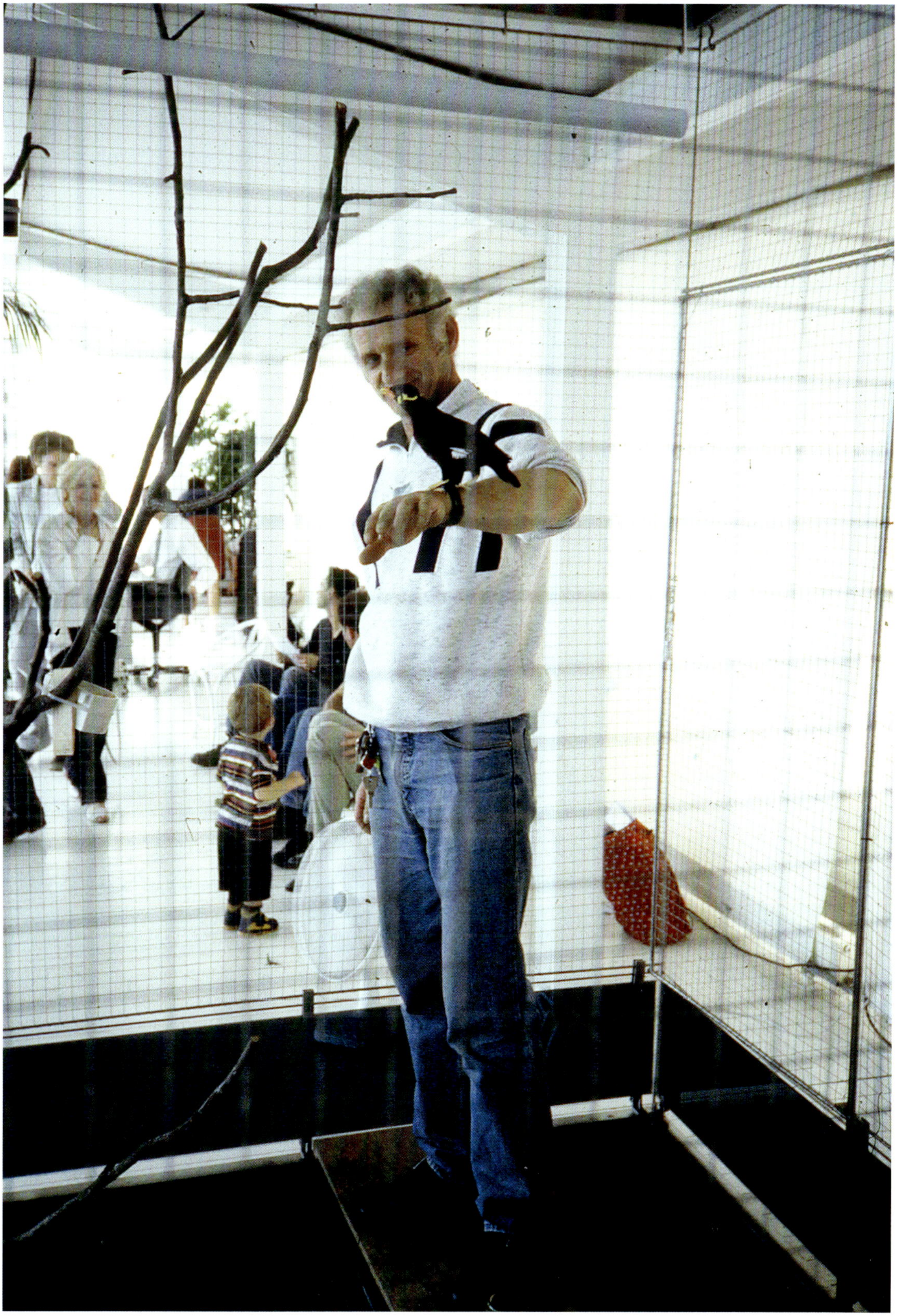

Le Domaine de Marcel & Joseph, 1998

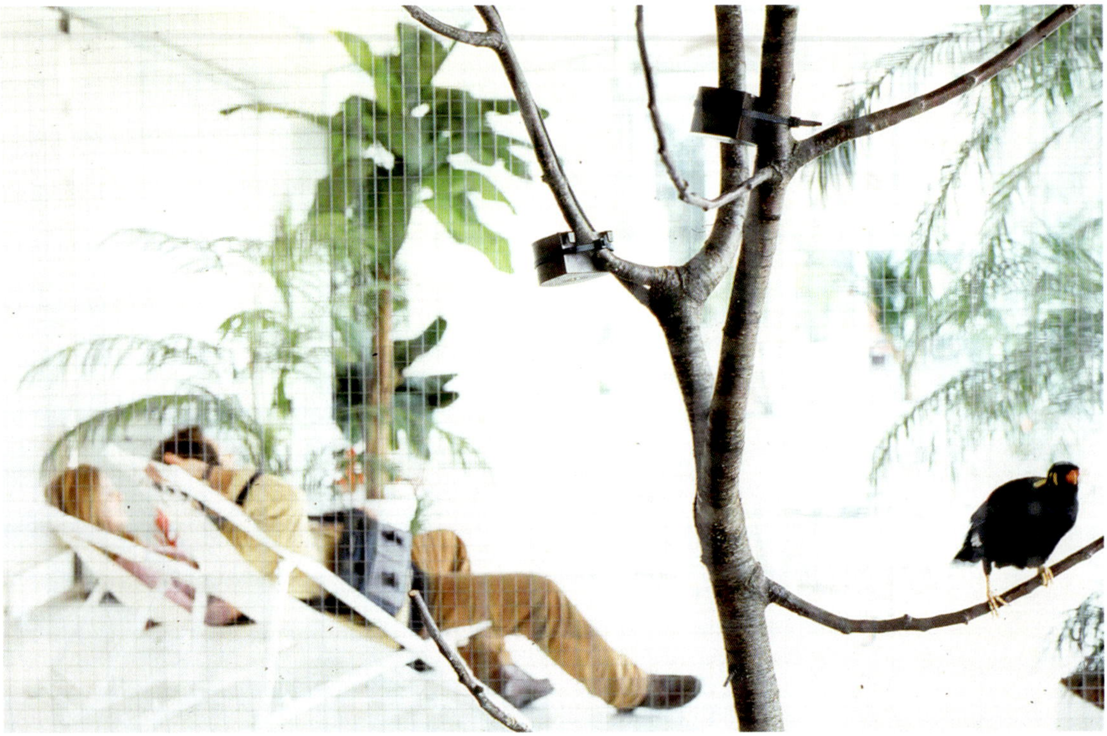

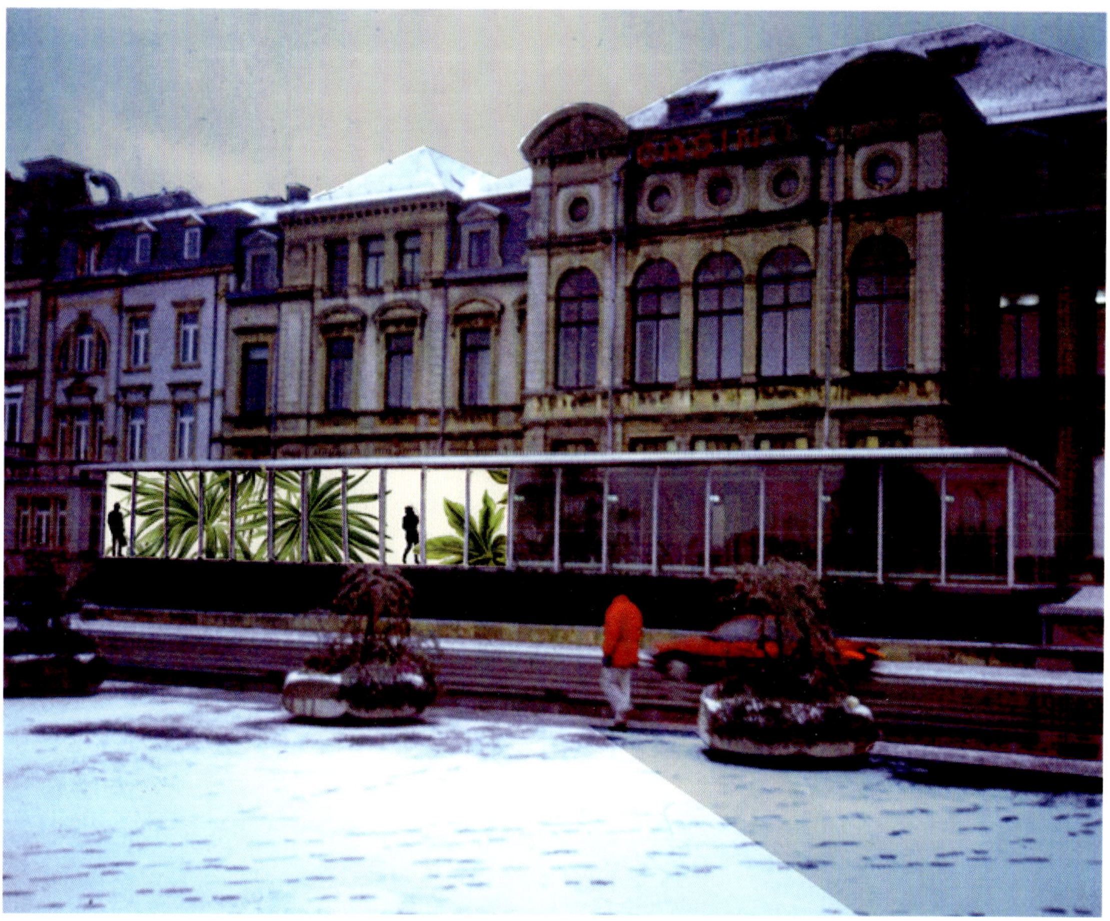

 Dialectical Leap, 1998

Performance/installation, shuttle bus with live music performed by African musicians and scented with pineapples, bus stop
Shuttle from the Casino Luxembourg to the Karl Marx House in Trier, Germany
Bus stop: Collection Pier Luigi Tazzi, Capalle, Firenze
Produced in the context of Manifesta 2, Luxembourg, 1998

The third element of my "independent subcurator project" consists in a "dialectical leap," a scented shuttle bus with soundtrack running between the Casino Luxembourg and the birthplace of Karl Marx, taking visitors on a thirty-minute trip from Manifesta 2 in Luxembourg to the author of the *Manifesto* in Germany, from the city of banks to the house of the author of *Das Kapital*.

Le troisième élément de mon « independent subcurator project » est le « saut dialectique », une navette parfumée et sonorisée reliant le Casino Luxembourg – Forum d'art contemporain à la maison natale de Karl Marx et transportant, dans un voyage d'une demi-heure, les visiteurs de Manifesta 2 à Luxembourg vers l'auteur du *Manifeste*, en Allemagne ; de la ville des banques à la maison de l'auteur de *Das Kapital*.

BT, *Manifesta 2*, exh. cat. Casino Luxembourg – Forum d'art contemporain (Amsterdam: Idea Books, 1998), 177.

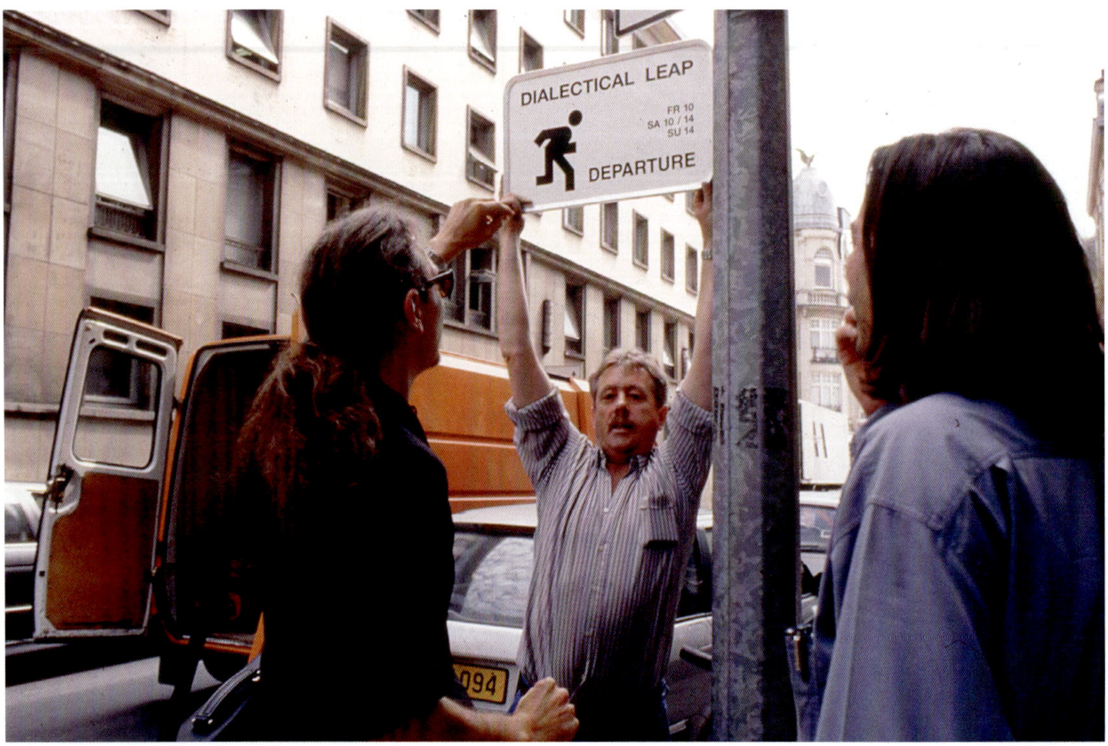

147 ***Enclave 1879*, 1998** Platform, deck chairs, plants, 7 videos on monitor (1 for each day of the week)
Platform: 15 × 350 × 300 cm
Videos: in collaboration with Mariette Schiltz
Temporary installation, De Angeli underground station, Milan, Italy
Produced in the context of the group exhibition *Subway*, Milan, Italy

Enclave 1879 is a public artwork in the metro station De Angeli in Milan conceived as part of the group exhibition *Subway* (1998). A platform furnished with deck chairs and a TV set, it encouraged travelers to take a time out from their daily commute. Isolated from the surrounding commotion and noise by plants and earmuffs, they could watch a live broadcast of tropical fish in an aquarium, recorded in a nearby pet fish store. The date in the title refers to the year of publication of Paul Lafargue's pamphlet *The Right to Be Lazy*, a fierce attack on the bourgeois conception of work as a virtue in and of itself.

Enclave 1879 est le titre d'une œuvre conçue pour la station de métro milanaise De Angeli dans le cadre de l'exposition de groupe *Subway* (1998). Prenant la forme d'une plateforme équipée de transats et d'un téléviseur, l'installation interpellait les voyageurs dans leur périple quotidien. Isolés de la foule environnante par un pourtour de plantes et munis d'un casque antibruit, ses utilisateurs jouissaient d'un moment de détente en se laissant bercer par des images de poissons tropicaux, retransmises depuis un magasin aquariophile situé à proximité. La date dans le titre renvoie à l'année de parution du livre *Le Droit à la paresse* de Paul Lafargue, critique féroce de la notion bourgeoise du travail comme valeur en soi.
MV

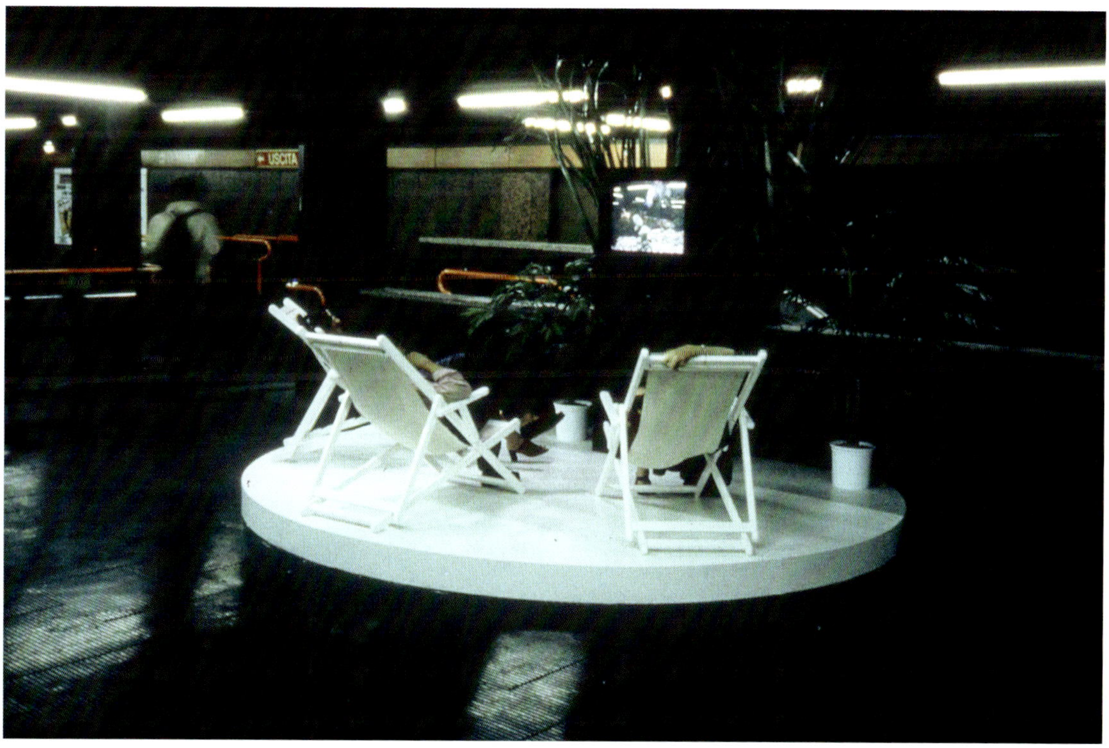

 Ten Fingers / Le dita della mano, 1998

10 platforms
Painted wood, metallic structure, palm trees, sound
Various dimensions
Temporary installation, Parco Archeologico Fiumi, Volterra, Italy
Produced in the context of *Arte all'Arte 98*

This large-scale installation in the Enrico Fiumi Park in Volterra, Italy, was created as part of the third edition of the Arte all'Arte program of public artworks in six cities in the Val d'Elsa. Ten white slatted benches standing at the foot of a hill, each shaded by a palm tree, create a leisurely seaside atmosphere. Passersby can use these "paradisiacal" islands as resting places to lie down and escape from everyday reality. "There is no longer a shadow of a doubt: in paradise, man is born lying down, nude, under a palm tree,"[1] claimed Theis.

Cette grande installation dans le parc Enrico Fiumi à Volterra (Italie) a été réalisée à l'occasion de la troisième édition d'Arte all'Arte, un programme de commandes publiques regroupant six villes du Val d'Elsa. Adossés à une colline, dix bancs en caillebotis blanc, ombragés chacun par un palmier, créent une atmosphère de bord de mer propice à la détente. Ces îlots aux accents « paradisiaques » offrent un lieu de repos où les promeneurs peuvent s'allonger confortablement et profiter d'un moment d'évasion. L'artiste n'affirmait-il pas que « ça ne fait plus l'ombre d'un doute : au paradis, l'homme naît allongé, nu, sous un palmier[1] » ?

MV

1. Bert Theis, 'Ten Fingers', in *Arte all'Arte 98*, exh. cat. (San Gimignano: Maschietto & Musolino, 1998), 134.

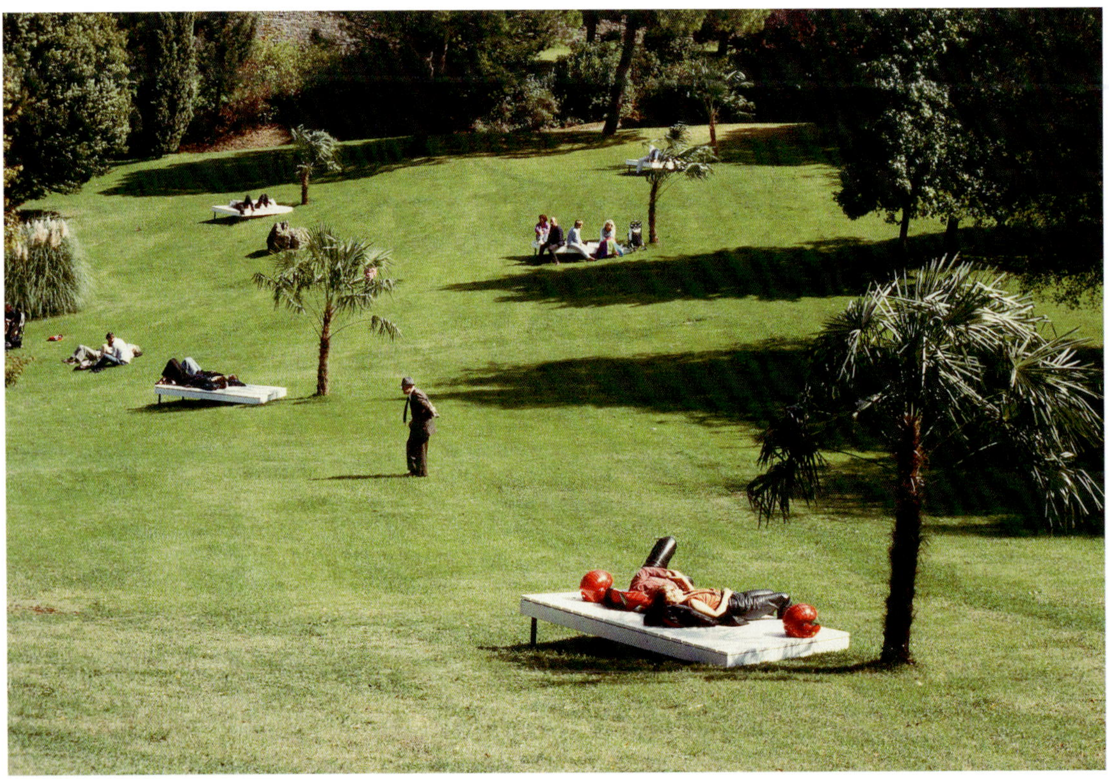

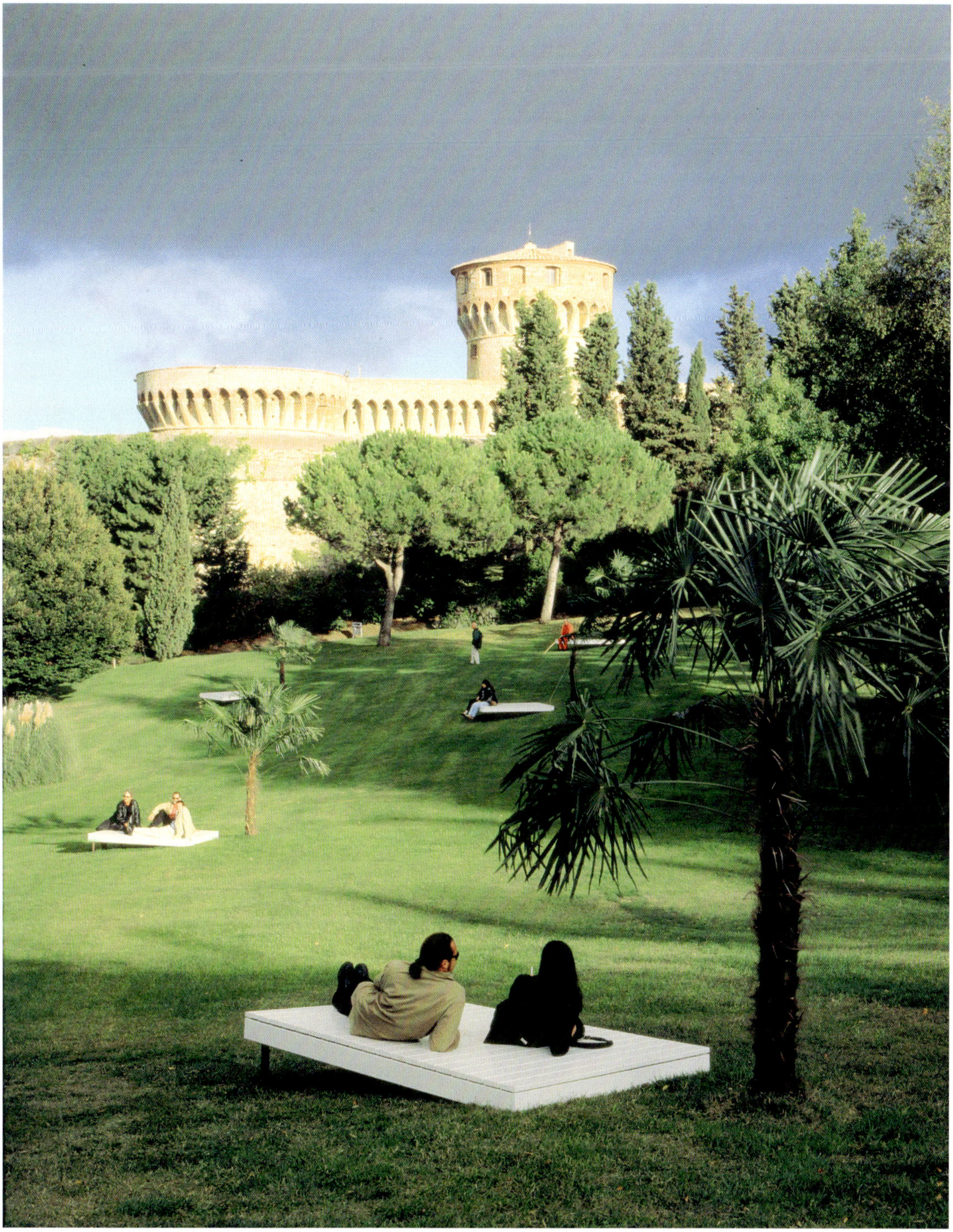

 ***BPNB (By-Pass Niels Bohr)*, 1999**

3 platforms
Painted wood, metallic structure, black bamboo, sound
Main platform: 0.50 × 72.50 × 2.80 m / 2 units: 0.50 × 12.20 × 6.10 m
Technical conception: in collaboration with Rob Engel
Temporary installation, gardens of the Schloss Nordkirchen, Germany
Produced in the context of the Skulptur-Biennale Münsterland, Germany, 1999

Similar to *Philosophical Platform*, created two years earlier, *BPNB (By-Pass Niels Bohr)* encourages encounters, reflection, and perambulation. This large installation, conceived as part of the first Skulptur Biennale Münsterland, was set in the gardens of the Baroque castle of Nordkirchen. The gardens' former swan basin, dating from the early twentieth century, had been filled up in 1972. Upon noticing that the water was stagnating on this part of the lawn, Theis decided to build a "philosophical footbridge" linking Chinese thought (represented by a Chinese basin) to antique Western philosophy (in the guise of an amphora-shaped sculpture). The serpentine form of the bridge results from the merging of the Chinese taijitu sign (the yin and yang symbol) and the Western sign for percent (%). Two small semicircular platforms, each enclosing a black bamboo plantation, complete the installation.

À l'instar de *Philosophical Platform*, créée deux ans plus tôt, *BPNB (By-Pass Niels Bohr)* est une œuvre dédiée à la rencontre, à la réflexion et à la déambulation. Le site choisi pour cette grande installation conçue pour la première Skulptur Biennale Münsterland était le jardin du château baroque de Nordkirchen, dont l'ancien bassin aux cygnes, datant du début du XXe siècle, avait été comblé en 1972. Voyant que l'eau stagnait régulièrement à cet endroit de la pelouse, Bert Theis décida de construire une « passerelle philosophique » reliant la pensée chinoise (représentée par un bassin chinois) et la pensée antique (sous les traits d'une sculpture en forme d'amphore). La forme serpentine de la passerelle résulte de la fusion entre le signe chinois du taijitu (symbole du *Yin* et du *Yang*) et le signe occidental du pour cent (%). Deux petites plateformes en forme de demi-cercle, entourant chacune une plantation de bambou noir, complètent cet ensemble.

MP

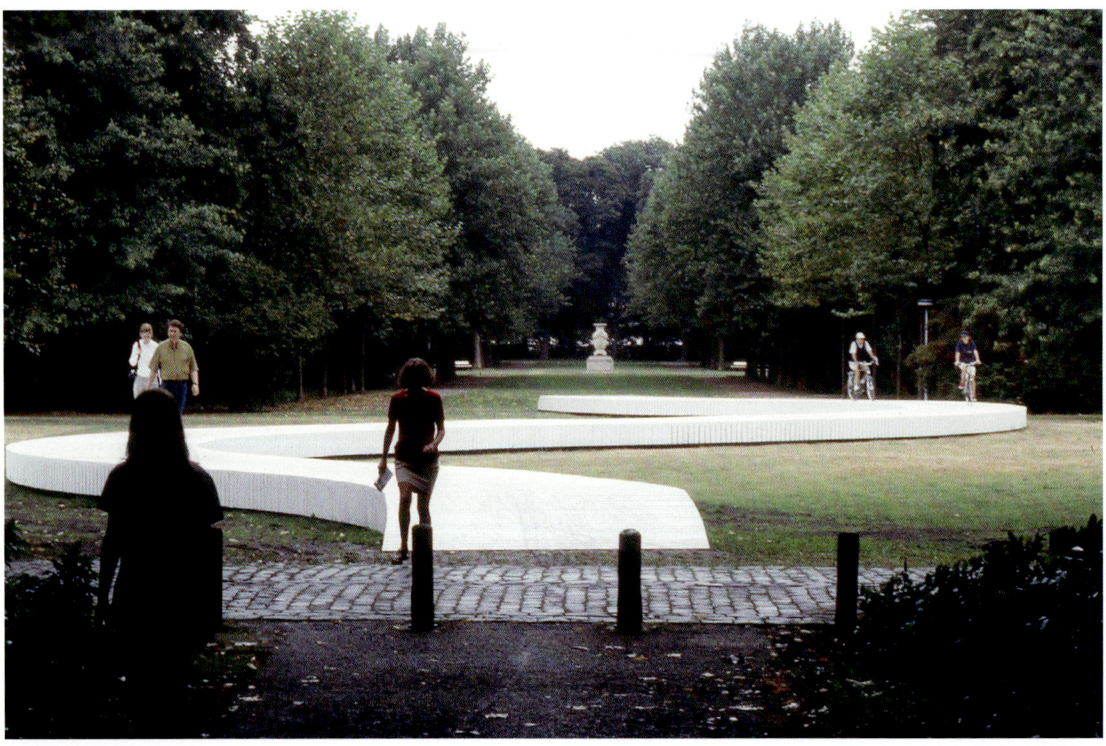

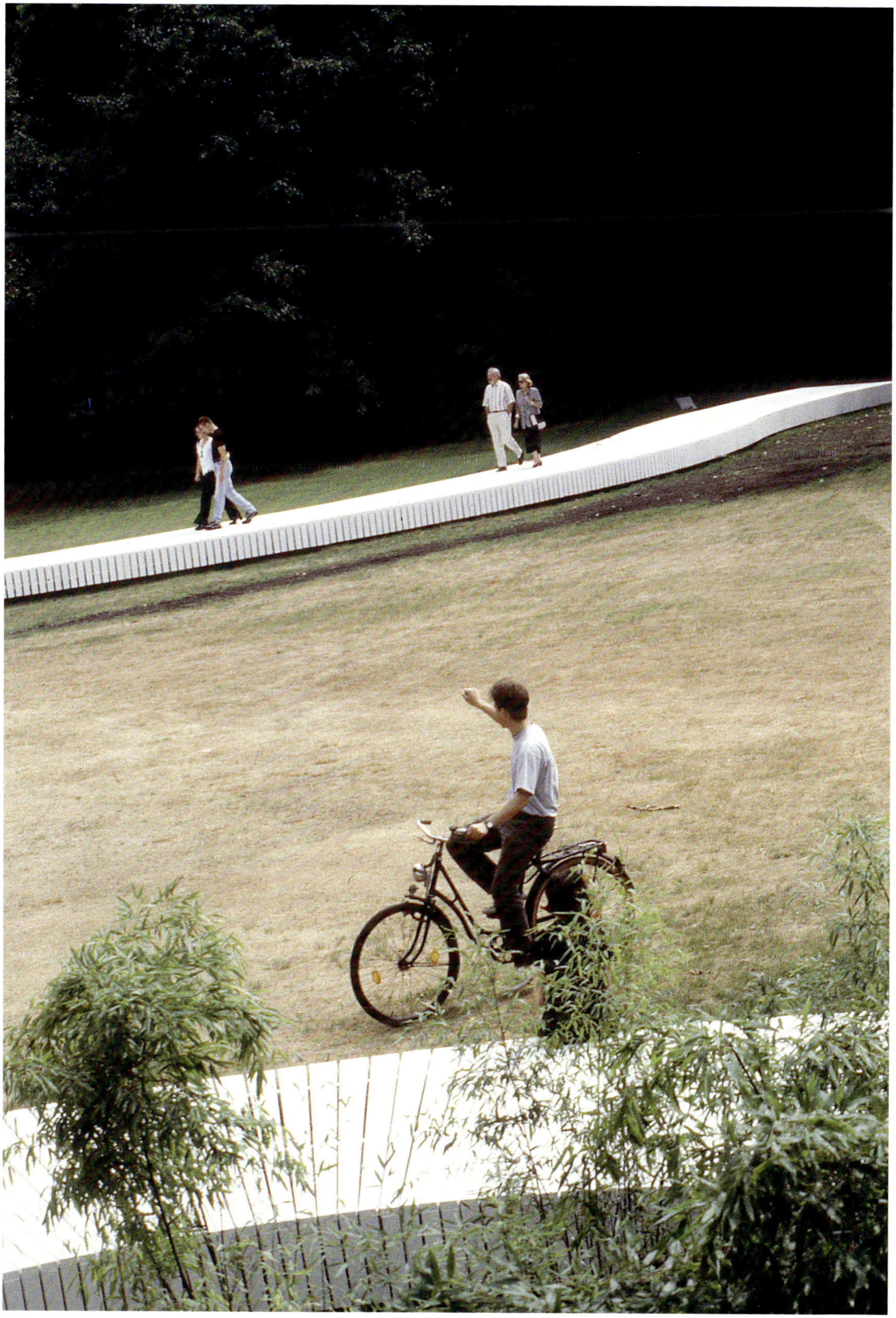

152 **AQ, 1999** Painted wood, metallic structure, canvas, sand, sound
250 × ø 246 cm
Sound: 11 min 09 sec
Sound: in collaboration with Raphaël Rippinger
Technical conception: in collaboration with Rob Engel
Collection Mariette Schiltz
Courtesy Erna Hecey Gallery, Luxembourg

This construction allows one person at a time to isolate themselves and concentrate on listening to an eleven-minute sound piece that I created specifically for this purpose. The piece is a combination of various altered sounds, such as the flight of an electronic mosquito, the voice of Marilyn Monroe, sounds produced by the Italian Futurists in 1913, a text file transformed into a sound file by mistake, etc.

La construction permet à une personne seule à la fois de s'isoler et de se concentrer sur l'écoute d'une pièce sonore de 11 minutes. Celle-ci, créée par mes soins, combine et transforme des sons comme le vol d'un moustique électronique, la voix de Marilyn Monroe, des sons produits par les futuristes italiens en 1913, un fichier de texte transformé par erreur en fichier sonore, etc.

BT, 1999

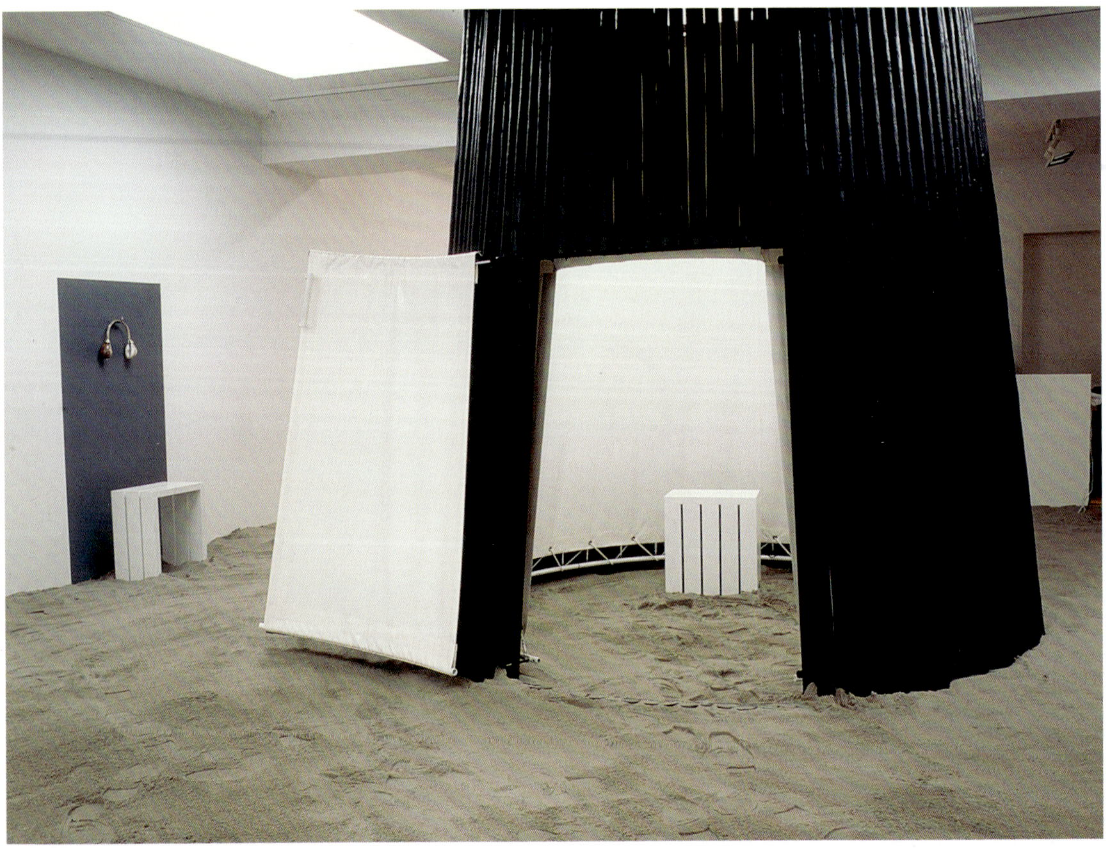

153 *F.M.1, F.M.2, F.M.3, F.M.4, F.M.5*, 1999

5 headphones: seashells, silver; constructions: painted wood, metallic structure, sand
Headphones: various dimensions
Constructions: 160.5 × 79 × 83 cm each
Collection Mariette Schiltz
Courtesy Erna Hecey Gallery, Luxembourg

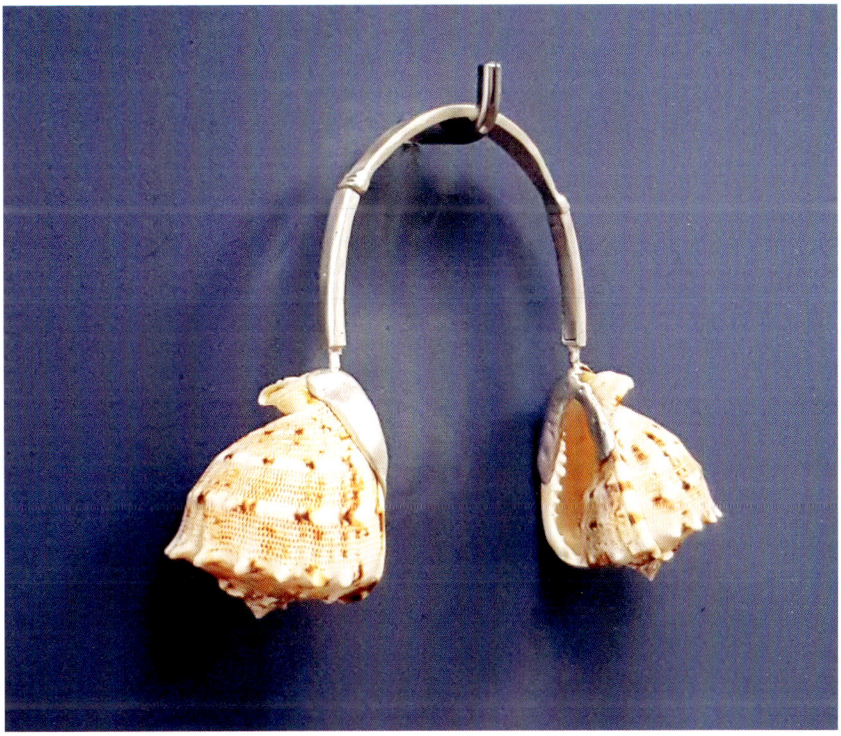

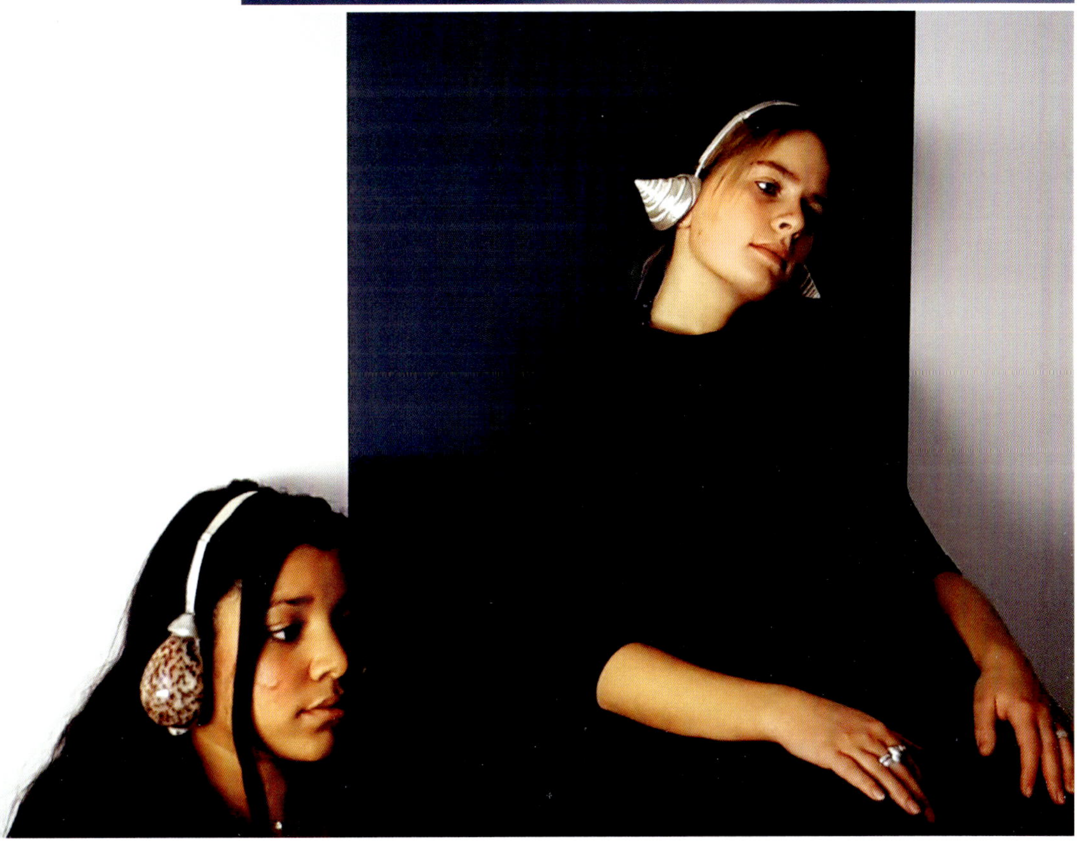

 Stirner Prothese, 2000

Project for a permanent installation for the park of the Evangelische Akademie, Tutzing, Germany (unrealised)

Created in 2019 as a temporary installation in the Édouard André Municipal Park, Luxembourg, in the context of the *Arcipelago Bert Theis*
Technical conception: Rob Engel
Production Ville de Luxembourg
Collection Mariette Schiltz

This work, commissioned for the grounds area of the Evangelische Akademie on Starnberg Lake, near Munich, was not realised.... In the academy park there are two solitary Corinthian pillars, which support nothing. The project proposed to give back to one of these pillars its original function as a support. A filigreed, metal prosthesis would be placed on one of the pillars—as a foreign body from the functional world of shipping, rail, and industrial construction in the neo-classical idyll of the park. Only one visitor at a time would be able to climb it, so that solitude would be provided for those who wanted it.

Cette œuvre, commandée pour le terrain de l'Evangelische Akademie, au bord du lac Starnberg, près de Munich, n'a pas été réalisée. [...] Le parc de l'académie compte deux piliers de style corinthien solitaires qui ne soutiennent rien du tout. Le projet proposait de redonner à l'un de ces piliers sa fonction originale. Une prothèse métallique en filigrane serait placée sur celui-ci, comme un objet étranger issu du monde fonctionnel de la navigation, du chemin de fer et de l'industrie, en plein cœur de l'atmosphère néoclassique du parc. Un seul visiteur pourrait y monter à la fois, et ainsi apprécier un moment de solitude.
BT, 2000

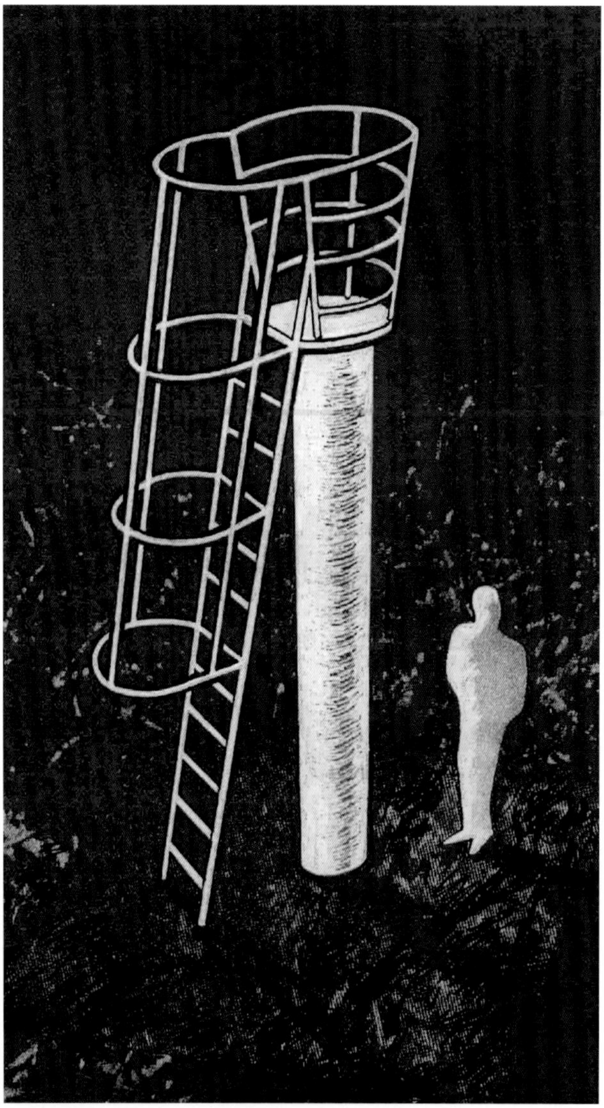

155 *M'ambo (Munich)*, 2001

Digital print on canvas
Version 1: 133.5 × 196 cm
Version 2: 100 × 150 cm
Collection Mariette Schiltz

The other works in this series can be seen on pp. 166, 186 and 204.
Les autres œuvres de cette série peuvent être vues p. 166, 186 et 204.

This series of utopian photomontages assembled from views of Milan, Munich, Paris, Tirana [Albania], and Turin [Italy] shows nature reclaiming its rights and invading the city, which resembles a kind of urban jungle. As counterproposals to the processes of urban transformation and real-estate speculation affecting these cities, Theis's "agglovilles" aim to demonstrate that "another city is possible because its image is possible."[1]

Cette série de photomontages utopiques, réalisés à partir de vues des villes de Milan, Munich, Paris, Tirana et Turin, montre une nature qui reprend ses droits et envahit la ville pour lui donner des allures de « jungle urbaine ». Proposés en contrepoint des processus de transformation urbaine et des opérations de spéculation immobilière qui les accompagnent, ces « agglovilles » entendent démontrer qu'« une autre ville est possible, parce que son image est possible[1] ».

MV

1. Bert Theis, "Le travail artistique de la transformation urbaine," unpublished typescript (2006), Bert Theis Archives.

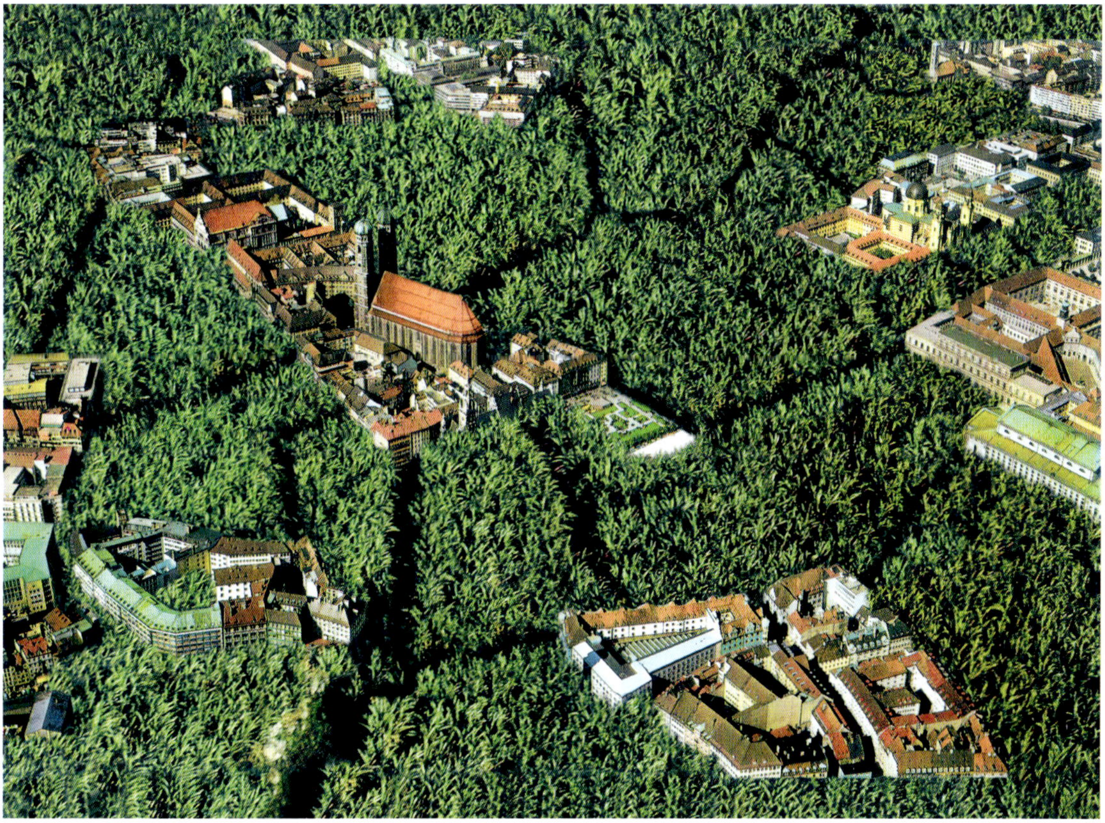

 Fischbehn, 2001

4 benches
Painted wood, metallic structure
59 × 196 × 39.7 cm
Produced in the context of the group exhibition *Salto mortale*, Museum für Sepulkralkultur, Kassel, Germany, 2001
Collection Mariette Schiltz and private collections

Designed for the group exhibition *Salto mortale* at the Museum of Sepulchral Culture in Kassel [Germany], this work—which takes its name from a character [Sergey Fischbein-Stepanenko] in Andrey Kurkov's novel *Death and the Penguin* (1996)—consists of four sculptures inspired by a Jewish coffin in the museum's collections. The "fake" coffins were installed inside the museum and in the garden surrounding it. "Under the bridge, *Fischbehn* can serve as a bed; in the garden, as a couch for a sunbath; and in the museum, as a welcome resting point. Later, *Fischbehn* can of course also be used as a coffin,"[1] explained the artist, quoting the main protagonist in Kurkov's book: "A hard life is better than an easy death."[2]

Conçue pour l'exposition de groupe *Salto mortale* au musée de la Culture sépulcrale de Kassel, cette œuvre – dont le titre emprunte le nom d'un personnage du roman *Le Pingouin* (1996) d'Andreï Kourkov – se compose de quatre sculptures dont la forme est inspirée d'un cercueil juif conservé dans les collections du musée. Les cercueils factices étaient disséminés à l'intérieur et à l'extérieur du bâtiment, notamment sous le pont menant au musée. « Sous le pont, *Fischbehn* peut servir de lit, dans le jardin de divan pour un bain de soleil, et dans le musée comme assise bienvenue. Plus tard, *Fischbehn* pourra aussi bien entendu servir de cercueil[1] », expliquait l'artiste, invoquant une des phrases favorites du protagoniste de Kourkov : « Une laide vie vaut mieux qu'une belle mort[3]. »

MP

1. Bert Theis, working notes related to the work *Fischbehn* (2001), Bert Theis Archives.
2. Andrey Kurkov, *Death and the Penguin*, trans. George Bird (London: Vintage Books, 2003), 134.
3. Andreï Kourkov, *Le Pingouin,* trad. Nathalie Amargier, Paris, Seuil, 2004.

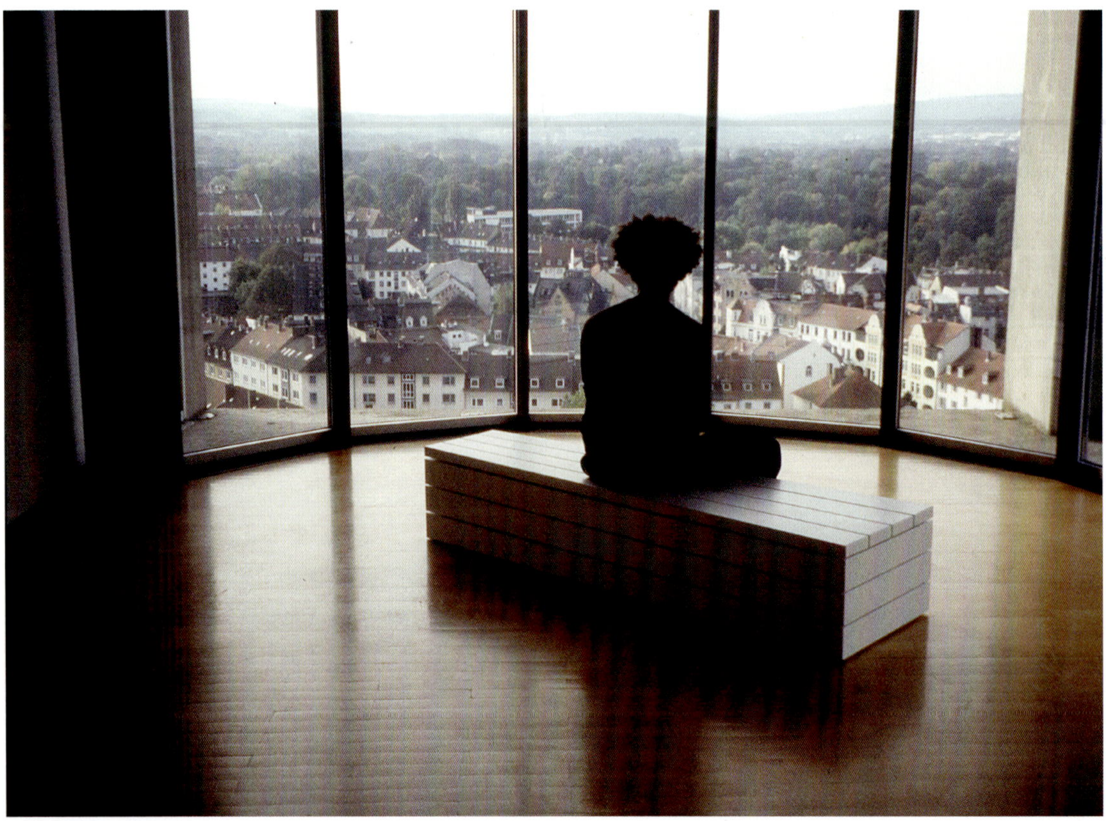

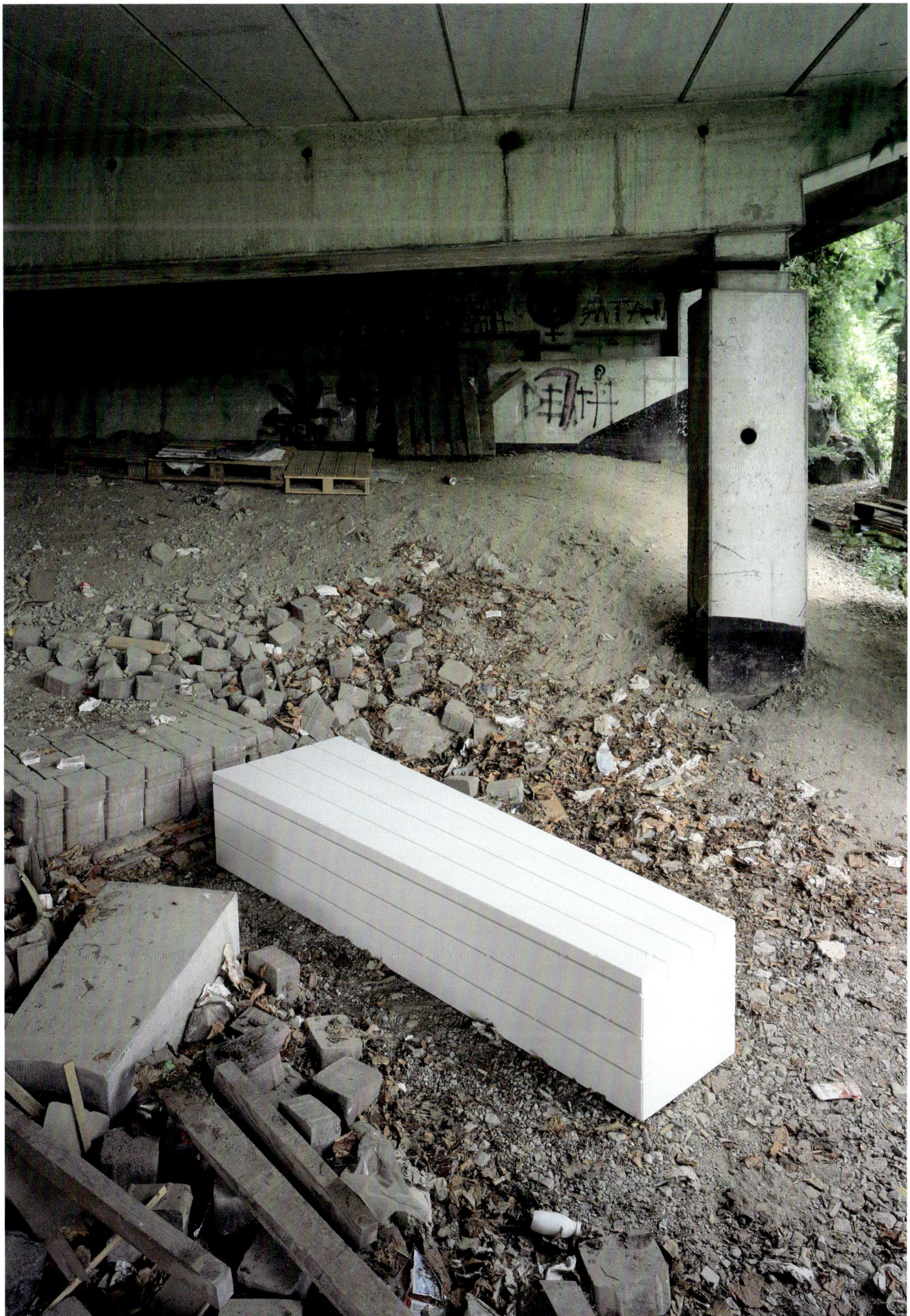

3 benches, 1 wooden fence
Painted wood, metallic structure
Benches: 45 × 400 × 45 cm each
Fence: 2.4 × 100 m
Temporary installation, Giardini di via Confalonieri, Milan, Italy

4 benches were recreated in 2007 by the Mamco – Musée d'Art Moderne et Contemporain, Geneva
Collection Mamco – Musée d'Art Moderne et Contemporain, Geneva and Mariette Schiltz

Untitled/Untilted was made with the support of Cantieri Isola, an association of young architects, social workers, and ecologists, and more than thirty volunteer workers from the Isola neighborhood in Milan. It is located on the exact spot where the city plans to build a motorway feeder road. Among other things, it acts as a symbolic barrier because if the feeder is built, the work will have to be destroyed. It consists of a hundred-meter-long white wooden palisade towering at 2.4 meters, and three four-meter-long white wooden benches. Like a white line, it highlights the panorama of skyscrapers and motley constructions (the chaotic result of post-war real-estate speculation) and emphasizes the outlines of all objects, plants and human figures standing in front of it.

Ma pièce *Untitled/Untilted* a été réalisée avec le soutien de Cantieri Isola, une association de jeunes architectes, assistants sociaux et écologistes, et d'une trentaine de collaborateurs volontaires du quartier [Isola, à Milan]. Elle se trouve exactement à l'endroit où est prévue la construction de la bifurcation de la bretelle d'accès de l'autoroute. Elle fait notamment fonction de barrière symbolique à celle-ci puisque si la bretelle est construite, cette œuvre devra être détruite. L'œuvre est constituée d'une palissade en bois blanc d'une longueur de 100 mètres et d'une hauteur de 2,40 mètres, et de trois bancs en bois blanc d'une longueur de 4 mètres. Comme une ligne blanche, la palissade souligne le panorama de gratte-ciels et de constructions hétérogènes (le résultat chaotique de la spéculation de la période postguerre), et met en évidence la silhouette de tous les objets, plantes et figures humaines qui se trouvent devant elle.
BT, 2003

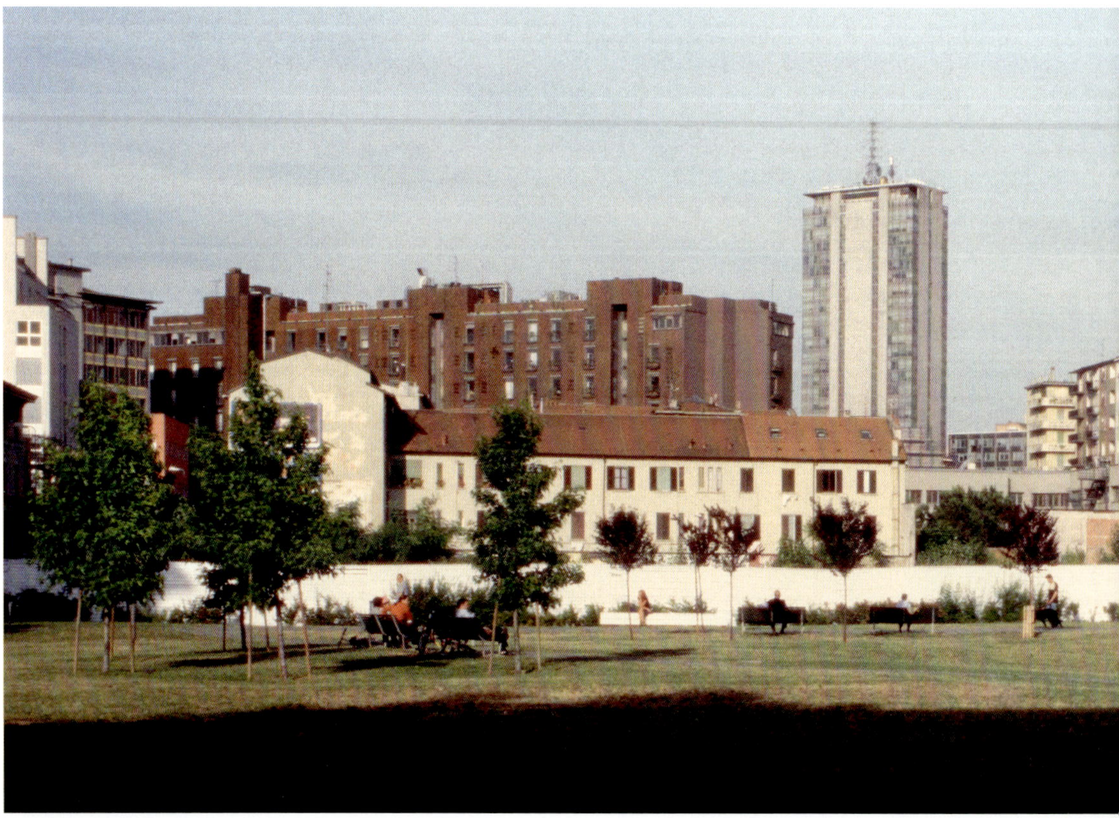

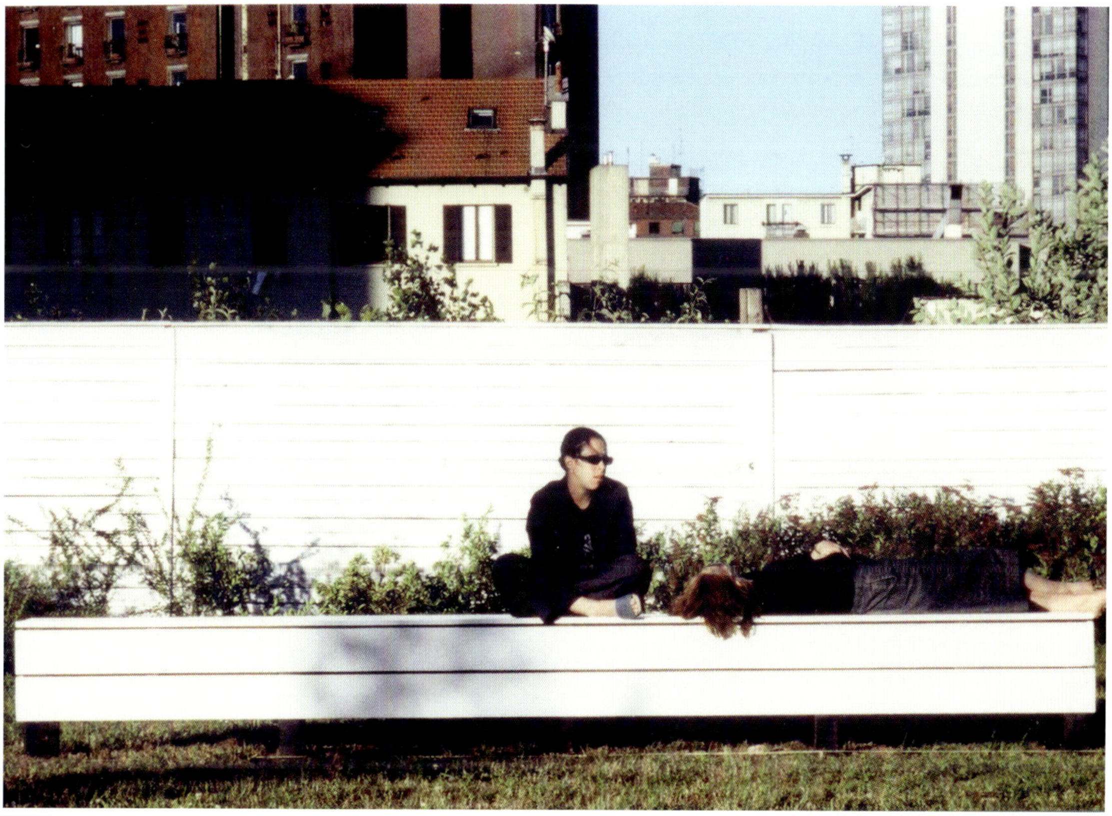

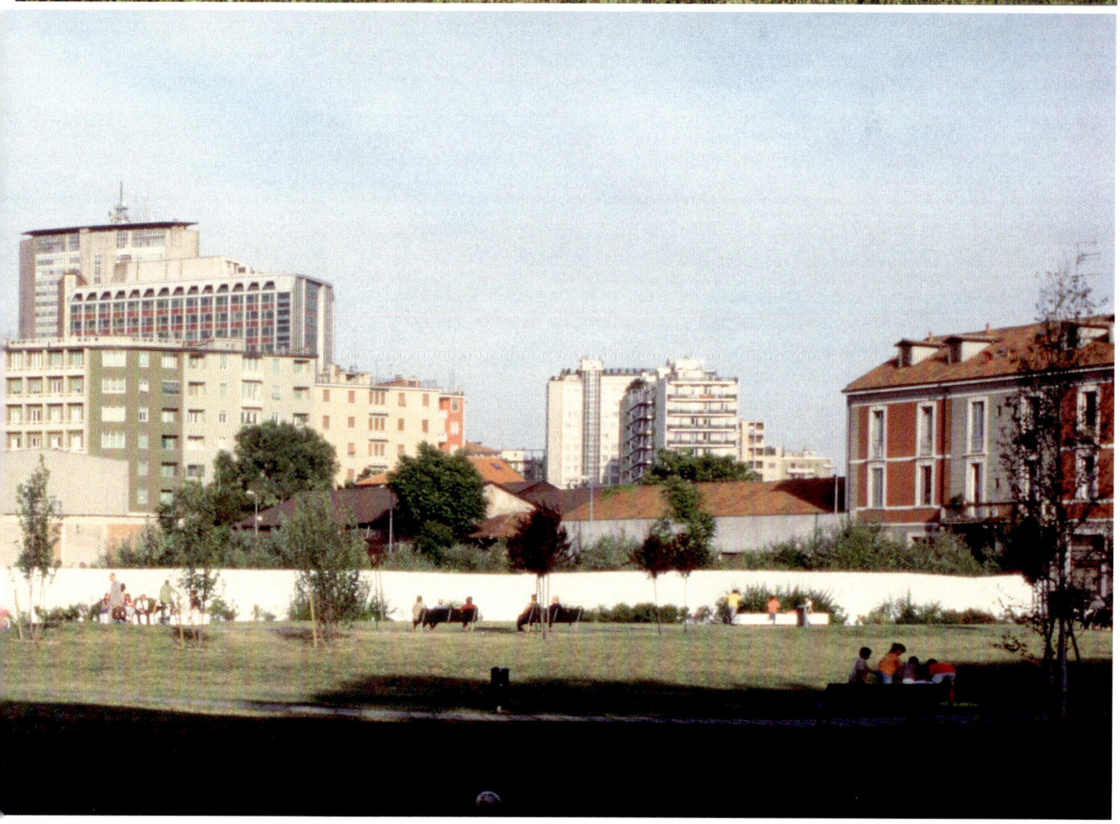

 Palma Clandestina, 2002

Video documentation of an urban action, transferred to DVD
2 min 08 sec
Collection Mariette Schiltz

The public action *Palma Clandestina* took place in the gardens on Via Confalonieri surrounding the Stecca, the building occupied by the Isola Art Center, a few years before they were demolished. It completes the installation *Untitled/Untilted*, conceived the year before, around the same theme. Next to one of the three "benches" that make up the installation, "Bert Theis and his friends" secretly planted a palm tree, which they had previously hauled through the streets of Milan on a trolley.

L'action publique *Palma Clandestina* s'est déroulée dans les jardins de la via Confalonieri qui entourent la Stecca, le lieu investi par l'Isola Art Center, quelques années avant qu'ils ne soient détruits. Elle parachève l'installation *Untitled/Untilted* que l'artiste avait conçue l'année précédente pour ce même contexte. À proximité de l'un des trois « bancs » qui composent l'installation, « Bert Theis et ses amis » plantent clandestinement un palmier, qu'ils ont préalablement transporté dans les rues de Milan au moyen d'un chariot à roulettes.

MV

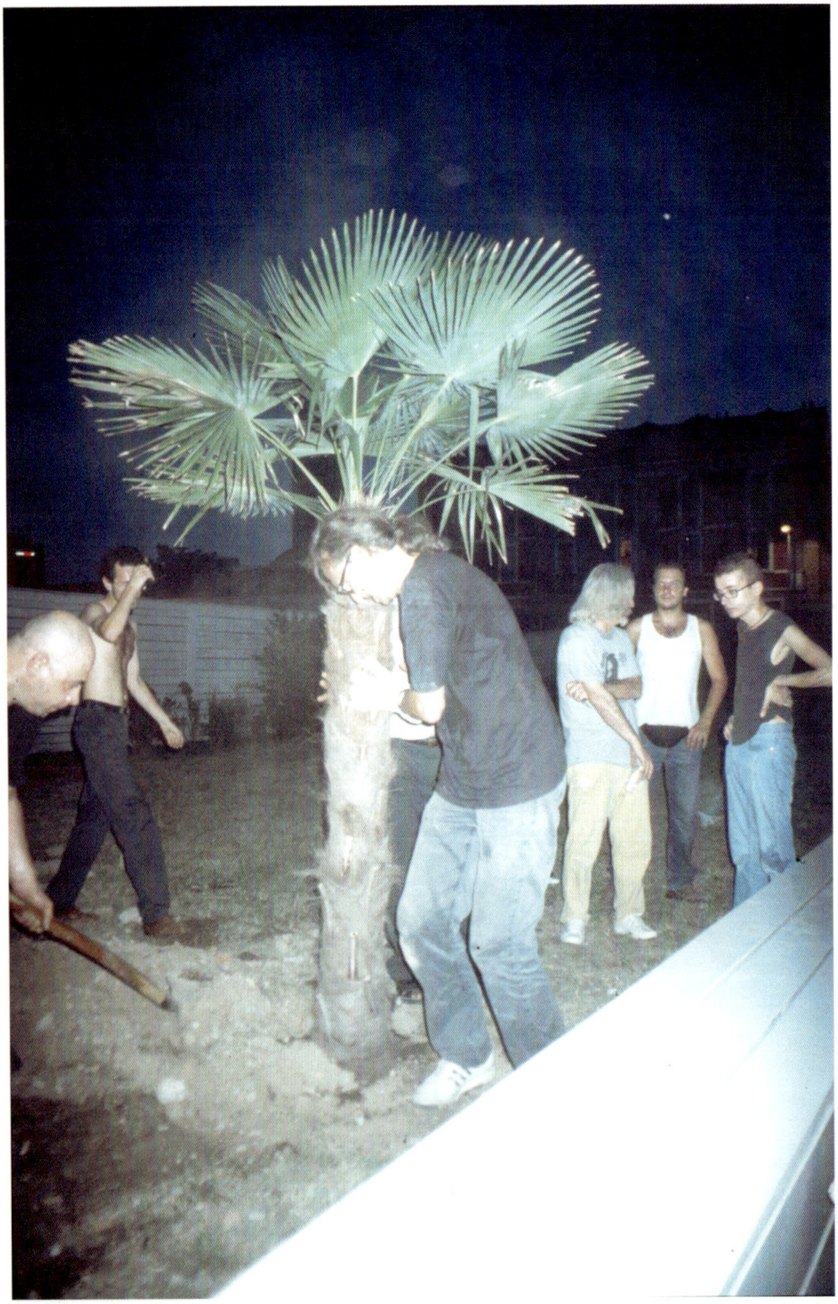

161 *New Monuments – Marx*, 2002

Photograph enhanced with paint
80 × 125 cm (framed)
Collection Mariette Schiltz

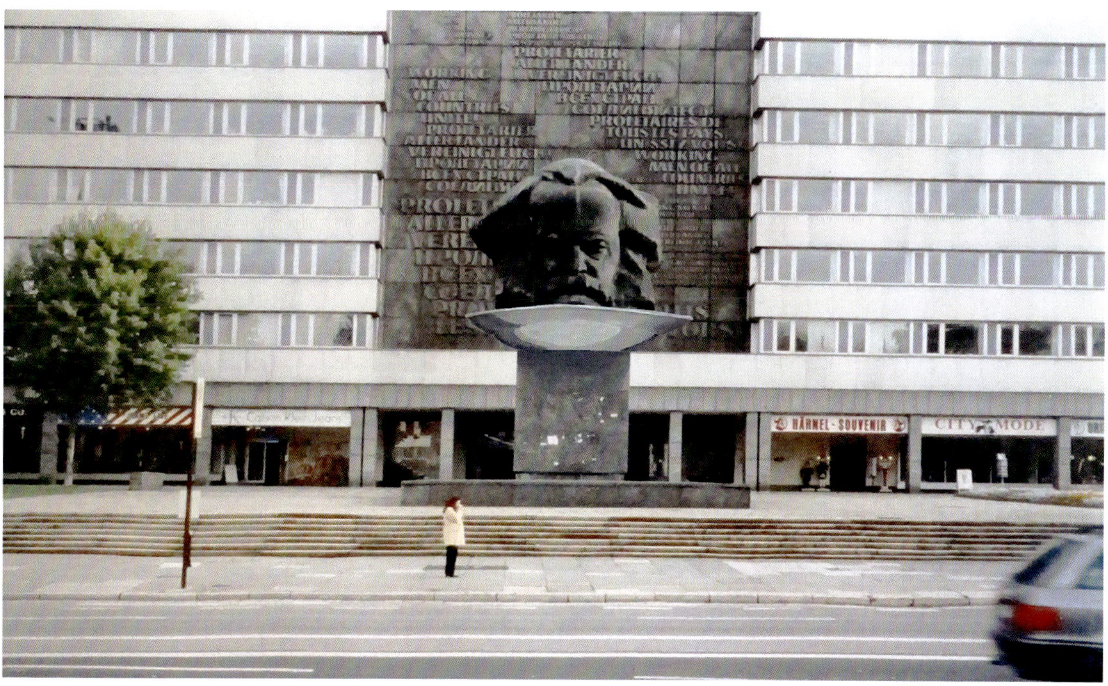

Painted wood, metallic structure, banana tree
1.70 × 17.06 × 12.65 m
Technical conception: in collaboration with Rob Engel
Permanent installation, Place de la République, Strasbourg, France
Commissioned by the Urban Community of Strasbourg in the context of the construction of the Line B of the Tramway

Warburg Spirale was created as part of a program of public commissions accompanying the construction of the second line of the Strasbourg tramway network. Located on Place de la République, in the heart of the European capital, it pays homage to Jewish intellectuals, specifically the German art historian Aby Warburg (1866–1929), whose studies at the University of Strasbourg proved decisive for his later work. A kind of "bench" in the shape of an ascending spiral, this "monument to the living" encourages idleness and letting go, as the artist pointed out: "In planned urban environments, you won't find any spirals, because they make you waste time: if you enter, you must retrace your steps to get out."[1]

L'œuvre *Warburg Spirale* fait suite à une commande publique accompagnant la construction de la seconde ligne du tramway strasbourgeois. Implantée place de la République, en plein cœur de la capitale européenne, elle rend hommage aux intellectuels juifs, plus particulièrement à l'historien de l'art allemand Aby Warburg (1866-1929), dont les années passées à l'université de Strasbourg s'avéreront déterminantes pour sa pensée. Sorte de « banc » qui prend la forme d'une spirale ascendante, ce « monument aux vivants » invite les passants à l'oisiveté et au lâcher-prise, comme l'explique l'artiste : « Dans les ensembles urbanistiques on ne trouve pas de spirales, parce qu'elles font perdre du temps : qui y entre doit revenir sur ses pas pour en sortir[1]. »

MV

1. Bert Theis, working notes related to the project *Warburg Spirale. Un monument aux vivants* (2002), Bert Theis Archives.

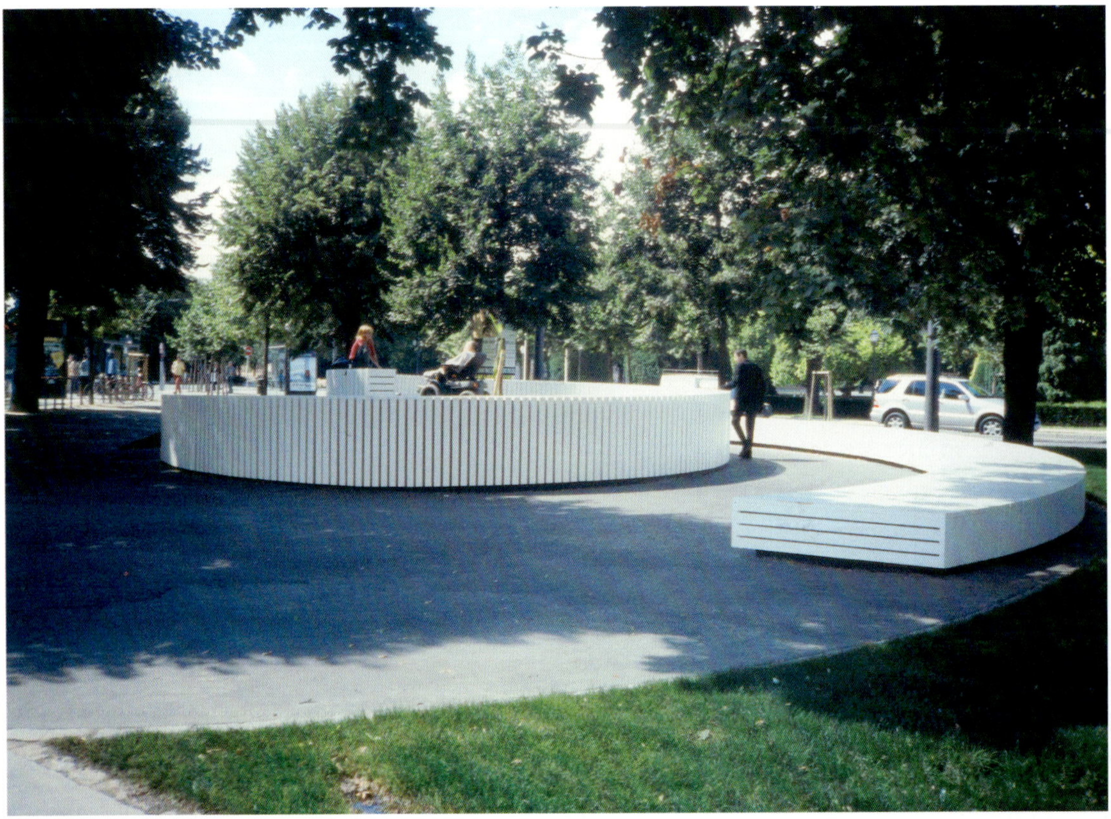

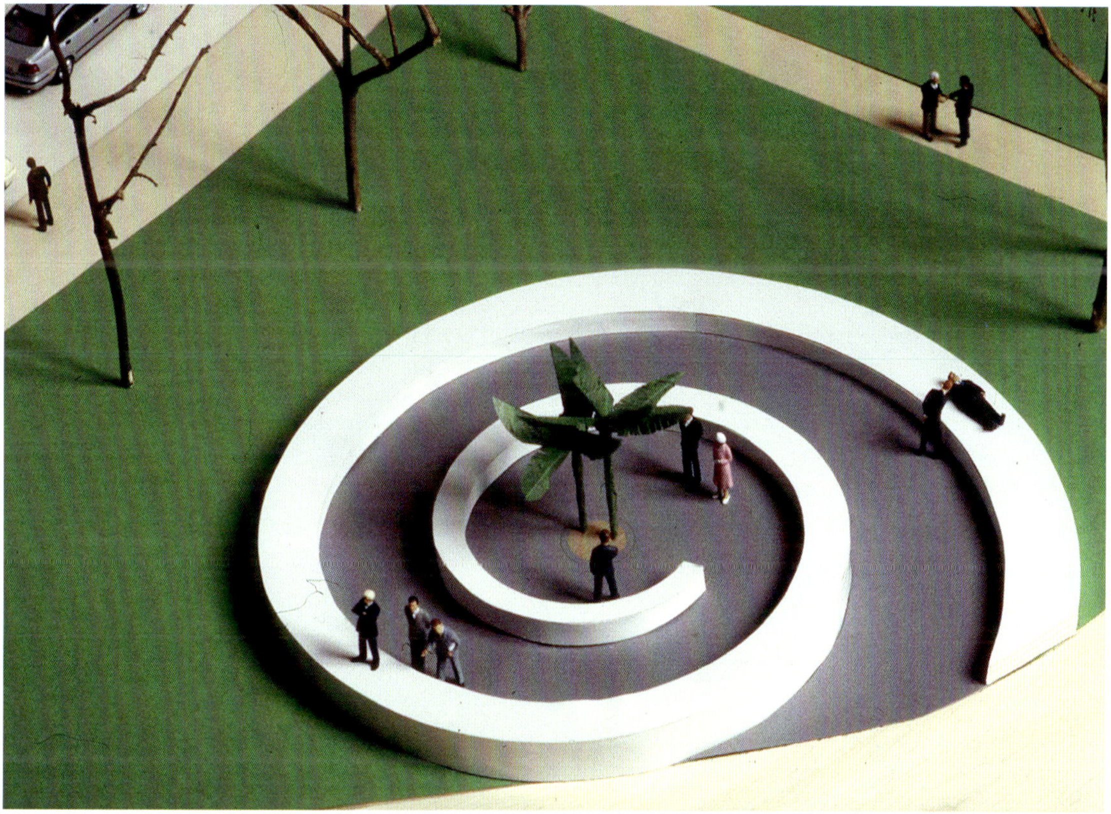

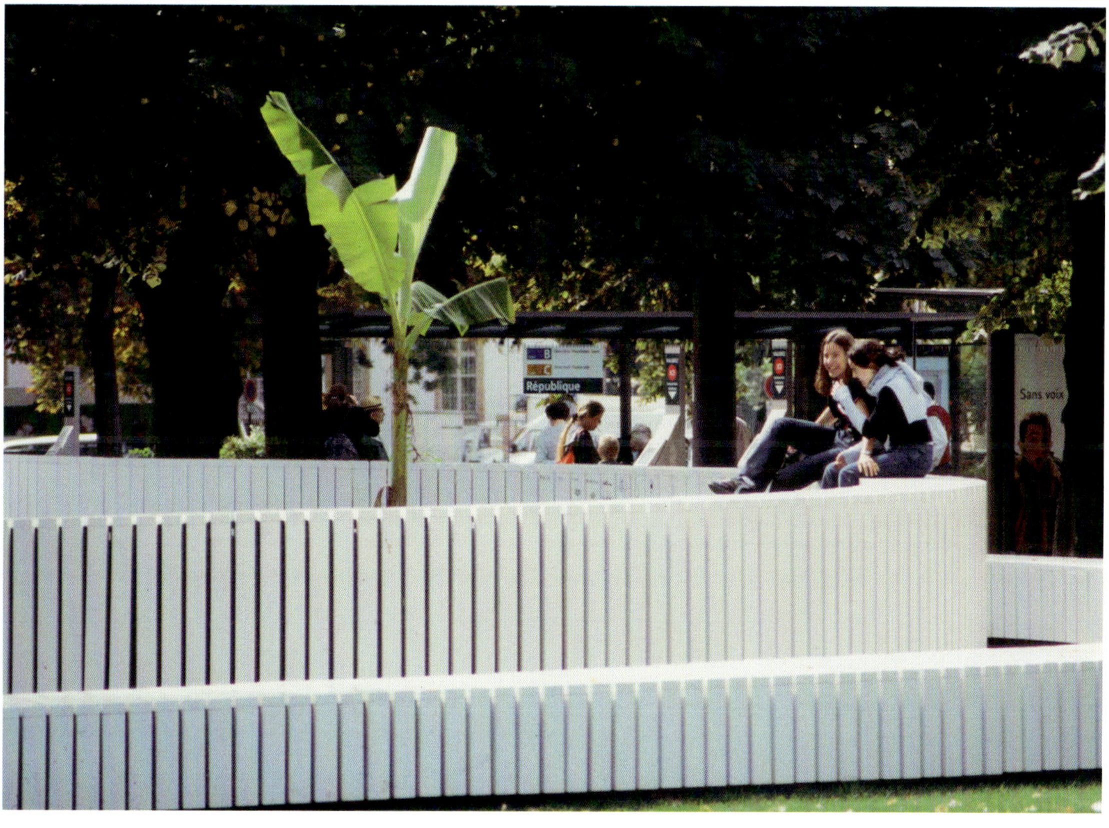
République
Sans voix

164 ***Russell-Prosthesis*, 2002**

Painted wood, metallic structure, steel staircase, rope, plants, sand
Platform: 53 × 610 × 150 cm
Temporary installation, 4th Gwangju Biennial, Korea, 2002

The Gwangju Biennial building in Korea consists of two halls, connected to each other by a pedestrian bridge.... Two rectangles project out of the main facade. The flat roofs of these cuboids could be described as forgotten or lost spaces. They were regained and redefined for the biennial. Both elements were ornamented with tropical vegetation, beach sand, and large, wide benches.... A scaffolding staircase allowed the public access to the roof over the main entrance. This new "terrace" gave visitors a chance to take a rest before or while visiting the show.... Only the birds were able to reach the second, higher terrace and its banana plantation.... Bertrand Russell once pointed out that in colder climates it takes an enormous amount of effort to be lazy.

Le bâtiment de la Biennale de Gwangju, en Corée, est composé de deux salles, connectées l'une à l'autre par une passerelle pour piétons. [...] Deux rectangles ressortent de la façade principale. Les toits plats de ces formes cubiques sont en quelque sorte des espaces oubliés ou perdus. Ils ont été récupérés et redéfinis pour la biennale. Tous deux ont été parés de végétation tropicale, de sable et de longs et larges bancs. [...] Un escalier en échafaudage permettait au public d'accéder au toit situé juste au-dessus de l'entrée principale. Cette nouvelle « terrasse » offrait aux visiteurs une chance de faire une pause avant ou pendant leur visite de la biennale. [...] Seuls les oiseaux pouvaient profiter de la deuxième terrasse, plus en hauteur, et de sa plantation de bananes. [...] Comme l'a déjà souligné Bertrand Russell [auteur de l'*Éloge de l'oisiveté*], dans les climats plus frais, la paresse demande beaucoup d'efforts.

BT, 2002

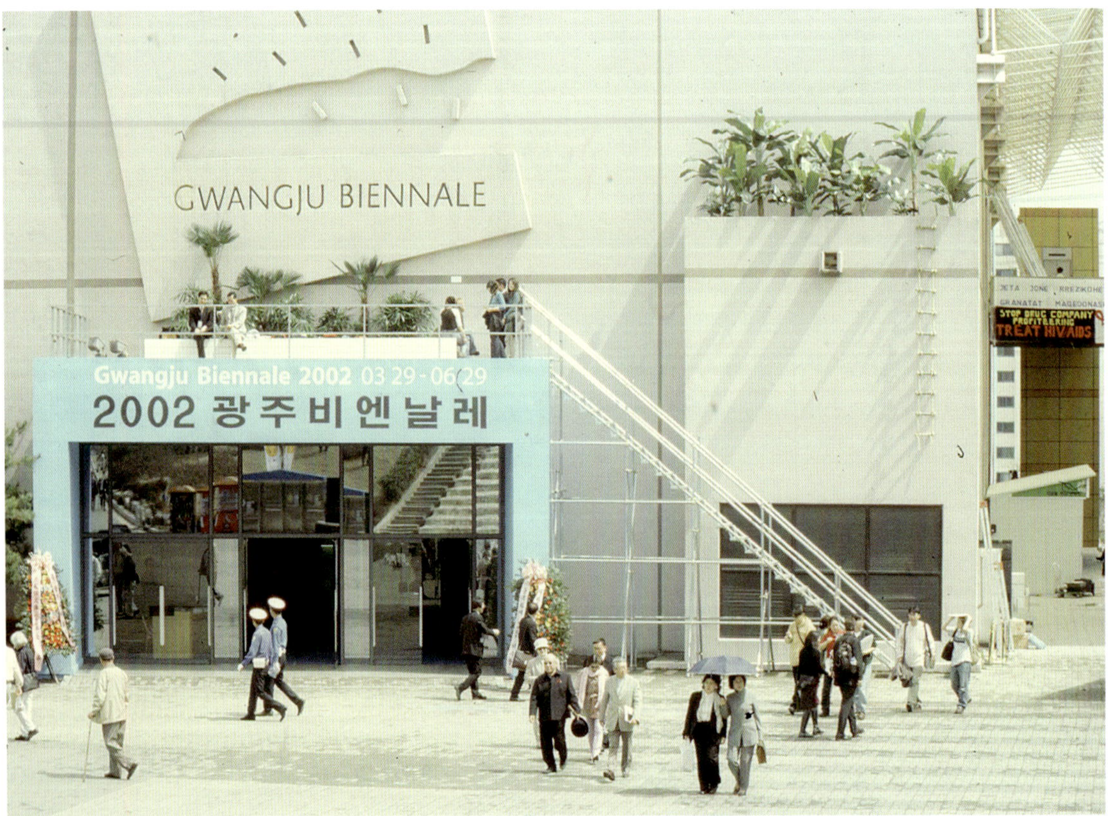

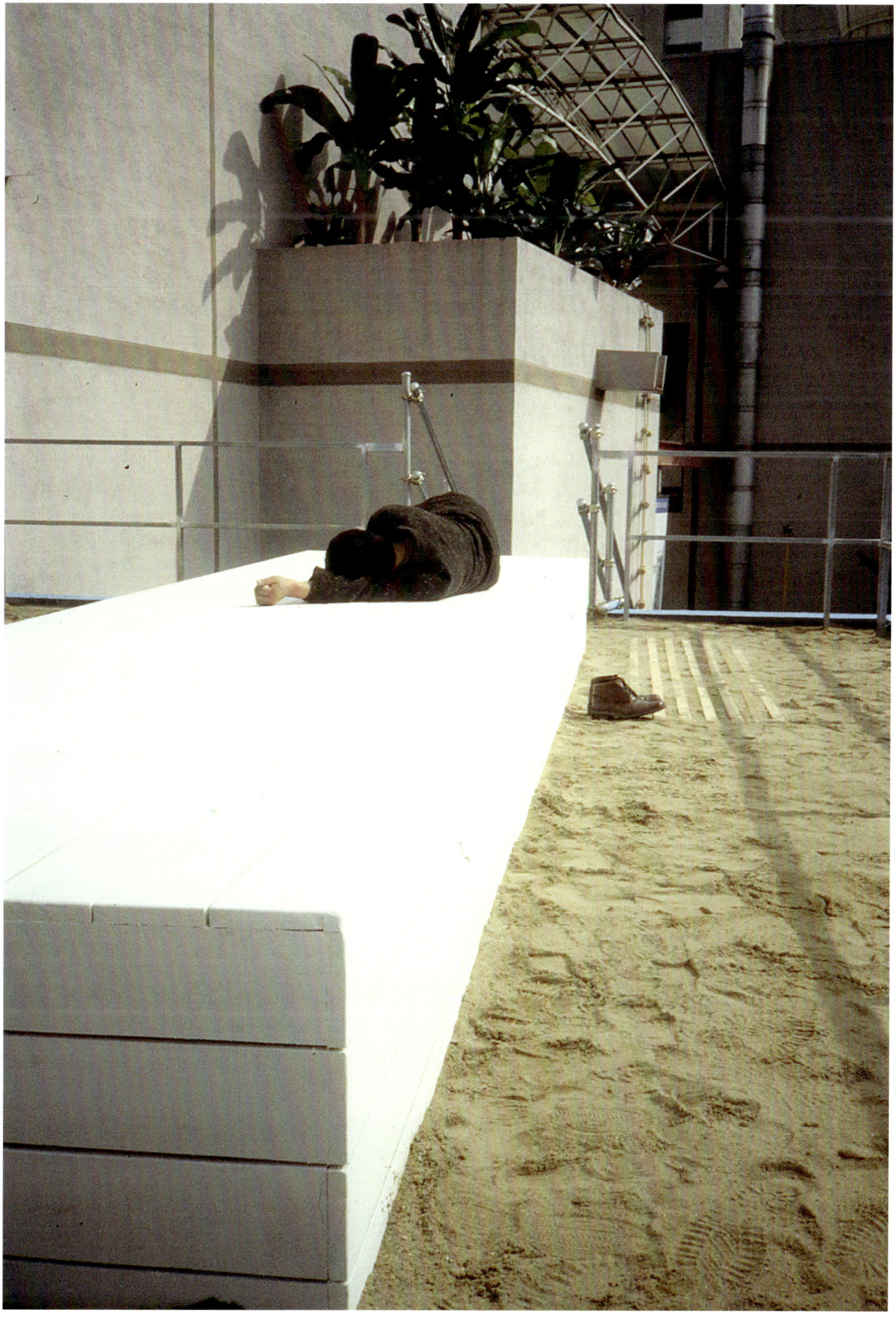

 Isola Project (Milano), 2002 Digital print on canvas
400 × 335 cm
Collection Mariette Schiltz

cf. p. 155

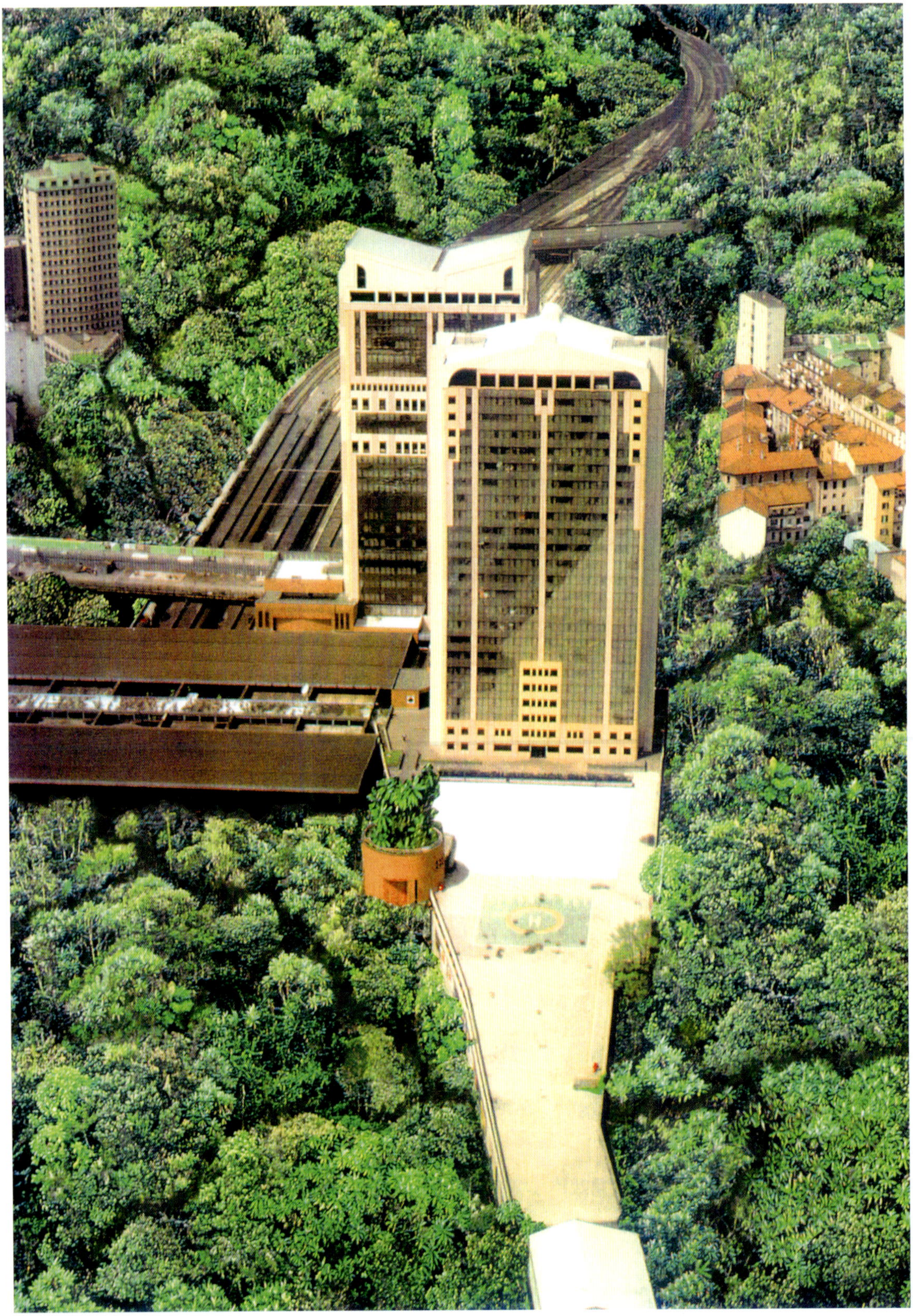

167 *Fuad Labord*, 2003 Double colour video projection, sound
13 min 51 sec and 5 min 5 sec
Video editing: in collaboration with Mariette Schiltz
Sound: in collaboration with Steve Piccolo
Collection Mudam Luxembourg – Musée d'Art Moderne Grand-Duc Jean
Acquisition 2003

This two-channel video projection is directly linked to the artist's engagement in the Isola Art Center collective and his reflections on processes of urban transformation. It is named after a "well-known writer"[1] mentioned in Isaac Asimov's science-fiction novel *The Robots of Dawn*. Shown side by side, the two videos offer different interpretations of the idea of the urban jungle: on the left, images shot at ground level of a patch of wasteland in the Isola district invaded by grass, flowers, and shrubs; on the right, panoramic views of Milan's urban fabric filmed from one of the two nearby Garibaldi Towers. As in his series of "urban collages" entitled *Agglovilles*, Theis here illustrates his vision of an urban utopia where large parts of the city are handed back to nature.

Cette double projection vidéo est liée à l'engagement de l'artiste au sein du collectif Isola Art Center et à ses réflexions sur les processus de transformation urbaine. Elle porte le nom d'un « écrivain bien connu[2] » mentionné dans *Les Robots de l'aube*, roman de science-fiction d'Isaac Asimov. Projetées l'une à côté de l'autre, les deux vidéos proposent des interprétations différentes de la notion de jungle urbaine : à gauche, des images, tournées au ras du sol, d'une friche du quartier d'Isola envahie par l'herbe, les fleurs et les arbustes ; à droite, des vues panoramiques du tissu urbain de Milan filmées depuis l'une de deux tours Garibaldi, situées non loin de là. Comme dans ses « collages urbains » de la série *Agglovilles*, l'artiste met ici en image son idée d'une utopie urbaine, où de vastes parties de la ville seraient renaturées.

MP

1. Isaac Asimov, *The Robots of Dawn* (London: Bantam Books, 1994), 206.
2. Isaac Asimov, *Les Robots de l'aube*, *Paris*, Éditions J'ai Lu, 1984, p. 233.

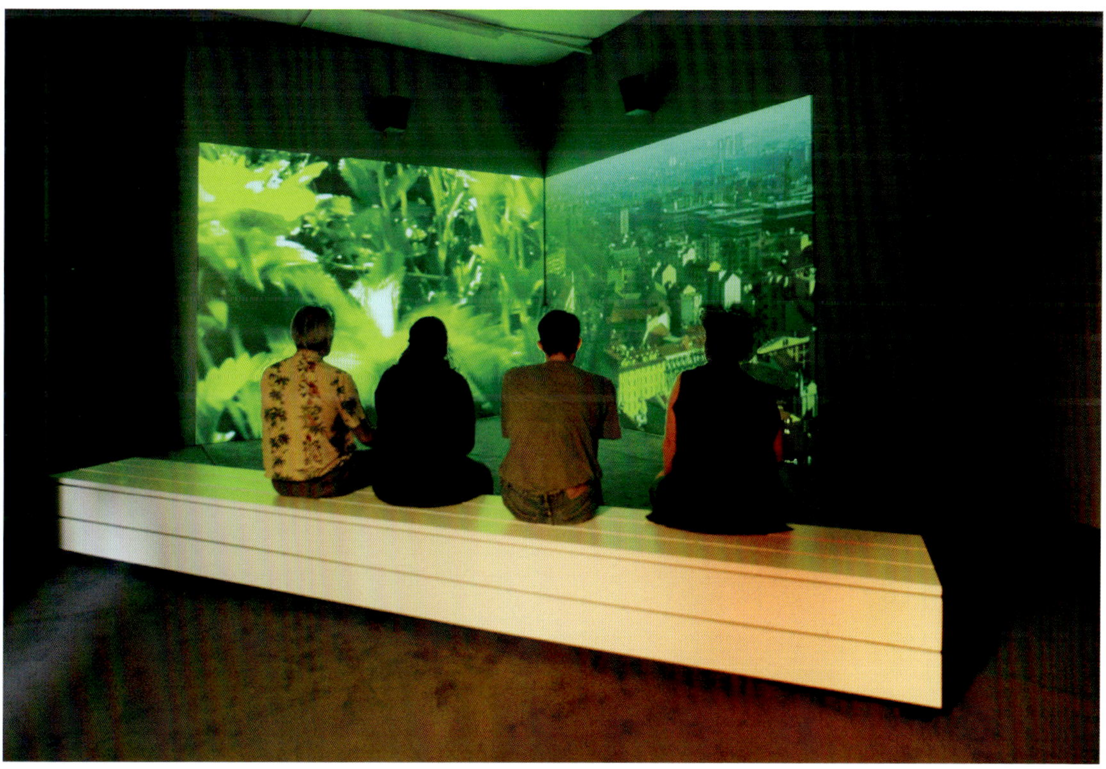

 The true artist…, 2003

Stained glass
226 × 213 cm
Permanent installation, Musée national d'histoire et d'art Luxembourg
Collection Musée national d'histoire et d'art Luxembourg

First shown in the form of a model at Erna Hecey Gallery in 1999, *The true artist…* was eventually commissioned by the National Museum of History and Art in Luxembourg to be implemented in the spiral staircase in the historic part of the building, where the work has been on display since 2003. Merging a conceptual approach and Art Deco aesthetics, it takes the form of a stained-glass window bearing the inscription "The true artist never tells the truth." Inspired by the so-called liar's paradox attributed to Euclid, it also refers to Bruce Nauman's famous neon work *The True Artist Helps the World by Revealing Mystic Truths* (1967). By doing so, it initiates a reflection on truth and falsehood, a recurring topic in Theis's work. The formal vocabulary developed for this pivotal work in the artist's career is also found in numerous subsequent works.

Présentée sous la forme d'une maquette à la Galerie Erna Hecey en 1999, *The true artist…* fit l'objet d'une commande du Musée national d'histoire et d'art pour la cage de l'escalier en colimaçon de l'ancienne partie du musée, où l'œuvre est installée depuis 2003. Mêlant posture conceptuelle et esthétique Art déco, elle prend la forme d'un vitrail portant l'inscription « The true artist never tells the truth ». Inspirée du paradoxe du menteur attribué à Euclide, elle renvoie également au célèbre néon de Bruce Nauman, *The True Artist Helps the World by Revealing Mystic Truths* (1967). Ce faisant, elle engage une réflexion sur la question, récurrente dans l'œuvre de Bert Theis, du vrai et du faux. Le vocabulaire formel qu'il développe pour cette œuvre charnière se retrouvera dans de nombreuses œuvres ultérieures.

MP

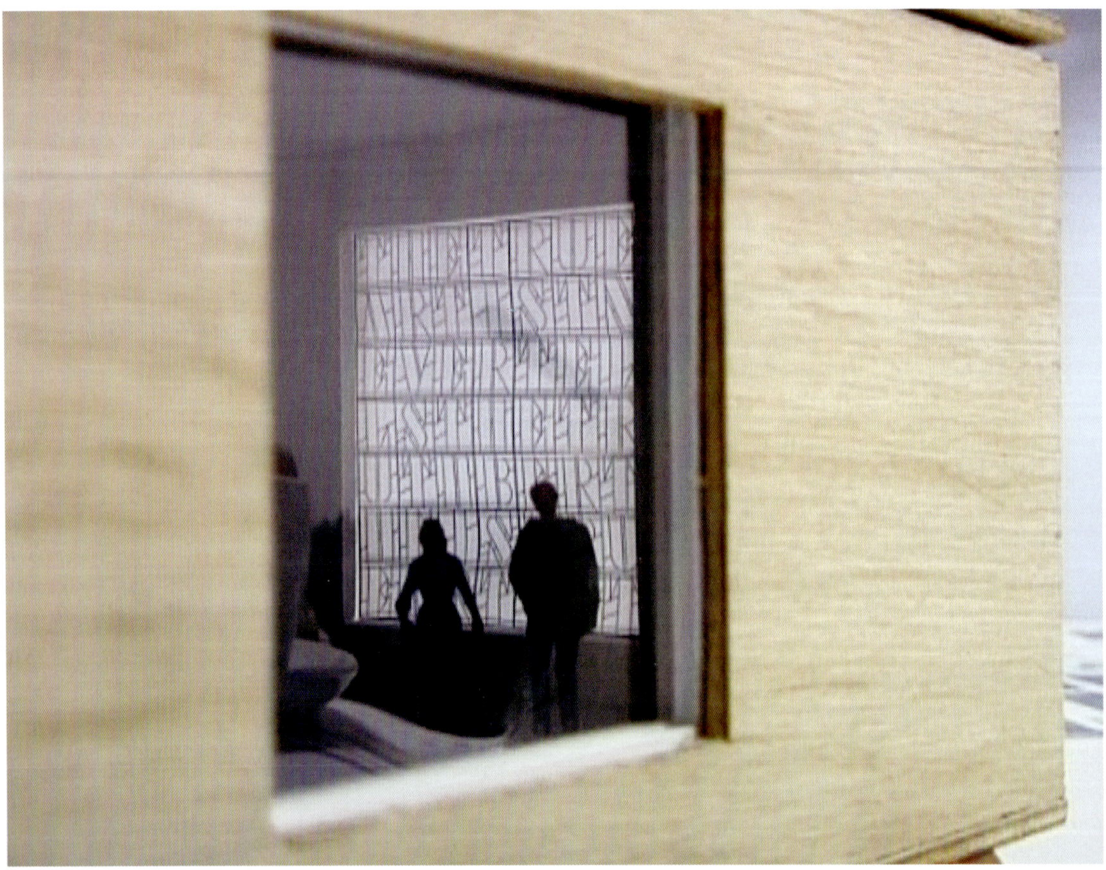

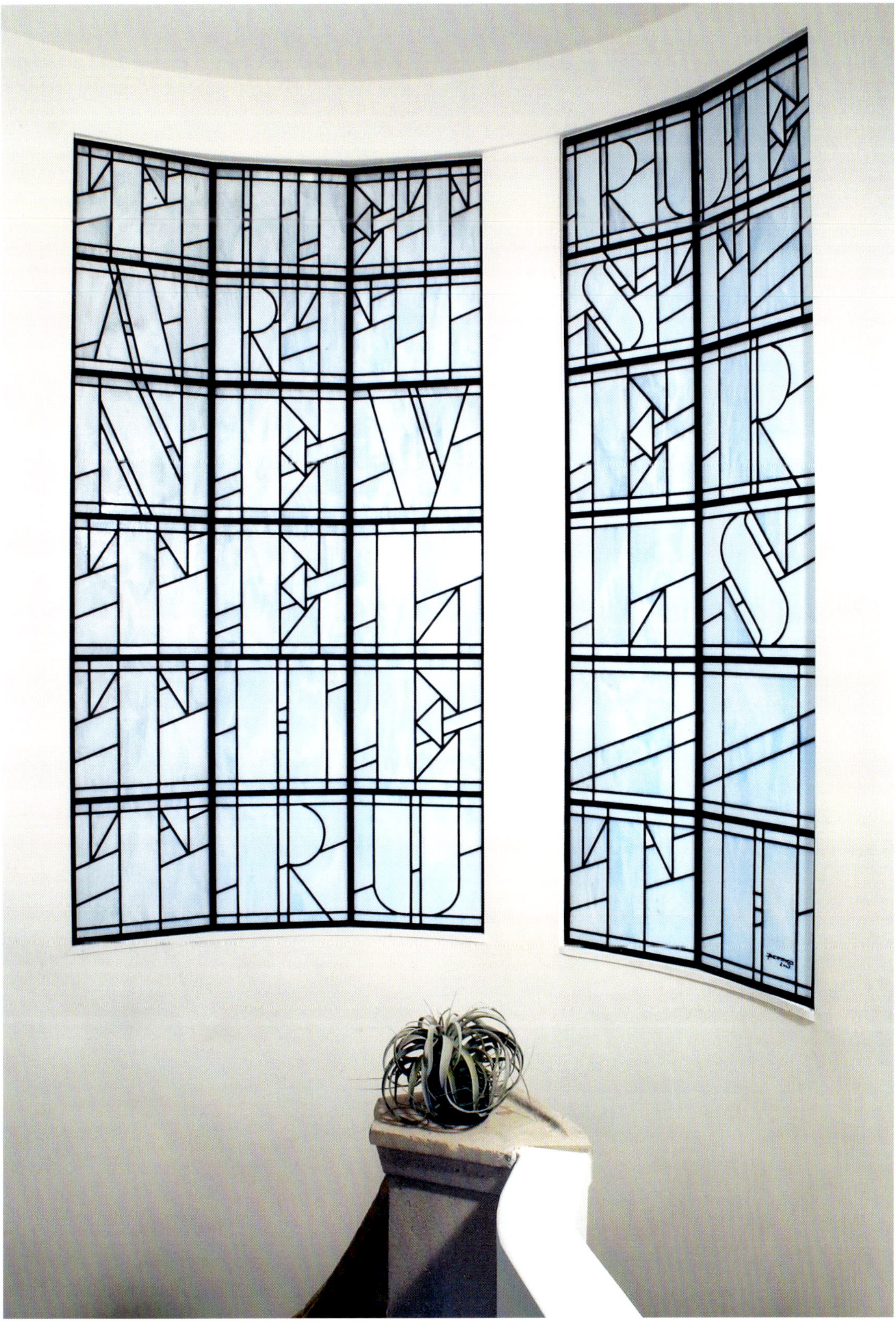

OUT (Office for Urban Transformation), 2003

Table, chairs, shelf, wall paintings, video, plans, models, other materials
Variable dimensions
Collection Mariette Schiltz

The *OUT (Office for Urban Transformation)* was created at my initiative in 2002. Working in this office are architects, artists, intellectuals, designers and students. The function of *OUT* is to create situations and visual materials for organisations engaged in a struggle, following the principles of self-managed urbanism. The office occupied a squat space in the former Siemens-Electra factory, where it organized debates, meetings, exhibitions, and press conferences. *OUT* conducted a survey on the wishes of residents and local associations regarding the public spaces of the two parks and the factory. This "archive of desires" made it possible to produce images that express a collective desire.... Since 2002, *OUT* has worked on several projects in Italy, Mexico, Albania, and Korea.[1]

En 2002, le bureau *OUT (Office for Urban Transformation)* est créé à mon initiative. Dans ce « bureau pour la transformation urbaine » travaillent des architectes, des artistes, des intellectuels, des designers et des étudiants. La fonction de *OUT* est de créer des situations et du matériel visuel pour les associations en lutte, dans la logique d'un urbanisme autogéré. Le bureau a squatté un espace de l'ancienne usine de la Siemens-Electra pour organiser des débats, réunions, expositions et conférences de presse. *OUT* a réalisé une enquête sur les désirs des habitants et des associations du quartier concernant l'espace public des deux parcs et de l'usine. Cette « archive des désirs » a permis de produire des images exprimant une volonté collective. [...] Depuis 2002, *OUT* a travaillé sur plusieurs projets en Italie, au Mexique, en Albanie et en Corée[1].

BT, 2008

1. Bert Theis, "Résistance et alternatives," *Revue Urbanisme*, no. 358 (2008): 41.

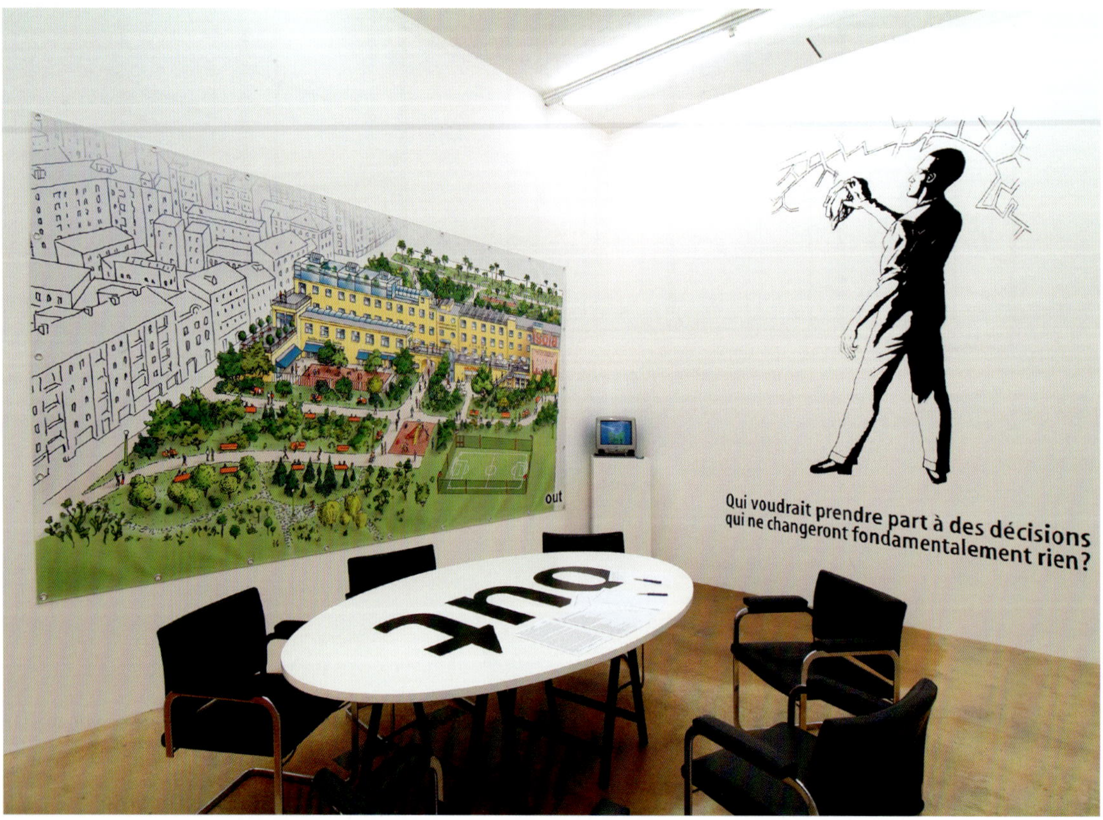

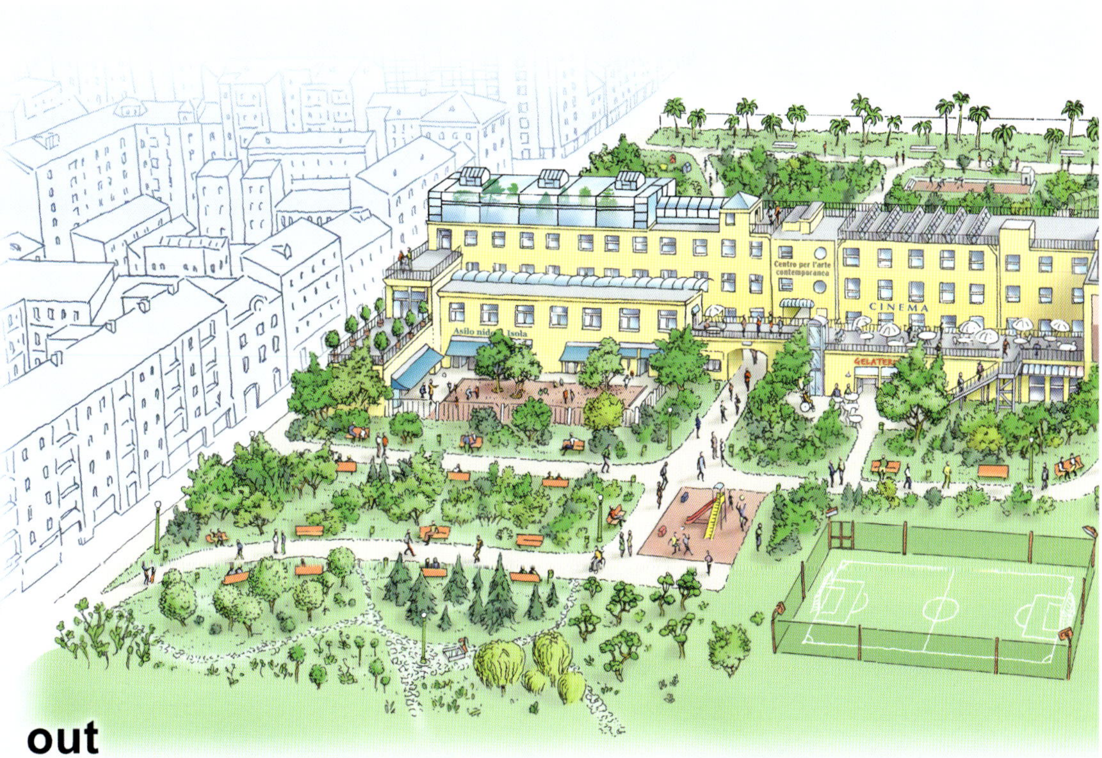
Centro per l'arte contemporanea
CINEMA
out

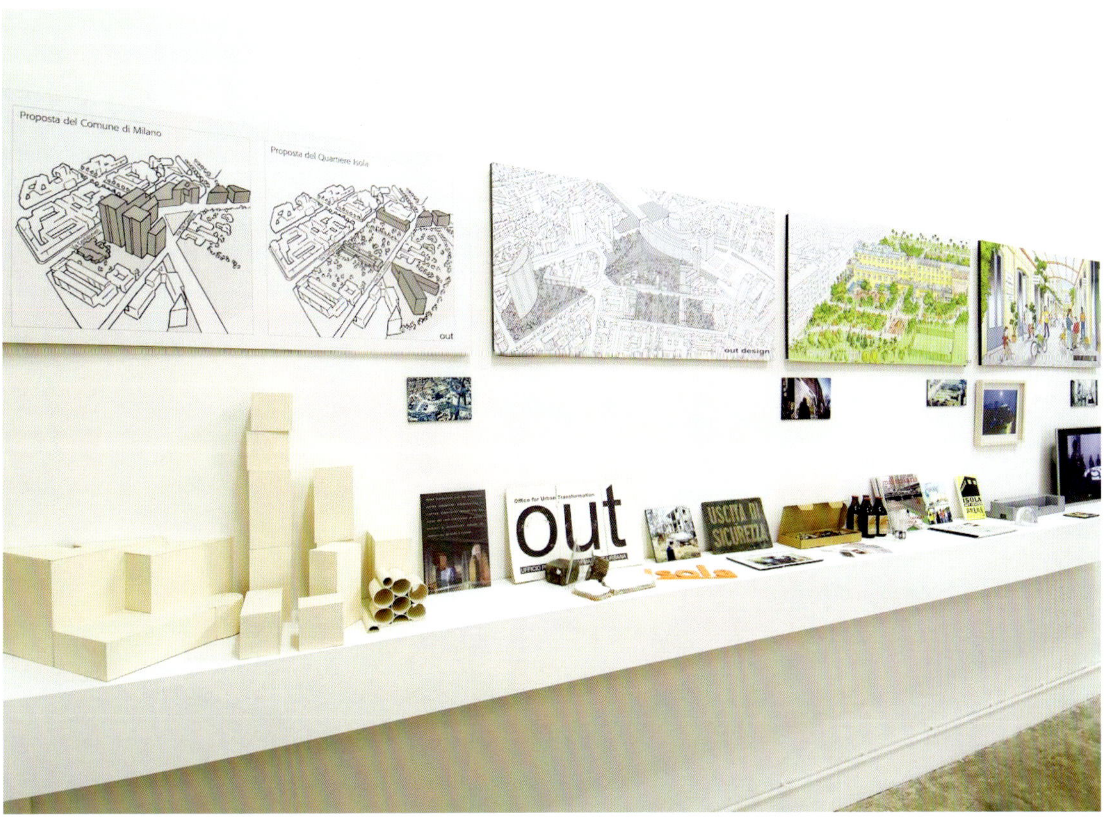
Proposta del Comune di Milano
Proposta del Quartiere Isola
out
out design
Office for Urban Transformation
out
USCITA DI SICUREZZA

Isola Project Milano, 2003

Collage
21 × 30 cm (unframed)
Collection Mariette Schiltz

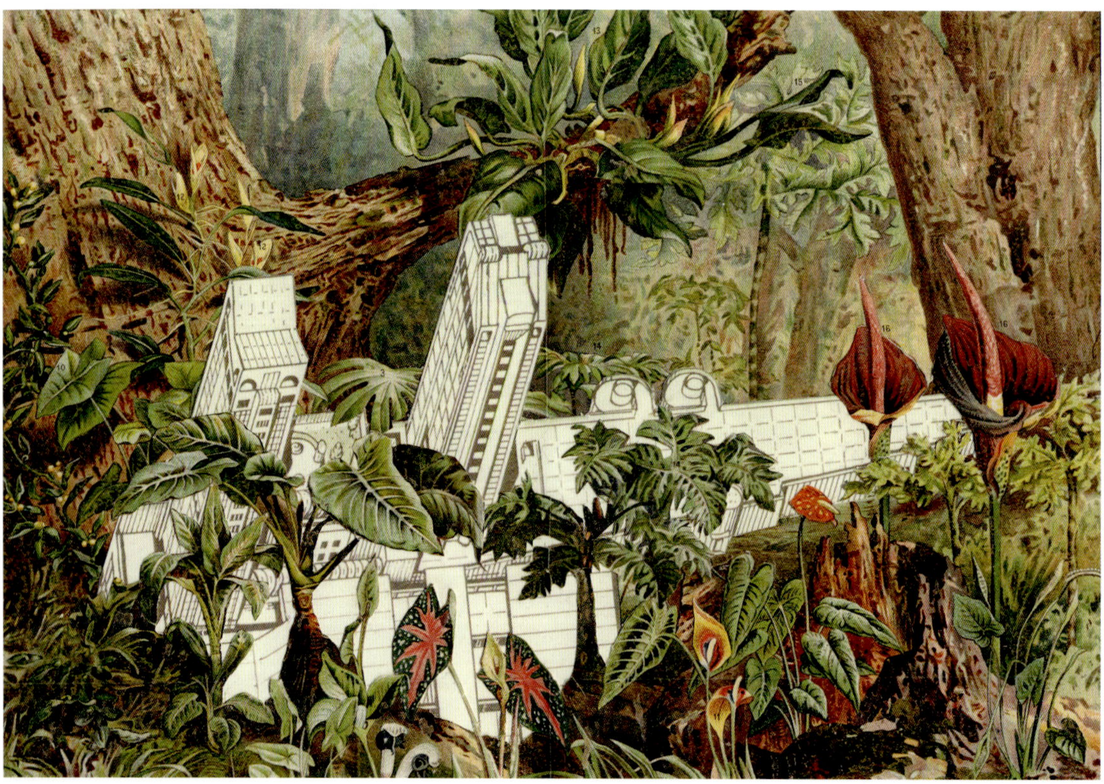

173 *KB Project*, 2004 Collage
21 × 30 cm (unframed)
Collection Mariette Schiltz

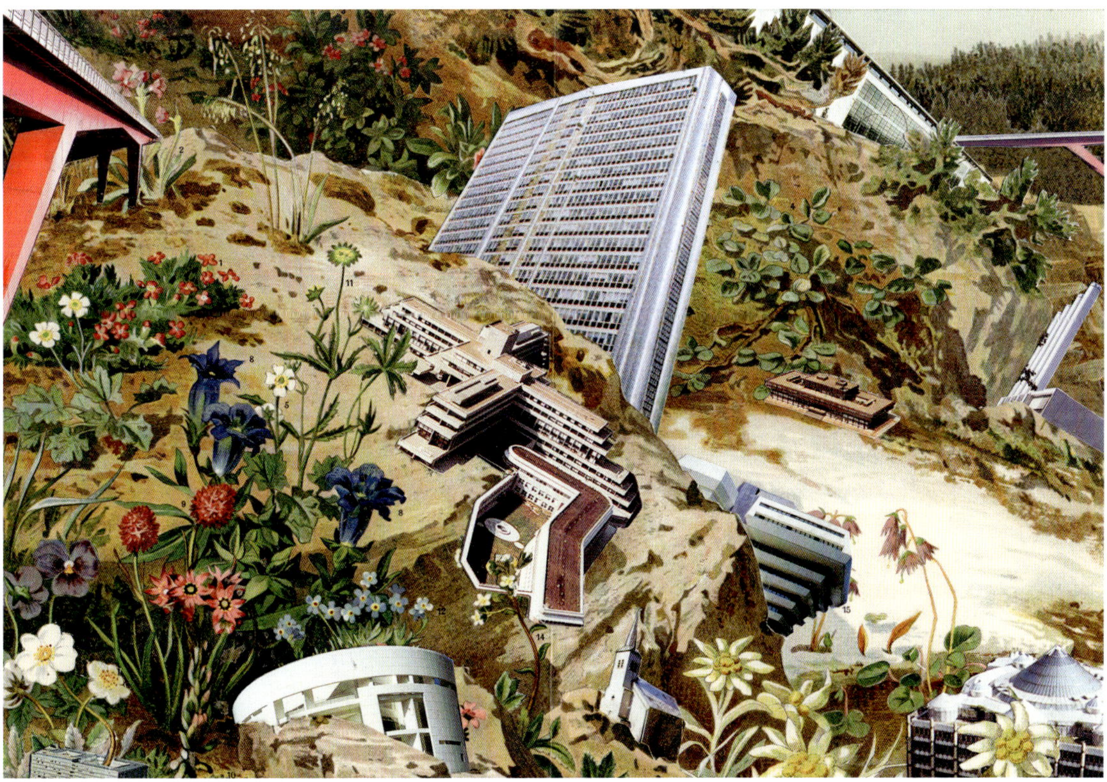

 Growing House, 2004

Painted wood, metallic structure, fabric
5 × 16 × 12.6 m
Technical conception: in collaboration with Rob Engel
Temporary installation, Overseas Chinese Town district, Shenzen, China
Produced in the context of the 5th Shenzhen International Public Art Exhibition, China, 2004

Visiting the Overseas Chinese Town [OCT] of Shenzhen by bike, I noticed a small park near two high-rise residential buildings.… I would like to insert a horizontal and traditional element in this urban context dominated by the vertical and (post-)modern constructions that are so characteristic of Shenzhen.… I discovered a group of fifteen palm trees in the park. I will make them habitable. A roof made of white tarpaulins will be attached between the palms. A white painted wooden platform will be installed under the palm trees as a floor. From this vantage point, one can see the two towers ("the town") on one side, and the distant mountain ("nature") on the other. This palm house will grow up as the palms grow. But unlike the development of the OCT, its speed of growth will be slower and determined by the forces of nature.

Tandis que je visitais la zone de l'Overseas Chinese Town de Shenzhen sur ma bicyclette, j'ai remarqué un petit parc tout près de deux gratte-ciel résidentiels. […] J'ai eu envie d'intégrer un élément horizontal et traditionnel dans ce contexte urbain dominé par les constructions verticales et (post-)modernes si typiques de Shenzhen. […] J'ai découvert un groupe de quinze palmiers dans le parc. L'idée sera de les rendre habitables. Un toit fait de bâches blanches sera attaché entre les palmiers. Une plateforme blanche en bois sera installée sous les palmiers pour faire office de sol. Depuis cette position avantageuse, il sera possible de voir les deux tours (« la ville ») d'un côté, et les montagnes au loin (« la nature ») de l'autre. C'est la croissance des palmiers qui déterminera l'évolution de l'installation. Mais contrairement au département de l'Overseas Chinese Town, son rythme de croissance sera plus lent et dicté par les forces de la nature.

BT, 2003

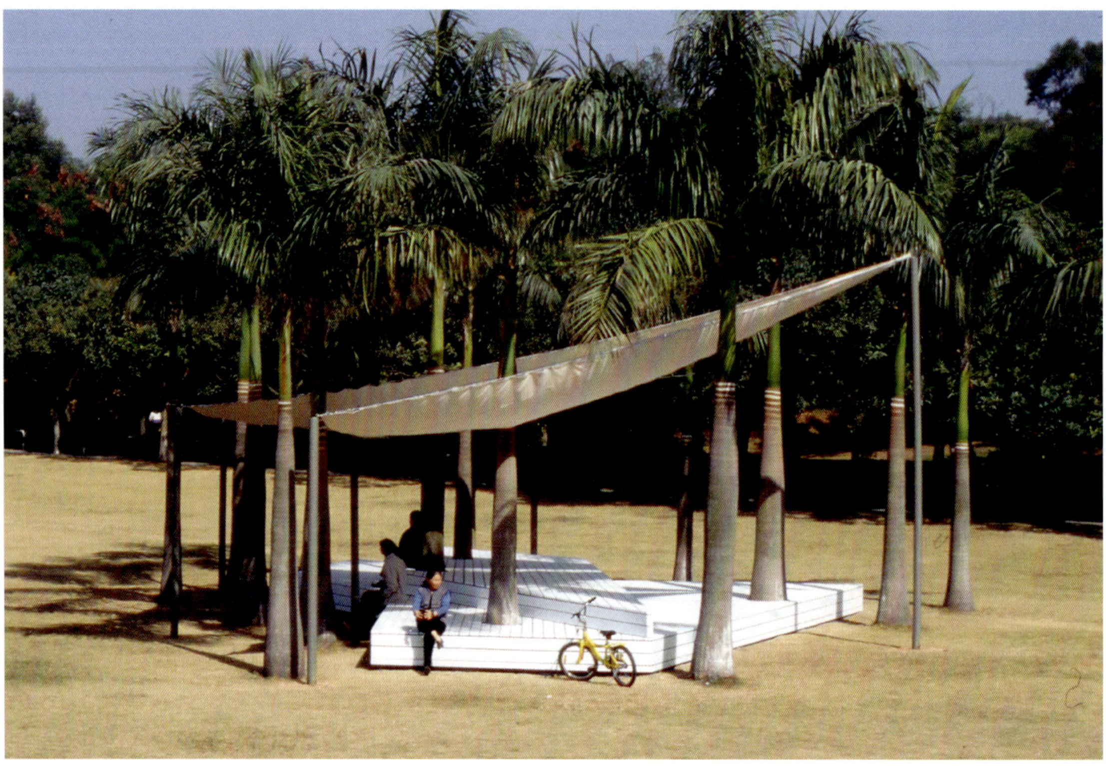

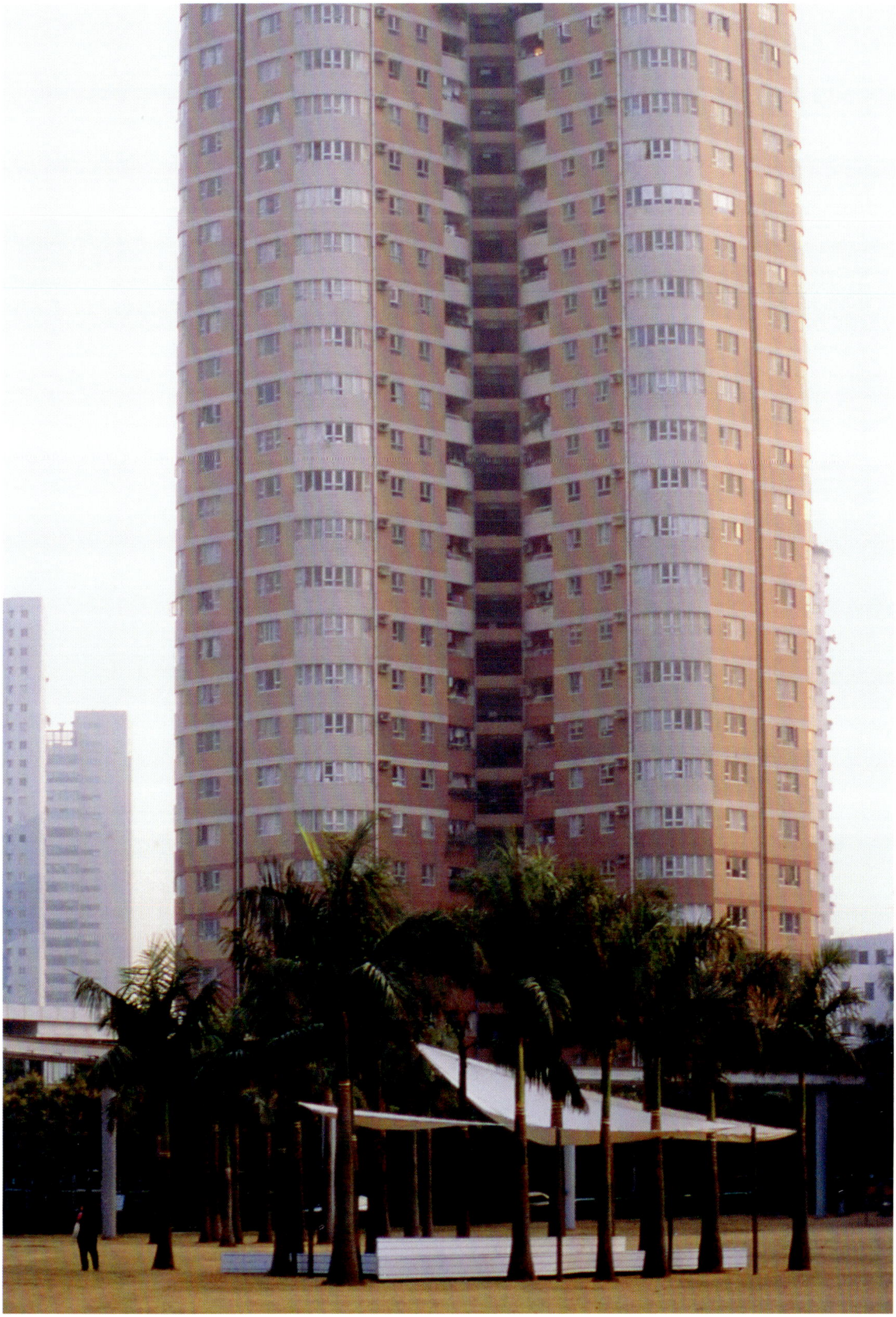

 Pentagone 1 (Mudam-annex project), 2004

Model
Foam board, artificial grass and plants
34 × 70 × 50 cm
Project for a permanent installation for the Park Dräi Eechelen, Luxembourg (unrealised)
Collection Mariette Schiltz

This installation creates a sign ("landmark") in the natural landscape. It signals to visitors approaching the Kirchberg Plateau the presence of Mudam, of art, modernist architecture, and the vegetation of the various parks and landscape projects. It forms a microcosm on the edges of Kirchberg that summarizes the various elements of the area, which in turn determine its appearance. The installation also functions as an entrance gate to the cultural district, a transitional zone. In the context of the forest/park, the work refers to the tradition of so-called "follies," historical parks with fake ruins, Greek temples, and Chinese pavilions. At the same time, it is an outbuilding of Mudam that can be used for outdoor activities: performances, concerts, receptions, screenings, didactic projects…

L'installation crée un signe dans le paysage naturel (« *Landmarke* »). Elle annonce au visiteur venant au plateau du Kirchberg la présence du Mudam, de l'art, de l'architecture moderniste et de la végétation des différents parcs et projets paysagers. Elle est un microcosme en marge du Kirchberg qui présente un résumé de ses éléments, lesquels en déterminent l'aspect. L'installation a aussi la fonction d'un portail d'entrée à la zone culturelle, d'une zone de transition. Dans le contexte du parc-forêt, l'œuvre s'inscrit dans la tradition des « folies », des parcs historiques où furent construits des simulacres de ruines, des temples grecs et autres pavillons chinois. L'œuvre est en même temps une annexe du Mudam, qui peut l'utiliser pour des activités en plein air : performances, concerts, réceptions, projections, projets didactiques…

BT, 2004

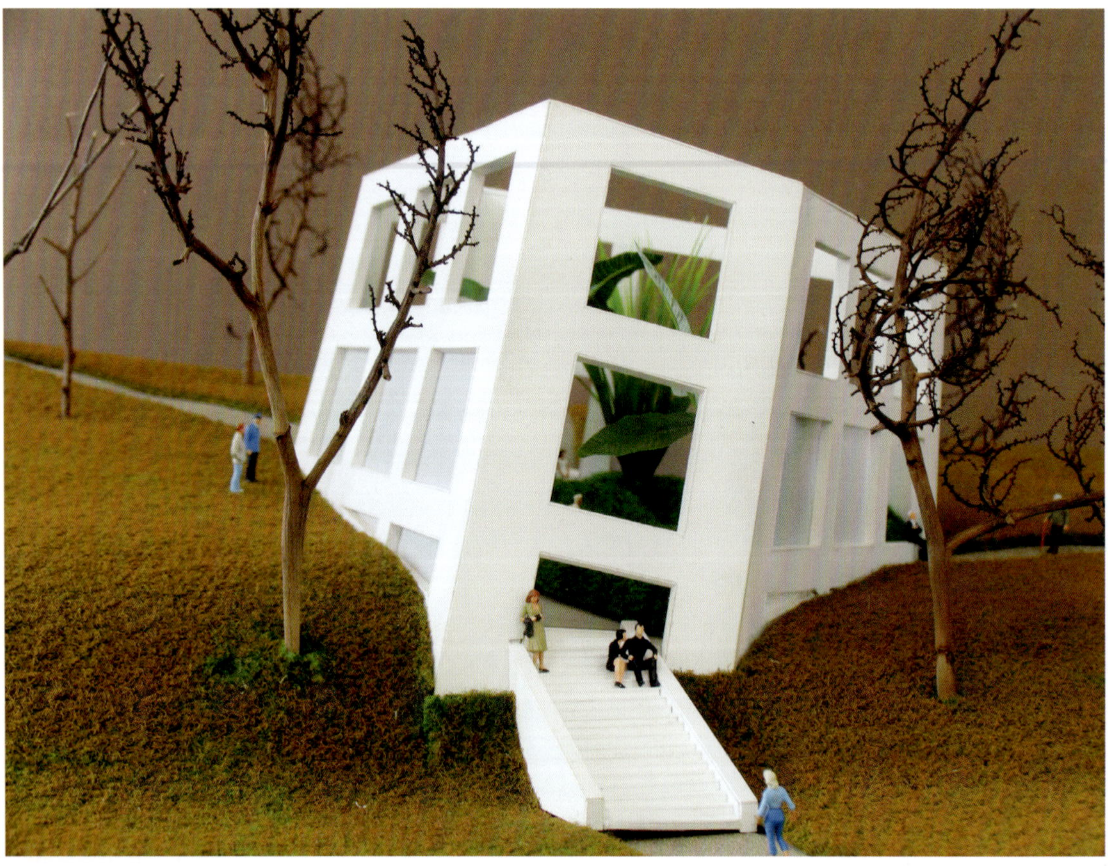

177 *It's not up to us to supply reality*, 2004

Wood, mixed media, metallic structure
Model: 18 × 43 × 43 cm; structure: 180 × 49 × 49 cm
Project for a stained glass (unrealised)
Collection Elia and Enrico Bianchi

A work of art and a model for possible implementation in an exhibition space, *It's not up to us to supply reality* is a stained-glass window featuring a famous line by Jean-François Lyotard from his book *The Postmodern Explained to Children*. Writing in defence of postmodern thought, and accused of having lost touch with reality, Lyotard states: "Finally, it should be made clear that it is not up to us to *provide reality* but to invent allusions to what is conceivable but not presentable."[1] This quotation, which Theis used again (in Italian) in his public art project for the city of Luicciana, testifies to his continued interest in the question of concrete utopia.

À la fois œuvre et modèle pour une éventuelle réalisation à l'échelle d'un espace d'exposition, *It's not up to us to supply reality* reprend, sous la forme d'un projet de vitrail, une citation de Jean-François Lyotard extraite de la traduction anglaise de son livre *Le Postmoderne expliqué aux enfants*. Prenant la défense de la pensée postmoderne, accusée de s'éloigner de la réalité, le philosophe écrit : « Il faut enfin qu'il soit clair qu'il ne nous appartient pas de *fournir de la réalité*, mais d'inventer des allusions au concevable qui ne peut être présenté[2]. » La référence, que Bert Theis utilisera à nouveau (en italien, cette fois) pour son projet d'art public pour la ville de Luicciana, témoigne de son intérêt soutenu pour la question de l'utopie concrète.

MV

1. Jean-François Lyotard, *The Postmodern Explained to Children: Correspondence, 1982–1985* (Sydney: Power Publications, 1992), 24.
2. Jean-François Lyotard, *Le Postmoderne expliqué aux enfants. Correspondance 1982-1985*, Paris, Galilée, 2005, p. 33.

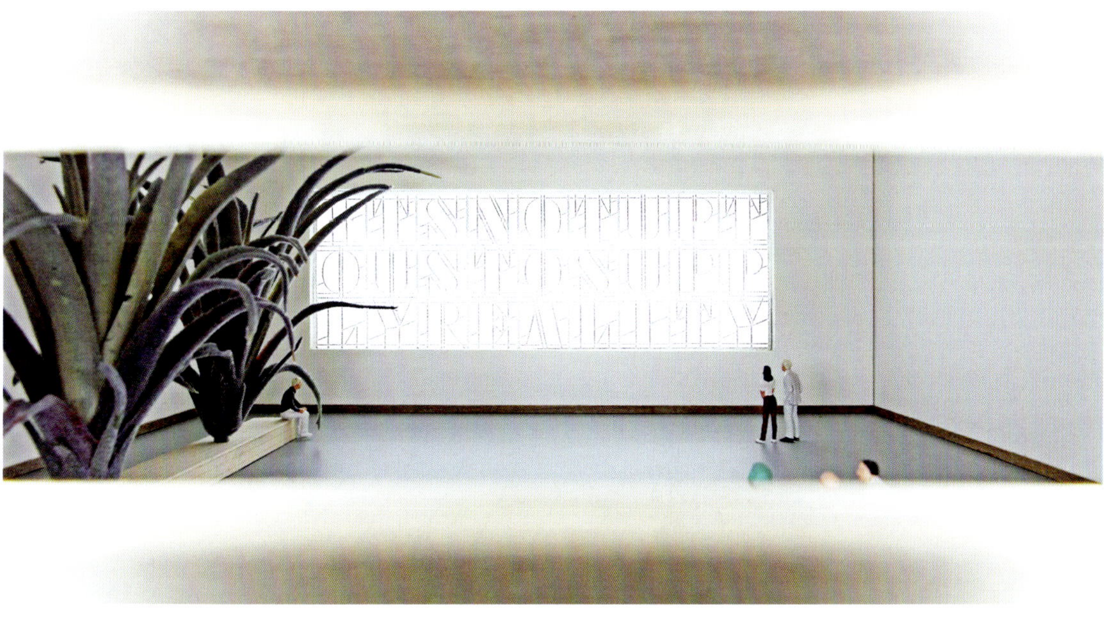

European Pentagon, Safe & Sorry Pavilion, 2005

Steel, semi-transparent glass, wood, metallic structure
Pavilion: 564 × 1094 × 973 cm, platform: 0.30 × 27.15 × 12.60 m
Technical conception: in collaboration with Rob Engel
Permanent installation, Place de l'Europe, Luxembourg (since 2007)
Produced in 2005 as a temporary installation for the roof of BOZAR – Palais des Beaux-Arts, Brussels, in the context of the Luxembourg Presidency of the Council of the EU, 2005
Collection Ministry of Culture, Luxembourg

This pavilion takes the shape of a pentagon built from steel and semi-transparent glass sitting on a wooden platform.... The five walls and the roof consist of letters forming a text that can only be deciphered from inside the pavilion.... The words *safe* and *sorry* are derived from the turn of phrase "better safe than sorry." The pavilion was first installed on the roof of the Palais des Beaux-Arts in Brussels on the occasion of the Luxembourg Presidency of the Council of the European Union in 2005. A small, translucent and vulnerable European Pentagon made up of the words *safe* and *sorry*, it obviously invites spectators to reflect on the international political situation.

Le pavillon se présente sous la forme d'un pentagone en acier et en verre semi-transparent, posé sur une plateforme en bois. [...] Les cinq parois et le toit sont constitués de lettres qui forment un texte, déchiffrable seulement à l'intérieur du pavillon. [...] Les mots *safe* et *sorry* sont dérivés de l'expression anglaise « *better safe than sorry* ». Le pavillon avait été installé une première fois sur le toit du Palais des Beaux-Arts de Bruxelles, à l'occasion de la présidence luxembourgeoise du Conseil de l'Union européenne en 2005. Un Pentagone européen de dimensions réduites, translucide et vulnérable, construit avec les mots *safe* et *sorry* invite évidemment à réfléchir sur la situation politique internationale.

BT, 2006

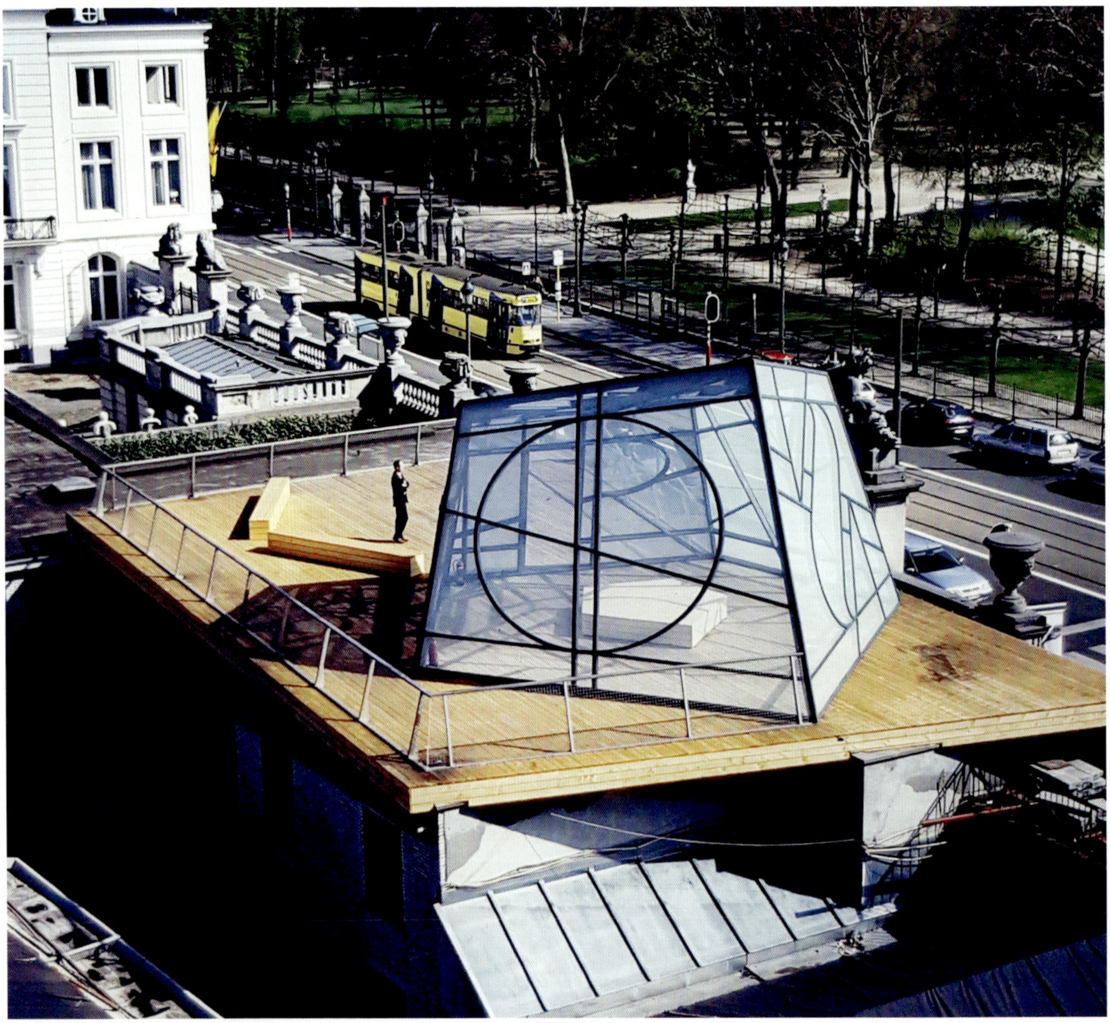

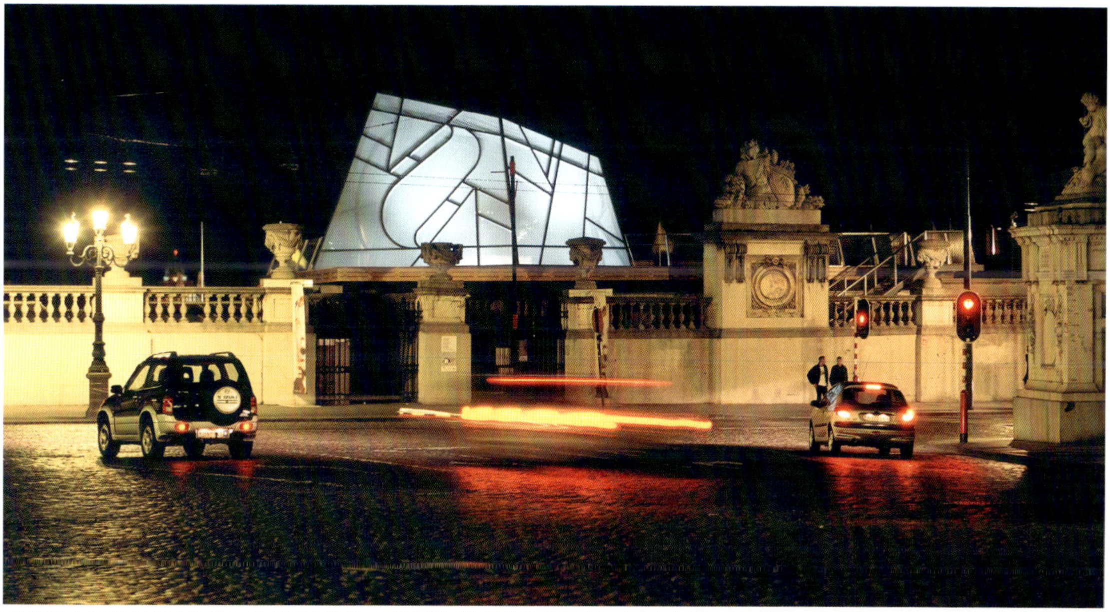

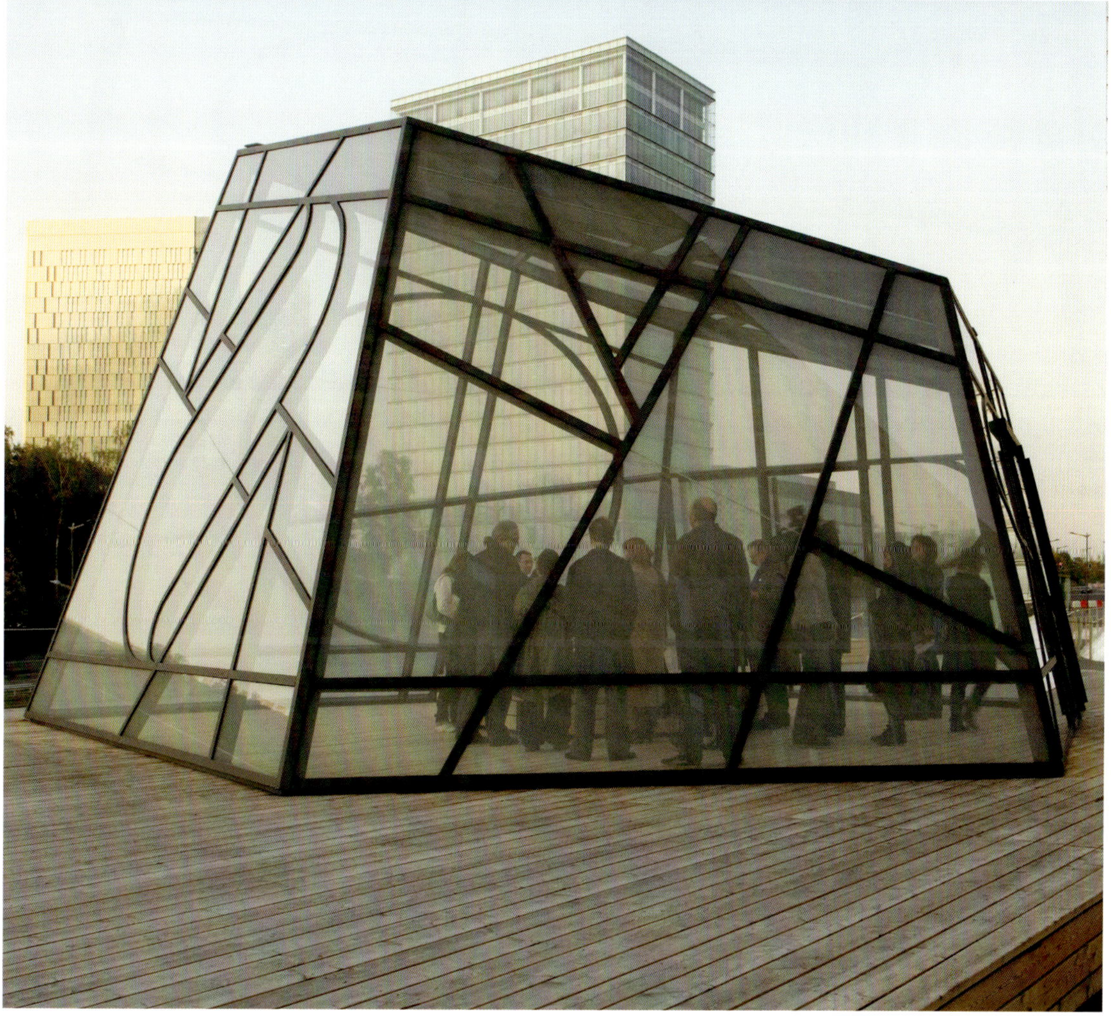

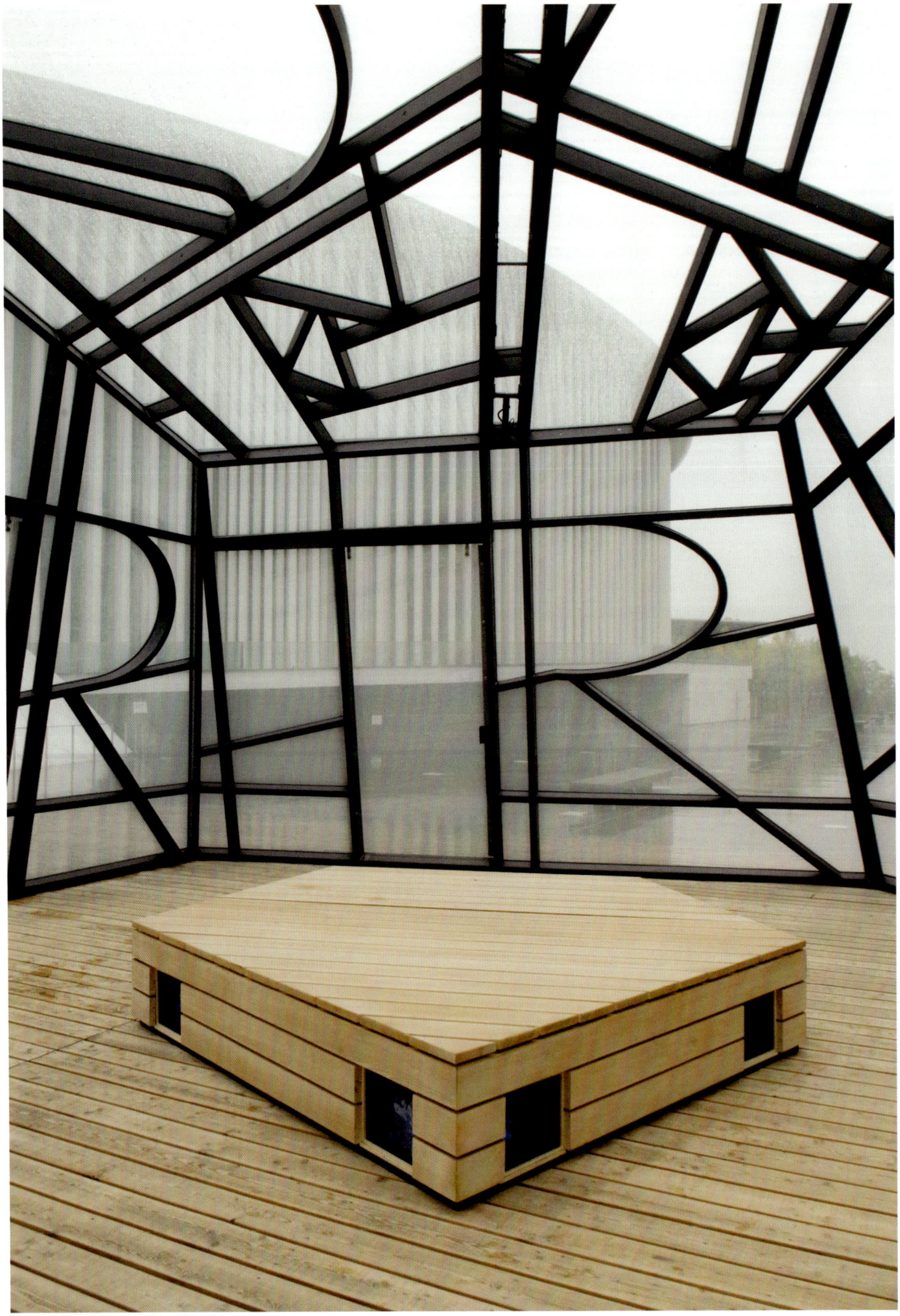

181 *Drifters*, 2005-2006

24 benches
Painted wood, metallic structure
3 sizes: 45 × 192 × 88 cm (8), 45 × 297 × 88 cm (8), 45 × 292 × 154 cm (8)
Technical conception: in collaboration with Rob Engel
Commission and Collection Mudam Luxembourg – Musée d'Art Moderne Grand-Duc Jean
Production 2006 with the support of the Administration des Bâtiments Publics

The *Drifters* project for Mudam is the result of a search for "fluid" and mobile elements in landscape, architecture, and furniture, as opposed to the rigidity of the fixed and immobile elements dominating the organization of architectural space.... Their shapes derive from a dialogue with the forms of Mudam's architecture designed by Pei, Cobb, Freed & Partners, while formally resembling sheets of fragmented ice.... *Drifters* is composed of a multitude of elements that allow ever new compositions, which means the installation can be adapted to suit different spaces and situations.[1]

Le projet *Drifters* pour le Mudam est le résultat d'une recherche qui vise à créer des éléments de paysage, d'architecture et de mobilier « fluides » et mobiles, en contrepoint de la rigidité des éléments fixes et immobiles de l'organisation de l'espace architectural. [...] Leurs formes naissent d'un dialogue avec les formes de l'architecture du Mudam conçu par Pei, Cobb, Freed & Partners, tout en présentant les caractéristiques formelles de plaques de glaces fractionnées. [...] *Drifters* est composé d'une multitude d'éléments qui rendent possibles des compositions toujours nouvelles, ce qui permet d'adapter l'installation à des espaces et des situations très différentes.[1]

BT, 2005

1. Bert Theis, working notes related to the *Drifters* project (2005), Bert Theis Archives.

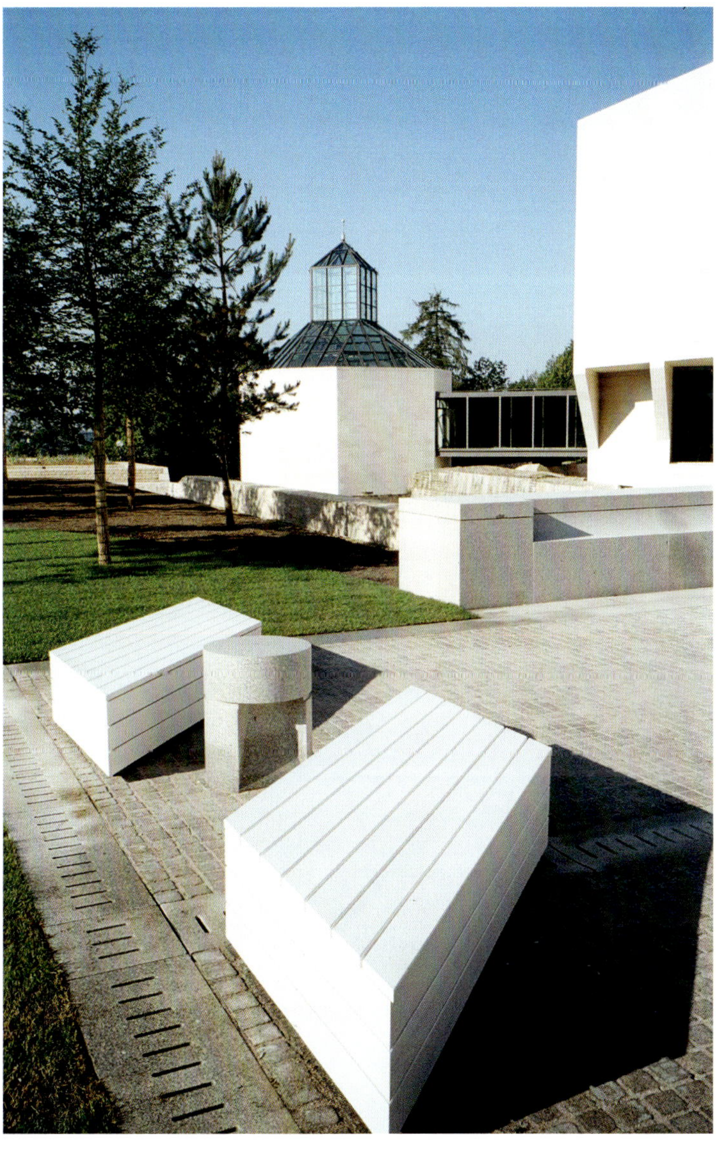

Runningwater (W)right House, 2006

Painted wood, metallic structure
62 × 1070 × 630 cm
Technical conception: in collaboration with Rob Engel
Temporary installation, 5th Busan Biennale, Korea, 2006

Runningwater (W)right House combines two elements: the principle of the Korean Pyung Sang [furniture] and the plan of a house conceived by Frank Lloyd Wright named Fallingwater. The seating plateau reproduces, on a smaller scale, the outline of the house in Pennsylvania, located near a river, like the site [of the installation] in Busan. Apart from this fact, the contrast between the two situations couldn't be bigger. On the one hand, a rich man's home in an idyllic spot of a calm and serene forest, on the other hand a public art installation in an urban "jungle."

Runningwater (W)right House combine deux éléments : les principes du mobilier coréen typique « Pyung Sang » et la planimétrie d'une maison conçue par Frank Lloyd Wright, appelée Fallingwater. L'assise reproduit, à échelle réduite, les contours de la maison de Wright, située en Pennsylvanie, près d'une rivière, ainsi que le site de l'installation, dans la ville coréenne de Busan : le contraste entre les deux situations ne pourrait être plus cohérent. D'un côté, on trouve la maison d'un homme riche, dans un lieu idyllique, en plein cœur d'une forêt calme et sereine ; de l'autre, on trouve une installation d'art public dans une « jungle » urbaine.

BT, 2006

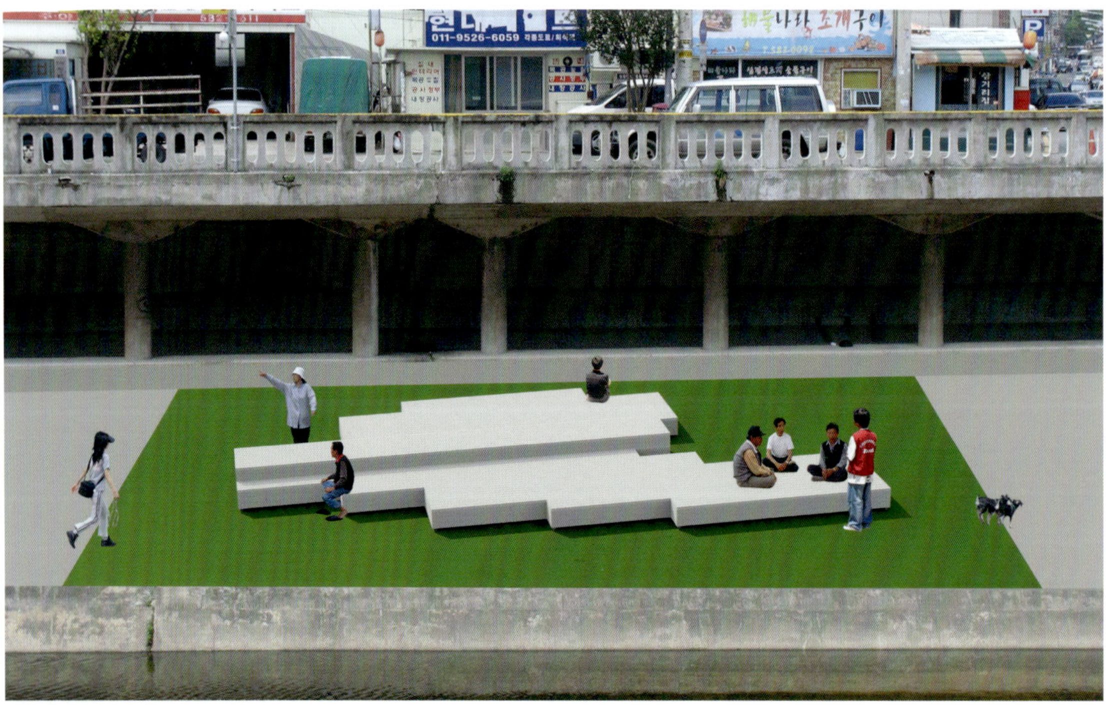

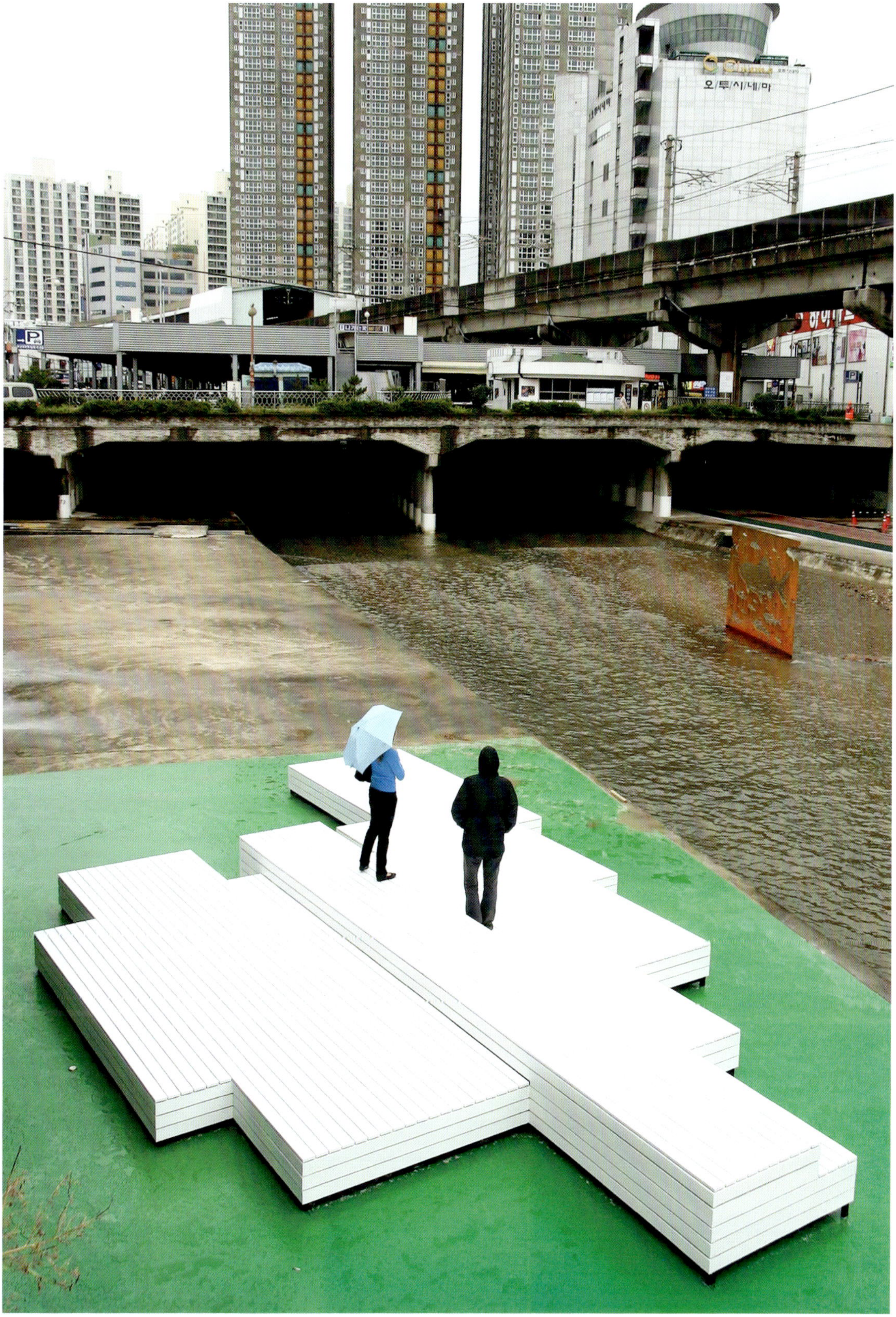
오투시네마

 Le Troisième Système, 2007

3 platforms
Painted wood, metallic structure
40 × 650 × 650 cm each
Permanent installation, Collection Fonds départemental d'art contemporain de l'Essone / Domaine de Chamarande, France

For this project, I propose to integrate a number of white wooden modules in the landscape of the estate around Chamarande Castle.... The shape and positioning of these modules mirror the proportions of a plan by Le Corbusier from 1922 for a city of three million inhabitants. However, the original grid was loosened up and expanded by introducing gaps and multiplying the pattern. Similarly, the horizontal and vertical measurements of the towers were resized to human scale so as to transform them into a kind of platform or large bench. This transformation will allow a group of "modulors," or visitors, to make use of them in a variety of ways.... The dimensions of each module allow four couples to lie down simultaneously, or four groups to picnic there.... Visitors to the park will likely invent other functions and uses. The work is open to these interventions and is completed through them.

Le projet du *Troisième Système* propose l'implantation d'un certain nombre de modules en bois blanc dans le paysage du Domaine départemental de Chamarande. [...] La forme et le positionnement de ces modules reprennent les proportions d'un plan de Le Corbusier pour une ville de trois millions d'habitants de 1922. Cependant, la grille a été rendue moins dense et plus étendue que le dessin original en introduisant des vides et en multipliant le schéma. De même, les mesures horizontales et verticales des tours ont été redimensionnées à une échelle humaine, de manière à les transformer en des sortes de plateformes ou de grands bancs. Cette transformation permettra à un groupe de « modulors » ou de visiteurs d'en faire usage de façons variées. [...] Les proportions de chaque module permettent à quatre couples de s'y allonger simultanément, ou bien à quatre groupes d'y faire leur pique-nique. [...] Il est très probable que les visiteurs du parc inventeront d'autres fonctions et utilisations. L'œuvre est ouverte à ces interventions et s'achève par elles.
BT, 2006

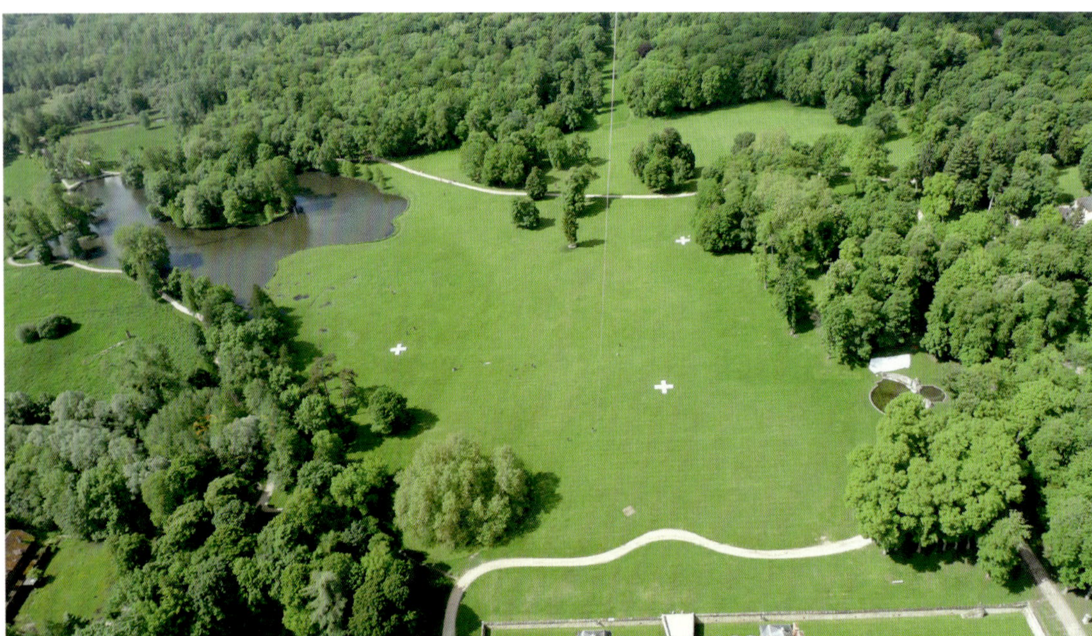

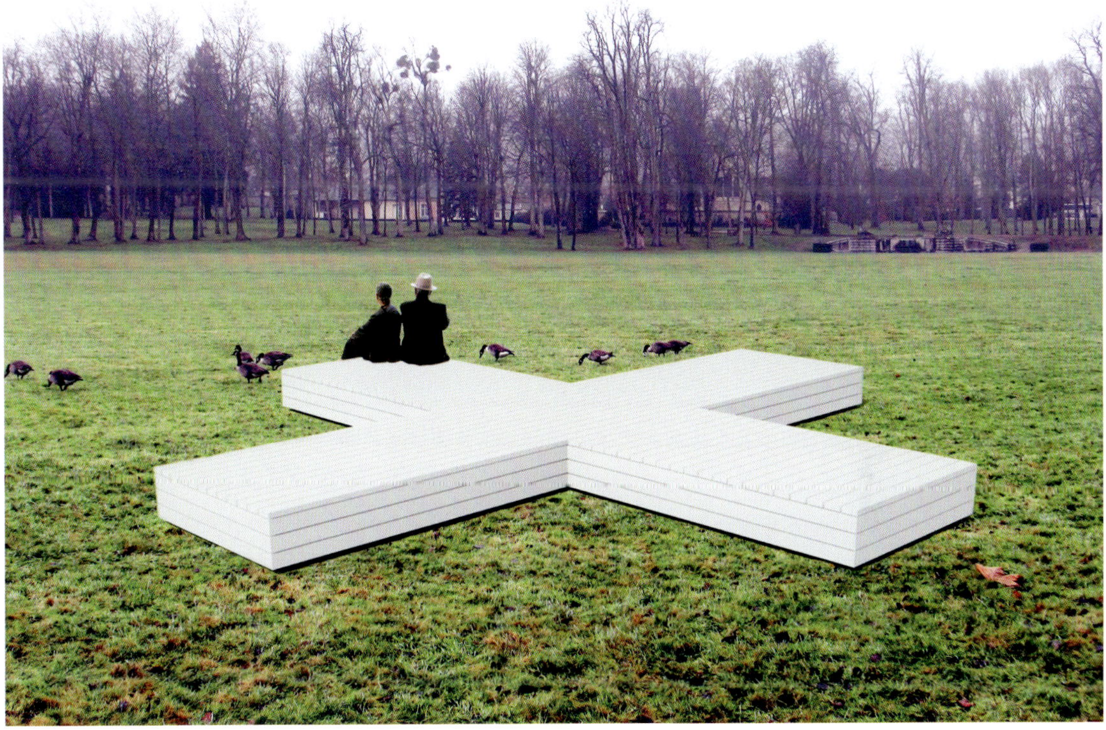

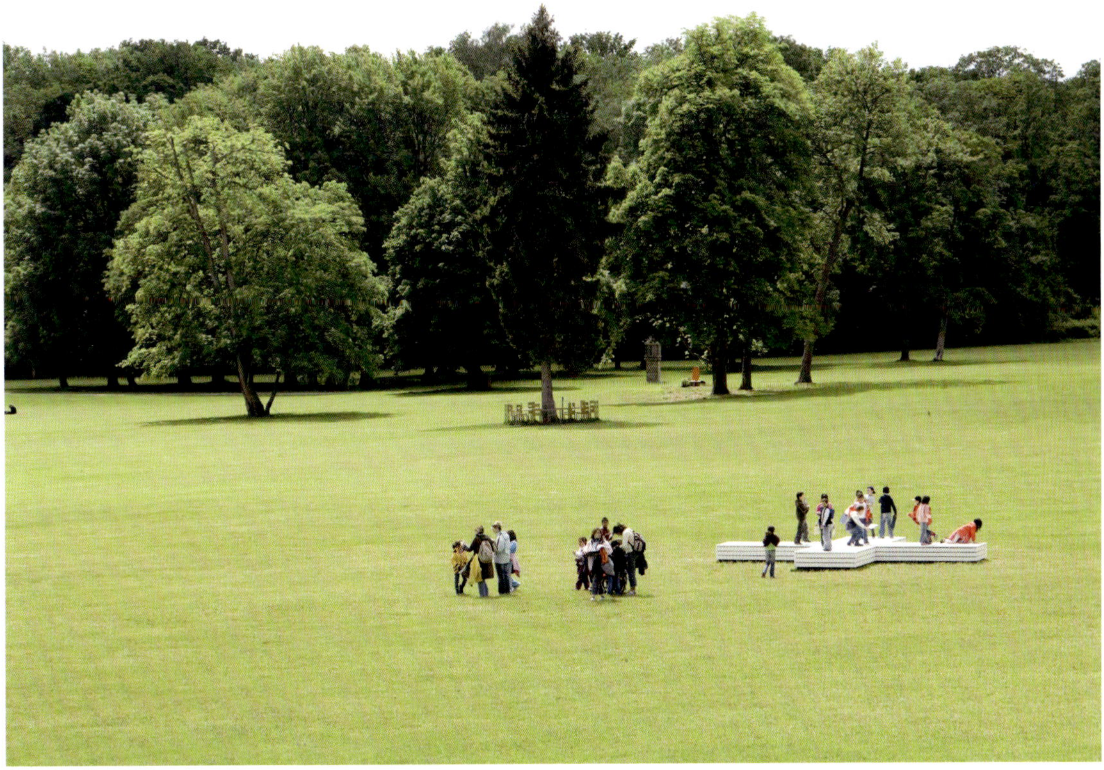

186 *Aggloville (Paris)*, 2007

Digital print on canvas
Version 1: 450 × 620 cm
Collection Mariette Schiltz
Version 2: 220 × 322 cm
Collection Fonds Municipal d'Art Contemporain, City of Paris

cf. p. 155

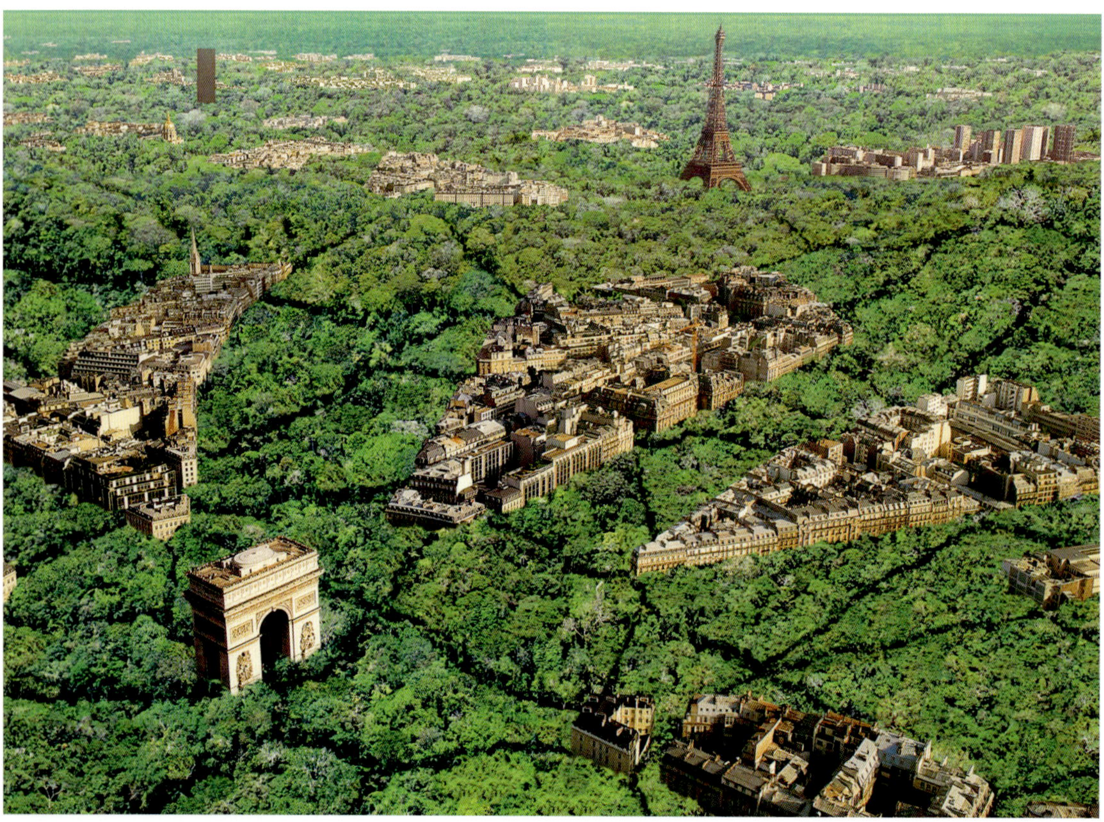

187 *Building Philosophy*, 2008 Wall painting
Variable dimensions
Collection Mariette Schiltz

Building Philosophy, which takes the form of a wall painting, makes explicit reference to Guy Debord's *Directive n°2* (1963), a painting bearing the inscription "Réalisation de la philosophie" ("realization of philosophy"). This call to put philosophy into practice is also at the centre of Debord's famous book *The Society of Spectacle* (1967). By putting the emphasis on *building*, Theis highlights the connection between two aspects of his work and his engagement: "*Building Philosophy* can be read in two ways—as 'construction of philosophy,' that is, an action made necessary by the lack of a theory that would enable us to think through the contemporary cultural crisis, or as 'philosophy of construction,' which refers to the realization of 'philosophical' platforms and other 'open' structures such as the *OUT (Office for Urban Transformation)* or the Isola Art Center."[1]

Building Philosophy, qui se présente sous la forme d'une peinture murale, fait explicitement référence à *Directive n° 2* (1963) de Guy Debord, un tableau sur lequel figure l'inscription « Réalisation de la philosophie ». Cet appel à la mise en pratique de la philosophie est au centre de son célèbre ouvrage *La Société du spectacle* (1967). En mettant l'accent sur la « construction », Bert Theis souligne quant à lui l'articulation entre deux aspects de son travail et de son engagement : « *Building Philosophy* peut être lu de deux manières : comme 'construction de la philosophie', c'est-à-dire une action rendue nécessaire par le manque d'une théorie qui permettrait de penser la crise culturelle contemporaine, ou comme 'philosophie de la construction', qui renvoie à la réalisation de plateformes 'philosophiques' et autres structures 'ouvertes', comme le bureau *OUT (Office for Urban Transformation)* ou l'Isola Art Center[1]. »

MV

1. Bert Theis, press release for the exhibition *Building Philosophy*, translated by the author from the original Italian (Lecco: Federico Bianchi Contemporary Art, 2008).

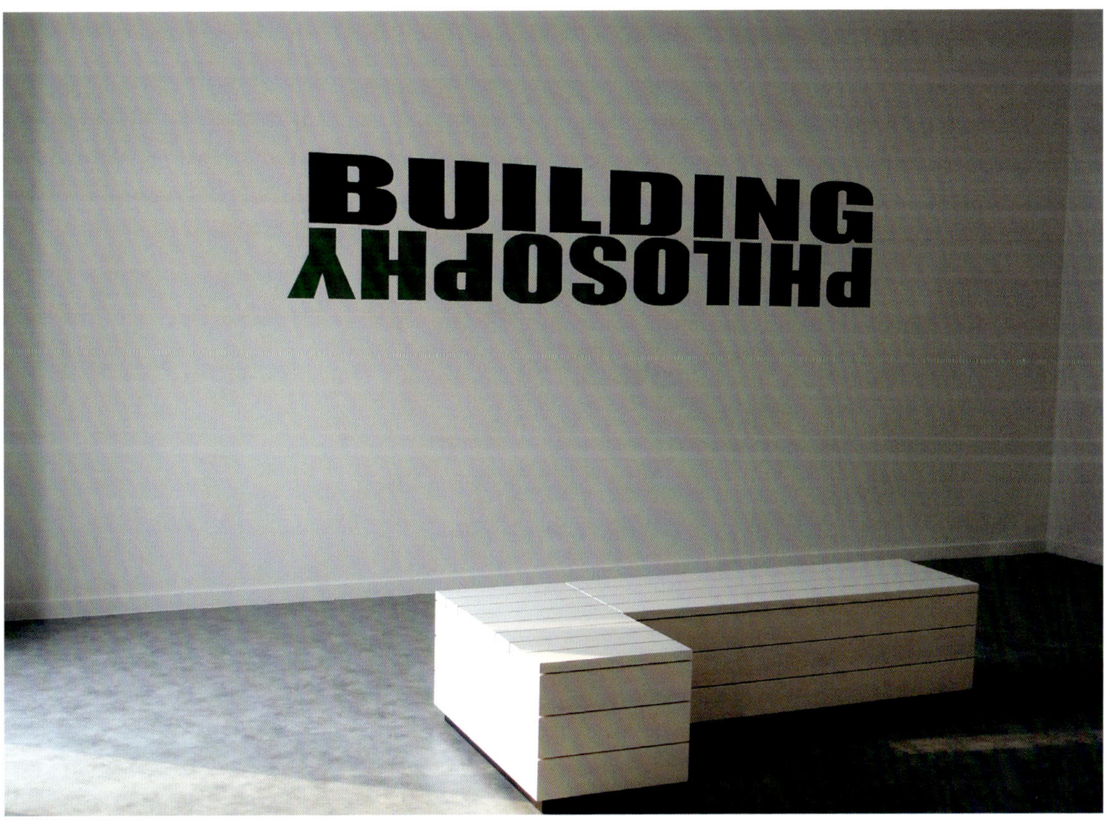

 ***Asian Pentagon*, 2008** Bamboo structure
5.20 × 10.50 × 11.80 m
Temporary installation, 6th Taipei Biennial, Taiwan, 2008

Unlike other pentagons, the *Asian Pentagon* is peaceful. Besides, this Pentagon doesn't exclude or lock anybody out. Everybody can enter it: the biennial visitors, the brewery workers, the inhabitants of the neighborhood, school classes, the guests of the nearby restaurant, everybody. The pavilion is open even when the exhibition is closed and doesn't impose limits on anyone. The form of the *Asian Pentagon* is an asymmetrical pentagon built with Taiwan-grown bamboo. All around the outline consists of a bench that includes at its center a smaller pentagon. The building can take in more than a hundred persons. It has no doors, no walls. It is transparent and looks like a three-dimensional drawing in the space, made only out of lines. Single persons or groups are totally free to use it just as they like: for a lecture or a party, to take a rest or read a book, to hold a political meeting or have a snooze, to have a picnic or make an artwork…

Ce pentagone asiatique, à la différence d'autres pentagones, est pacifique, et il n'exclut personne. Pour preuve, tout le monde peut y pénétrer : les visiteurs de la biennale, les employés de la brasserie, les habitants du quartier, des groupes scolaires, les hôtes du restaurant d'à côté… Aucune exception. Le pavillon est ouvert même lorsque l'exposition est fermée. Cet *Asian Pentagon* est un pentagone asymétrique construit en bambou de Taïwan. L'architecture de son pourtour inclut un banc avec, en son centre, un pentagone plus petit. La structure peut accueillir plus d'une centaine de personnes. Elle n'a ni porte ni fenêtre. Transparente, elle évoque un dessin en trois dimensions dans l'espace, et qui serait composé uniquement de lignes. Les individuels et les groupes sont libres d'utiliser le pentagone à leur guise : pour organiser un cours ou une fête, souffler un peu ou lire un livre, tenir une réunion politique ou faire une sieste, organiser un pique-nique ou créer une œuvre d'art…

BT, 2008

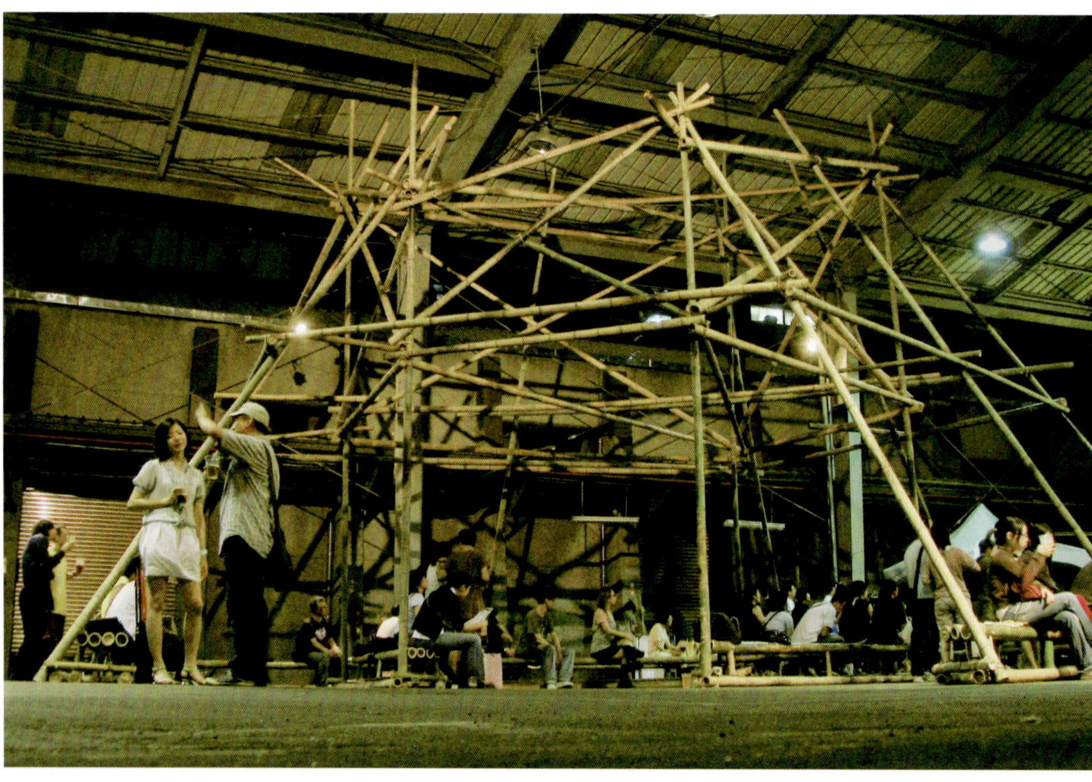

189 *Gropius Drifters*, 2008
8 benches
Painted wood, metallic structure
45 × 82 × 74.5 cm (2), 45 × 150 × 49.5 cm (2), 45 × 49.5 × 37 cm (2),
45 × 250 × 49.5 cm, 45 × 49.5 × 99.5 cm
Collection Elia and Enrico Bianchi

The *Gropius Drifters* installation consists of eight modules of variable dimensions called "drifters" and represents the plan of the International Academy of Philosophy in Erlangen (Germany), an unrealized project of architect and Bauhaus founder Walter Gropius. While they can be assembled so as to reproduce as adequately as possible the original plan, the drifters can also be used for new arrangements as needed or wanted, similarly to the Chinese tangram puzzle, whose seven pieces can be arranged, shifted and rotated to form countless different shapes.

L'installation *Gropius Drifters* se compose de huit modules aux dimensions variables, dits « *drifters* », qui reproduisent le plan de l'Académie internationale de philosophie d'Erlangen (Allemagne), un projet non réalisé de l'architecte et fondateur du Bauhaus Walter Gropius. S'ils peuvent être assemblés de sorte à restituer le plus fidèlement possible le plan original, les *drifters* peuvent également être utilisés pour créer de nouvelles compositions, au gré des besoins ou des envies, à la manière du tangram, puzzle chinois composé de sept pièces et basé sur la multitude de combinaisons rendues possibles par de simples mouvements de translation ou de rotation.
MV

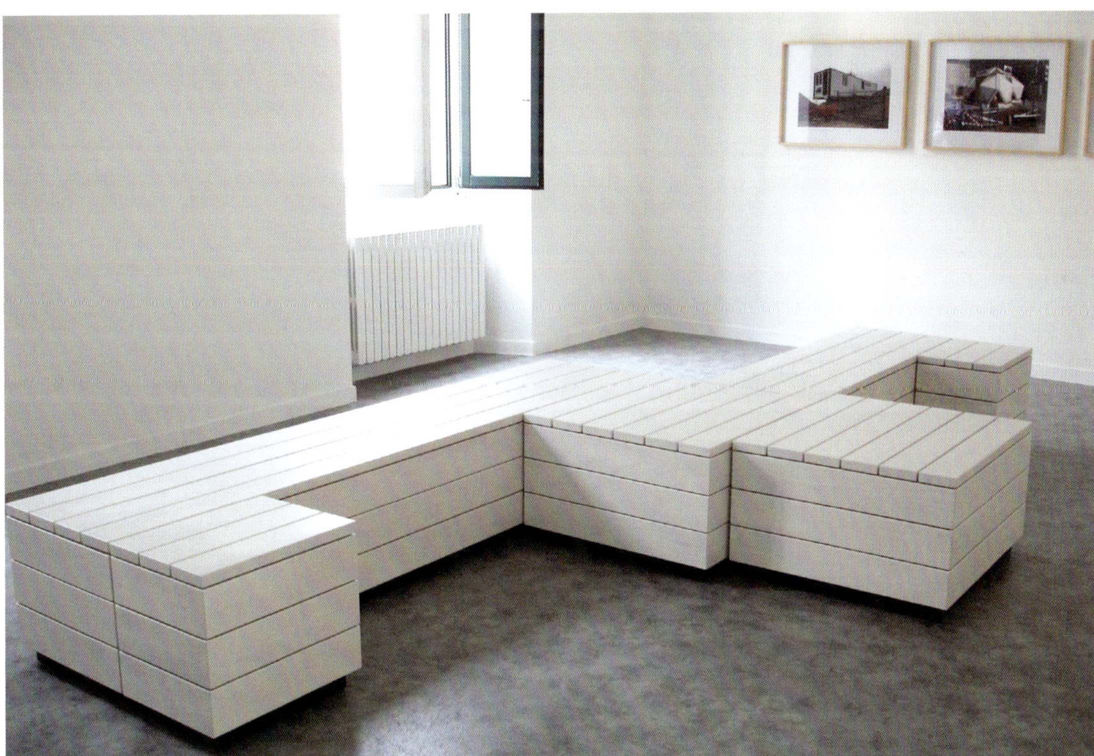

Isola Art Centers. Some Hypotheses 1–19, 2008

19 Lambda prints on paper
62 × 82 cm (15), 62 × 62 cm (4) (framed)
Collection Mariette Schiltz

This series brings together photographs and photomontages of "ideal places" that could host the activities of the Isola Art Center after the destruction of the Stecca, the building it had occupied until then. "The center dispersed but is still alive.... This destruction has freed up the imagination and dreams," reacted the artist.[1]

Cette série rassemble des photographies et photomontages figurant des « lieux idéaux » susceptibles d'accueillir les activités d'Isola Art Center suite à la destruction de la Stecca, le bâtiment qu'il occupait jusqu'alors. L'artiste déclarait alors : « Le centre est dispersé, mais il est toujours en vie. [...] Cette destruction a libéré l'imagination et les rêves[1]. »

MV

1. Bert Theis, press release for the exhibition *Bert Theis: Building Philosophy* (Prato: Centro per l'arte contemporanea Luigi Pecci, 2009) [retranslated from original Italian notes].

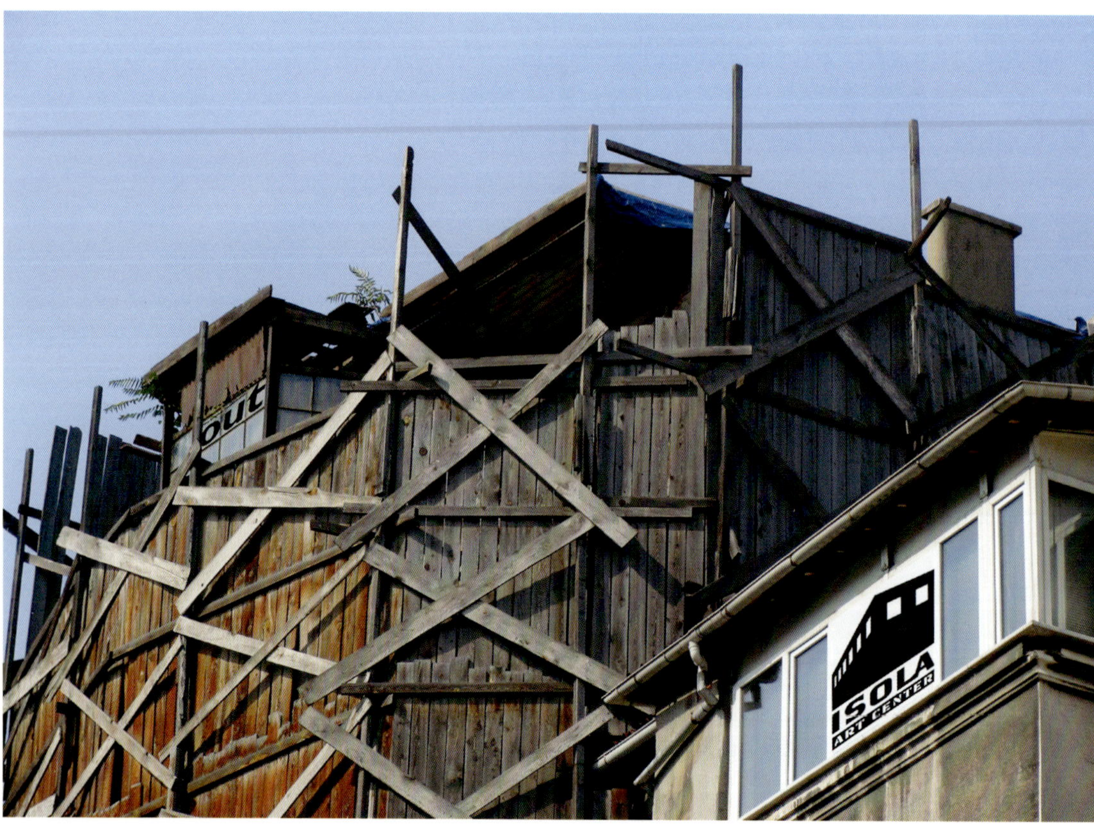

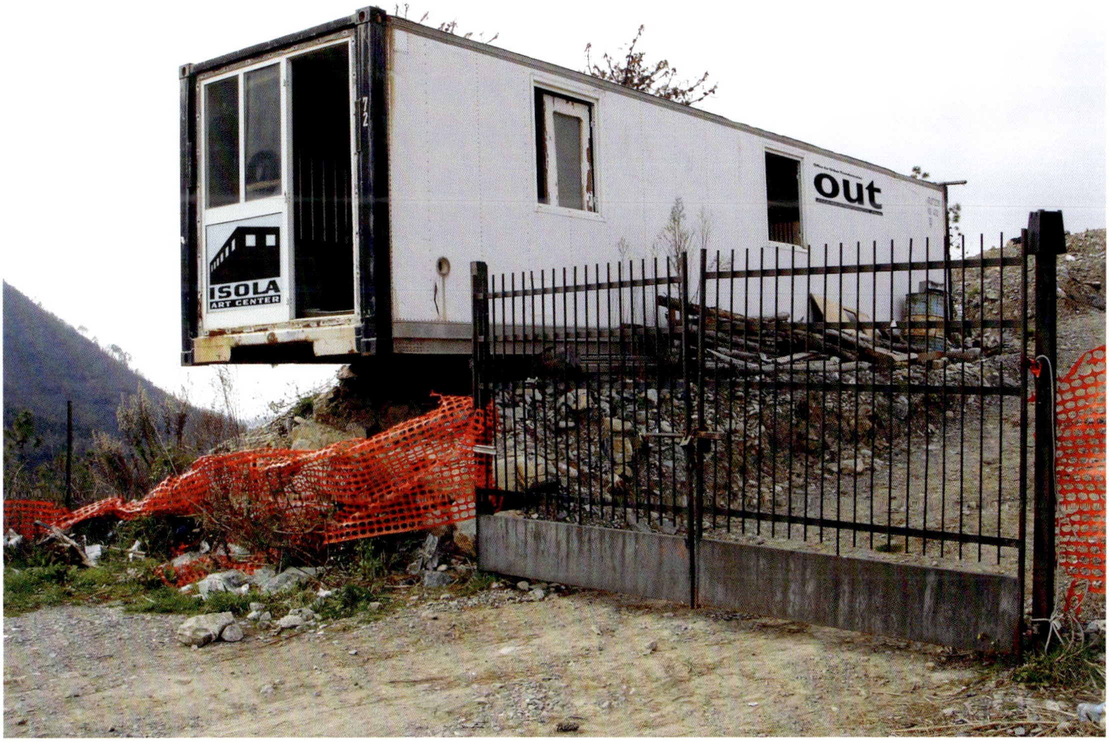
ISOLA
ART CENTER
out

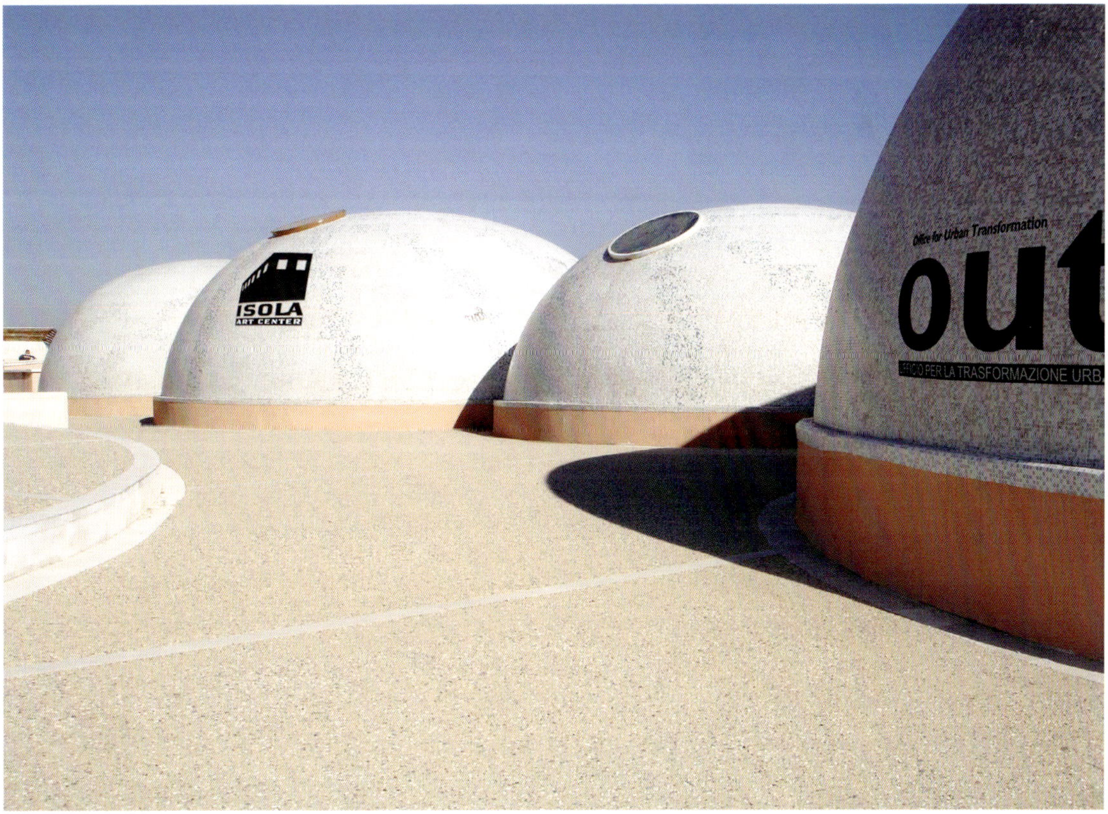
ISOLA
ART CENTER
Office for Urban Transformation

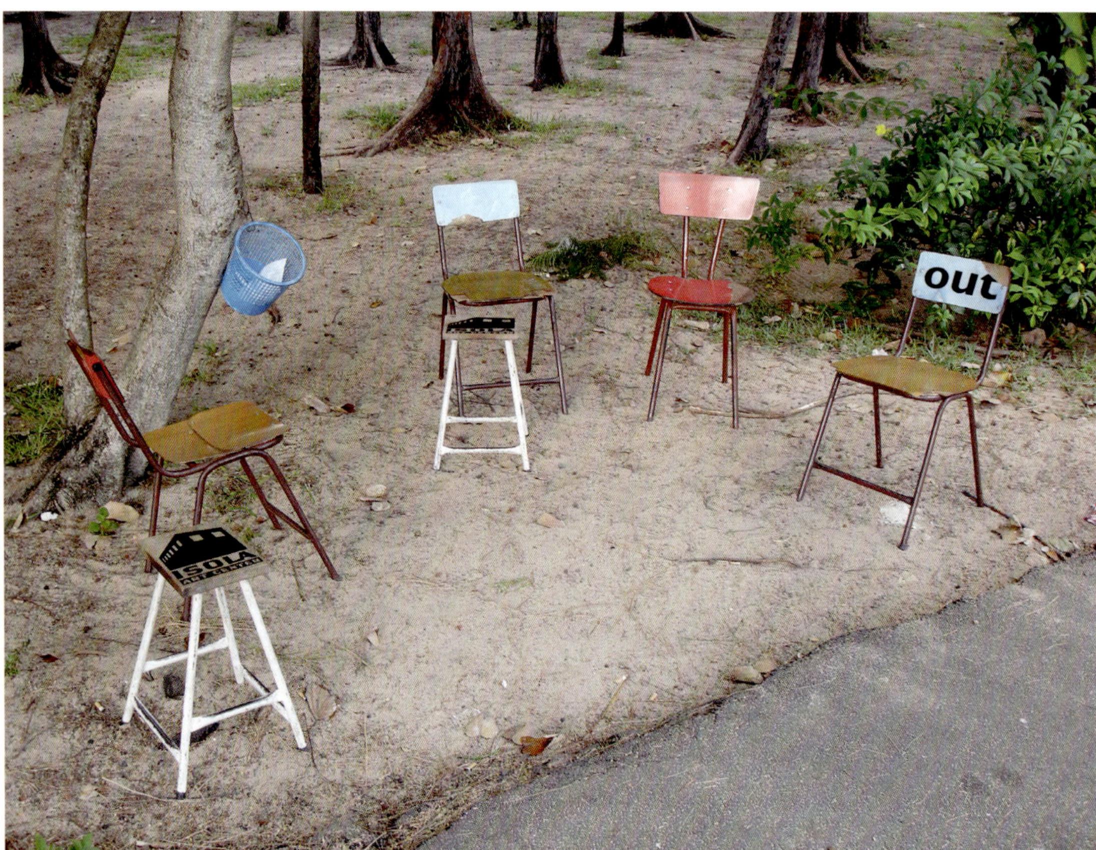
out
ISOLA
ART CENTER

193 *Infernal Paradise*, 2009 Lightbox
834 × 142 cm
Technical conception: in collaboration with Rob Engel
Permanent installation for a private house, Luxembourg
Collection Reginald Neuman

The typographic work *Infernal Paradise* was originally presented in 2006 at the Fifth International Ink Painting Biennial of Shenzhen, China, where it took the form of three large Chinese paper rolls. Joining two seemingly contradictory terms, it suggests a subversive reading of their possible meanings in various contexts (religious, societal, economic,...). Today, it adorns the entrance gate of a private home in a residential neighborhood in Luxembourg as a stained-glass window with the words appearing in an Art Deco font.

L'œuvre typographique *Infernal Paradise* a été conçue en 2006 pour la cinquième Biennale internationale de peinture à l'encre de Shenzhen (Chine), où elle s'incarnait dans trois larges rouleaux de papier chinois suspendus. En associant deux termes a priori contradictoires, elle propose une lecture séditieuse de leurs significations potentielles dans de multiples contextes (religieux, sociétaux, économiques). Aujourd'hui, elle orne le porche d'entrée d'une demeure privée à Luxembourg sous la forme d'un vitrail réalisé dans une police de caractères Art déco.
MV

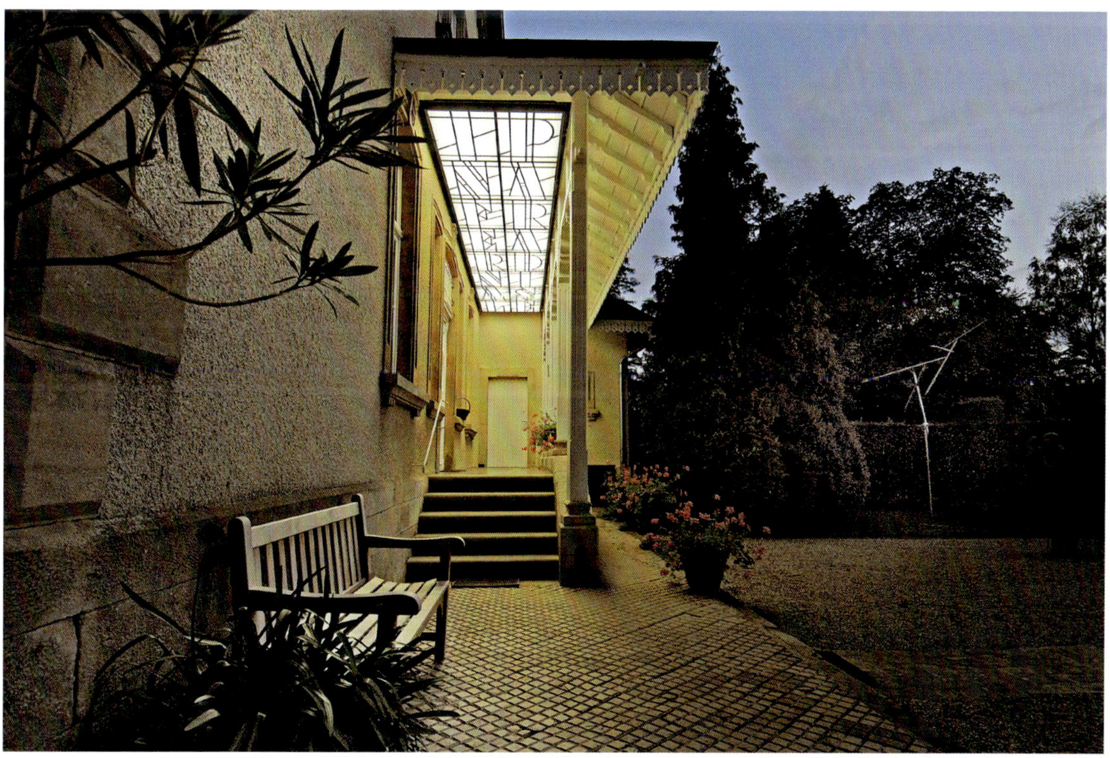

***2551913*, 2011**

4 benches, 2 granite plates
Painted wood, metallic structure, granite
Benches: 45 × 800 × 120 cm each (in 4 parts), plates: 45.5 × 40 × 3 cm each
Technical conception: in collaboration with Rob Engel
Permanent installation, Parc de la Butte-du-Chapeau-Rouge, Paris
Commissioned by the City of Paris in the context of the construction of the Line T3b of the tramway
Collection City of Paris

This work was implemented in the Parc de la Butte-du-Chapeau-Rouge as part of a program of public artworks curated by Christian Bernard to accompany the extension of the T3 tramway line in Paris. The benches, or "platforms," composing this installation form the imaginary outlines of the peace symbol. The title of the work refers to the vibrant anti-militarist speech held on these premises by Jean Jaurès on May 25, 1913 in front of a crowd of 150,000 people. "Like Jaurès, I'm a staunch pacifist and I believe that today, as in the past, we need to fight against wars,"[1] confided the artist.

Dans le cadre du programme artistique conçu par Christian Bernard pour accompagner le prolongement du tramway parisien T3, Bert Theis réalise cette œuvre sous la forme d'une installation au parc de la Butte-du-Chapeau-Rouge. Les bancs – ou « plateformes » – qui la composent épousent les contours imaginaires du symbole de la paix. Le titre de l'œuvre fait quant à lui écho au vibrant discours antimilitariste que Jean Jaurès prononça en ces lieux le 25 mai 1913, devant une foule de 150 000 personnes. « Comme Jaurès, je suis un pacifiste acharné et je pense qu'aujourd'hui comme hier il faut combattre les guerres[1] », confie alors l'artiste.

MV

1. Judith Quentel and Bert Theis, "Entretien," in *Entre les lignes. Le parcours artistique du tramway parisien*, ed. Patrice Joly (Nantes: Zéro2 éditions, 2016), 182.

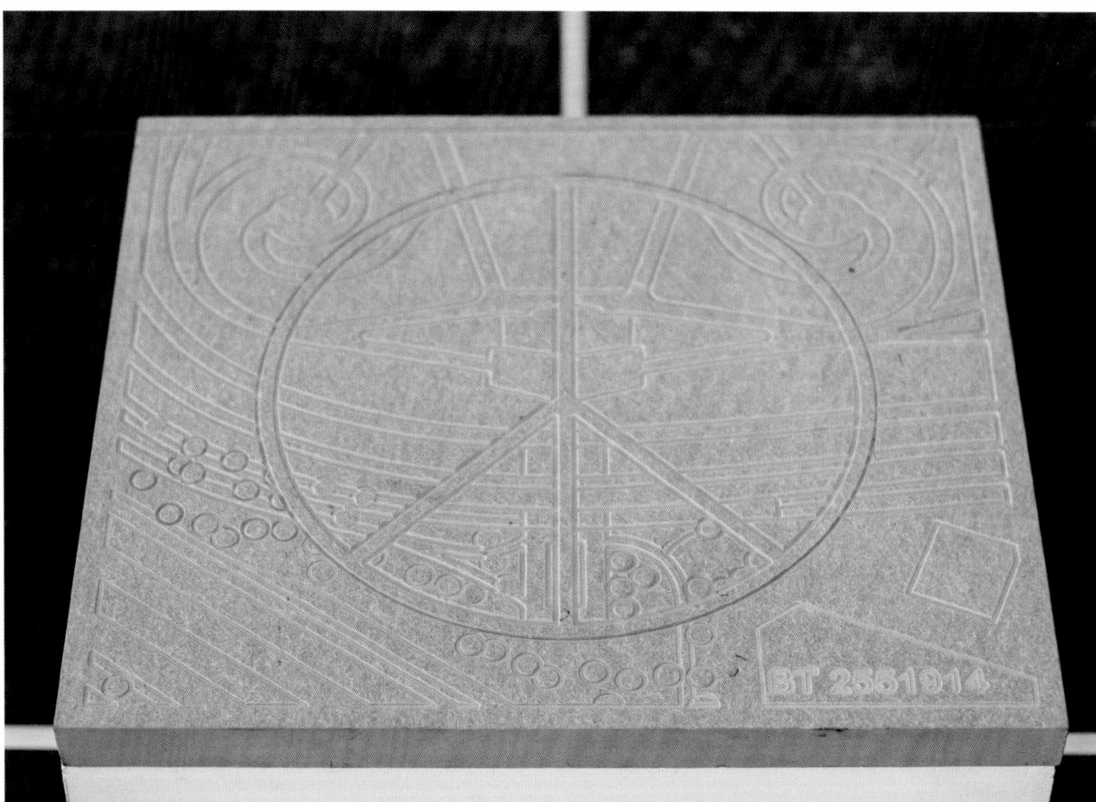

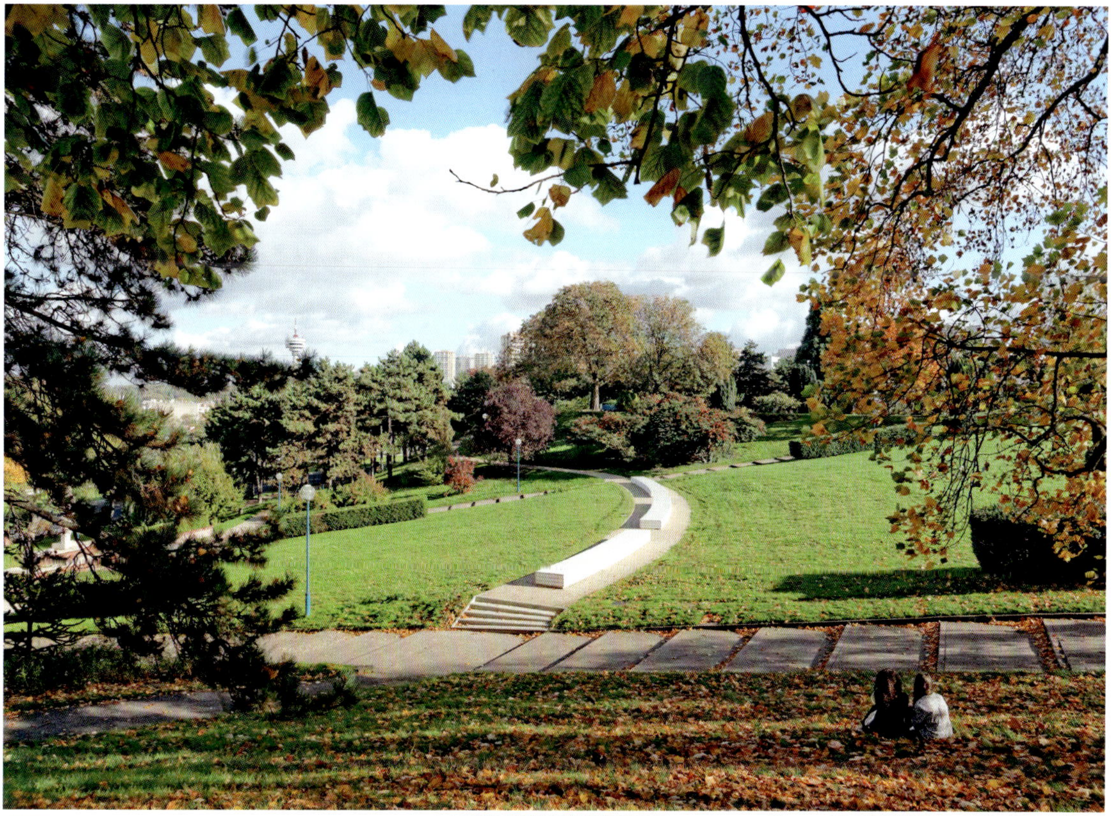

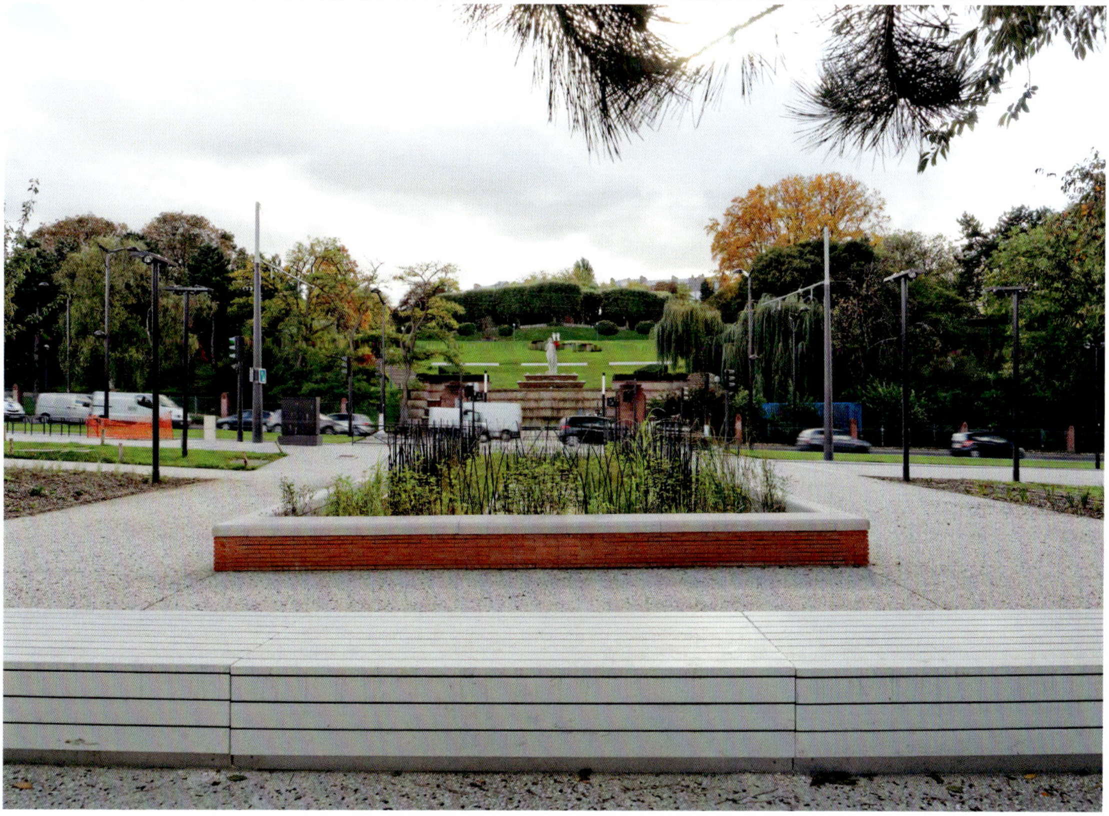

 ***Blind/Ślepi*, 2011** Project of two balustrades for the bridge of Torunska Street, Gdańsk, Poland (unrealised)
Collection The Outdoor Gallery of the City of Gdańsk / Centre for Contemporary Art Łaźnia, Poland – 1st Prize, 2011

This project, which was submitted in 2011 for the Outdoor Gallery exhibition curated by the Łaźnia Center for Contemporary Art in Gdańsk, Poland, is currently being implemented. It consists of two fifteen-meter-long handrails on either side of the bridge in Toruńska Street that crosses the Nowa Motława. The inscriptions on the balustrades read "Ślepi Urbaniści" and "Korore Architekty," respectively "blind urban planners" in Polish and "blind architects" in Romanian, two common languages in Dolne Miasto, a formerly neglected area now undergoing an extensive process of urban and architectural revitalization. "Would cities look different if urbanists and architects were blind?,"[1] the artist wondered.

Ce projet, conçu en 2011 pour un concours d'art dans l'espace public organisé par le Centre d'art contemporain Łaźnia à Gdańsk (Pologne), est actuellement en cours de réalisation. Il se compose de deux balustrades, longues d'une quinzaine de mètres chacune, de part et d'autre du pont de la rue Torun´ska qui traverse la Nowa Motława. Les tiges de la balustrade forment les mots « Ślepi Urbaniści » d'un côté et « Korore Architekty » de l'autre, respectivement « urbanistes aveugles » en polonais et « architectes aveugles » en roumain, deux langues parlées quotidiennement à Dolne Miasto, quartier historique de la ville portuaire, qui fait aujourd'hui l'objet d'un vaste processus de revitalisation urbaine et architecturale. « Les villes seraient-elles différentes si les urbanistes et les architectes étaient aveugles[1] ? », se demandait l'artiste.

MV

1. Bert Theis, "Ślepi Urbaniści, Korore Architekty. Project for the 'Outdoor Gallery of the City of Gdansk'," unpublished typescript (2011).

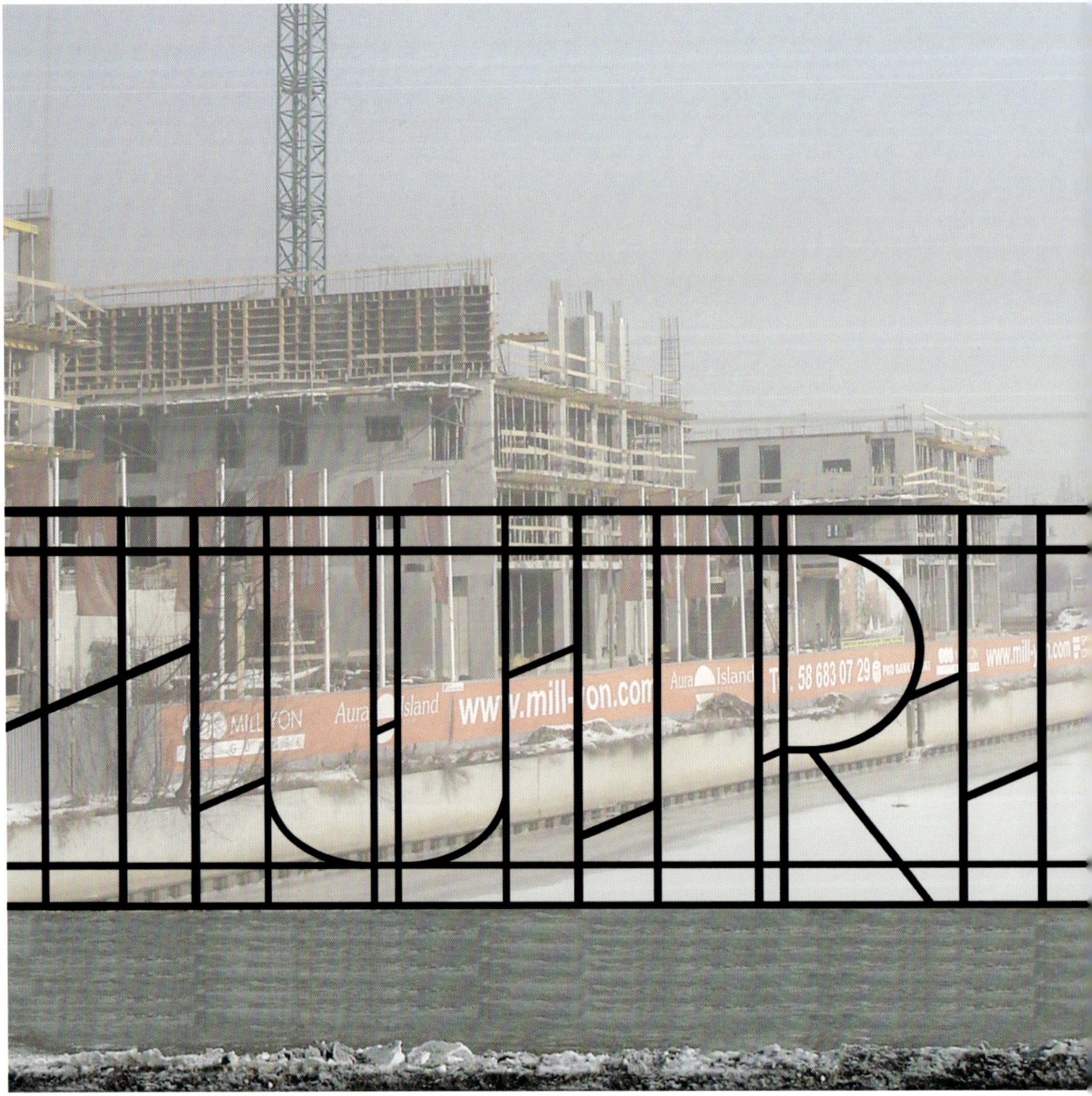

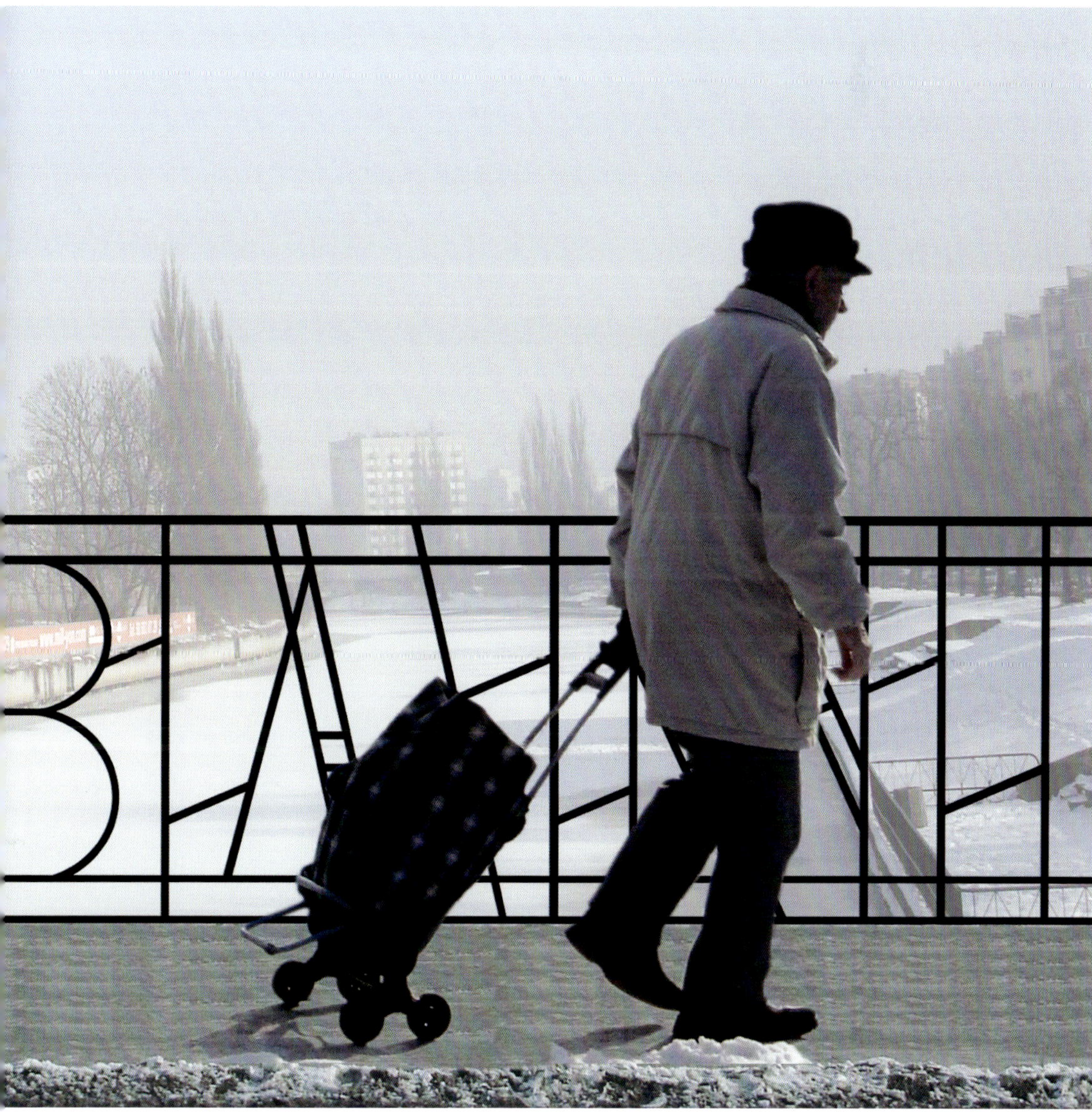

Steel balustrade
1.50 × 31 m
Permanent installation, Luicciana, Italy
Commissioned in the context of the Circuito di Arte Pubblica of the Complesso Artistico Contemporaneo del Commune di Cantagallo
Collection Commune di Cantagallo, Italy

This work, which was produced as part of the Circuit of Public Art of the Contemporary Art Complex of Cantagallo [Italy], consists of a handrail that runs along thirty-one meters of the Carigiola Provincial Road in Luicciana, Italy. Featuring the Italian translation of a quote by Jean-François Lyotard—"It is not up to us to provide reality"[1]—it merges with the breathtaking view of the hills and mountains of the Tuscan countryside to form a surprising combination that questions the power of art to transform reality.

Réalisée dans le cadre du Circuit d'art public du Complexe artistique contemporain de la commune de Cantagallo, cette balustrade court sur 31 mètres le long de la route départementale de la Carigiola, à Luicciana (Italie). Reproduisant la traduction italienne d'une citation de Jean-François Lyotard – « Il ne nous appartient pas de fournir de la réalité[2] » –, elle vient se superposer à la vue spectaculaire sur les paysages vallonnés de la campagne toscane pour former une association surprenante qui interroge le pouvoir de l'artiste face à la réalité.

MV

1. Jean-François Lyotard, *The Postmodern Explained to Children: Correspondence, 1982–1985* (Sydney: Power Publications, 1992), 24.
2. Jean-François Lyotard, « Réponse à la question : Qu'est-ce que le postmoderne ? », dans *Le Postmoderne expliqué aux enfants. Correspondance 1982-1985*, Paris, Galilée, 2005, p. 33.

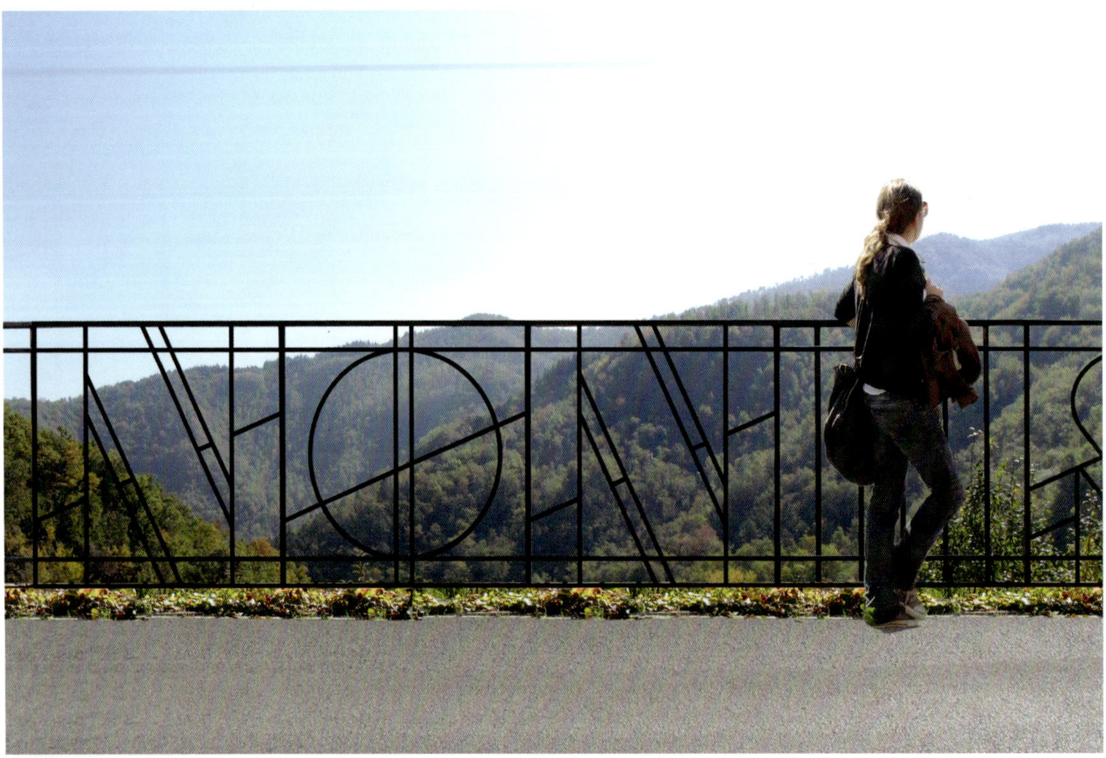

199 *Casa do baile alongada*, 2012

Lightbox: 377.3 × 100 cm
Technical conception: Rob Engel
Permanent installation for a private house, Esch-sur-Alzette, Luxembourg
Collection Rob Engel

This stained glass window was designed for the living room of a private home in Esch-sur-Alzette, Luxembourg. It is based on the floor plan of the House of Dance built in 1943 by Oscar Niemeyer on the shores of the artificial lake in Pampulha, Belo Horizonte, Brazil. Theis elongated the shape of the original building to create a motif whose forms conjure the spirit of hedonism, the philosophy of pleasure so dear to the Brazilian modernist architect, and his love of the "free and sensual curve."[1]

Ce vitrail pour le salon d'une demeure privée à Esch-sur-Alzette (Luxembourg) est basé sur le plan de la Maison de la danse conçue en 1943 par Oscar Niemeyer. Les contours du bâtiment implanté sur les rives du lac artificiel de Pampulha, à Belo Horizonte (Brésil), ont été allongés pour créer un motif dont les formes renvoient à l'hédonisme, notion chère à l'architecte moderniste brésilien, et à son amour de la « courbe libre et sensuelle[1] ».

MV

1. Oscar Niemeyer, *Les Courbes du temps. Mémoires* (Paris: Gallimard, 1999), preface.

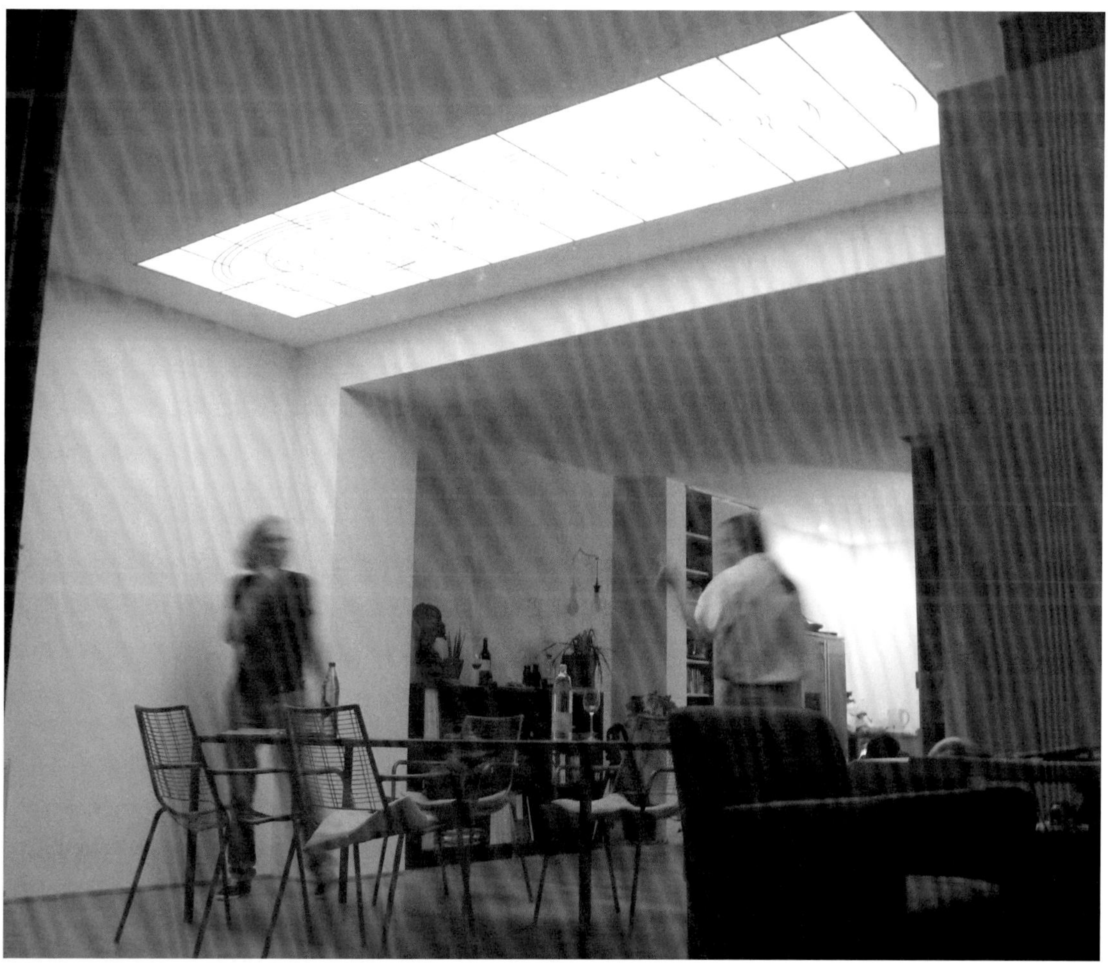

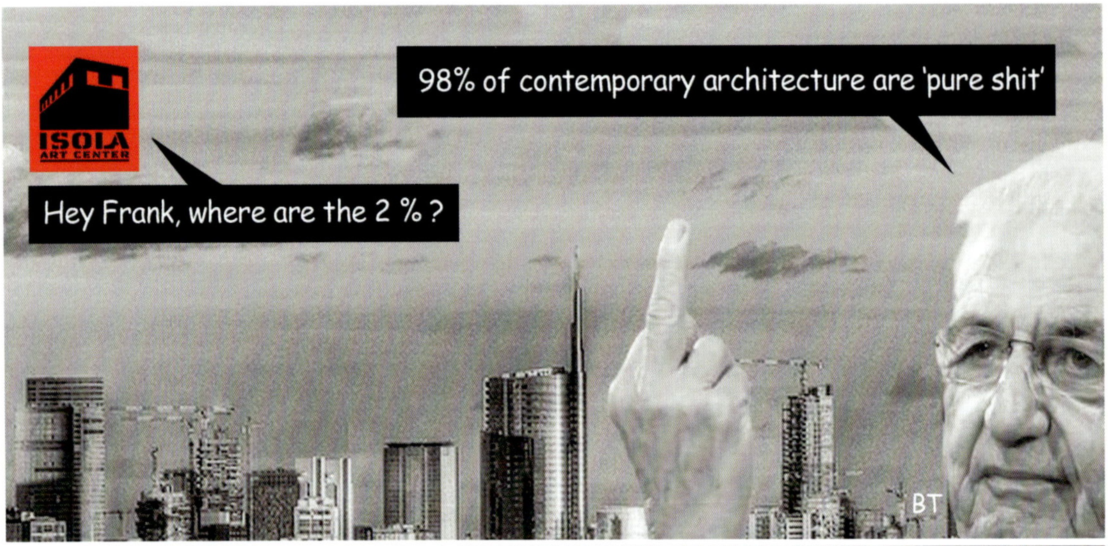
ISOLA ART CENTER
98% of contemporary architecture are 'pure shit'
Hey Frank, where are the 2 % ?
BT

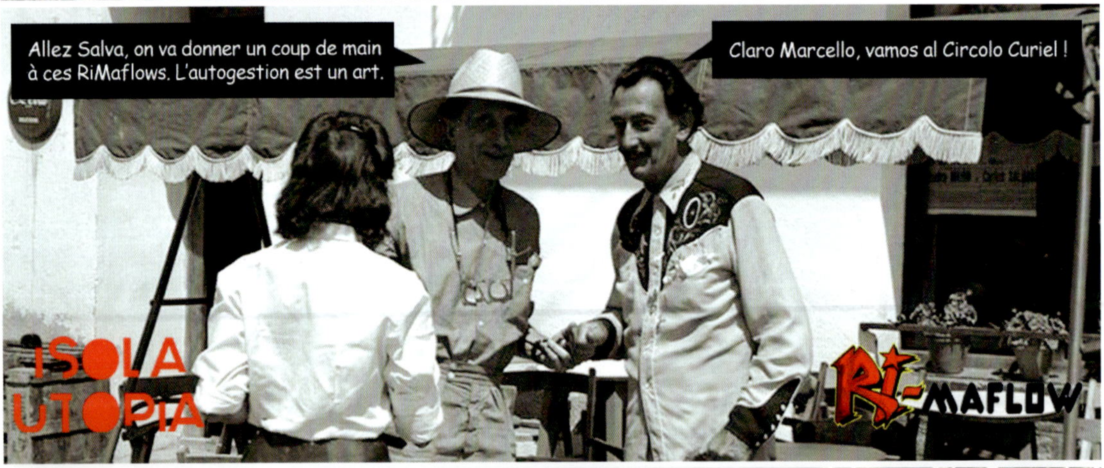
Allez Salva, on va donner un coup de main à ces RiMaflows. L'autogestion est un art.
Claro Marcello, vamos al Circolo Curiel !
ISOLA UTOPIA
RI-MAFLOW

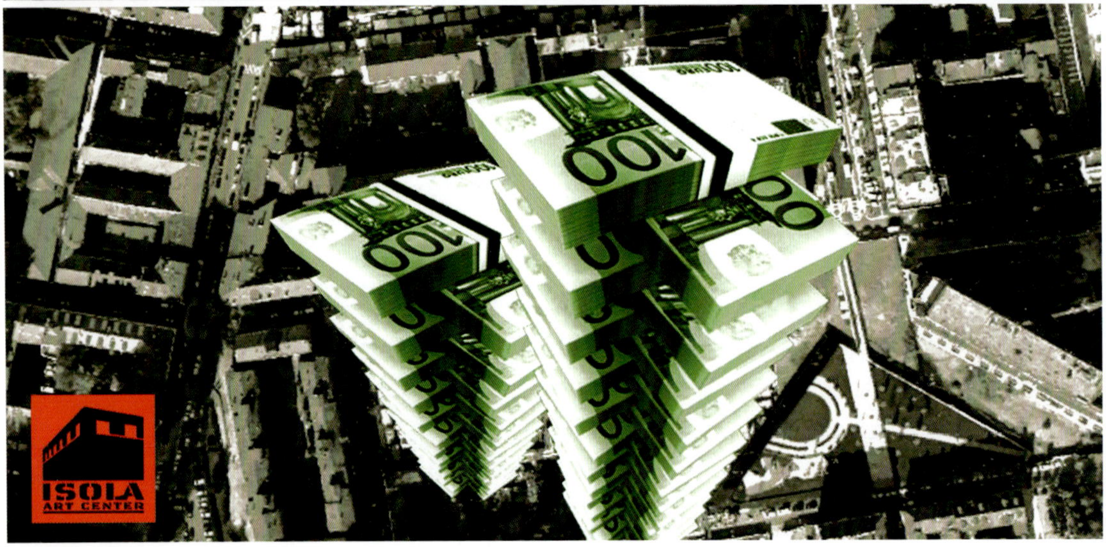
ISOLA ART CENTER

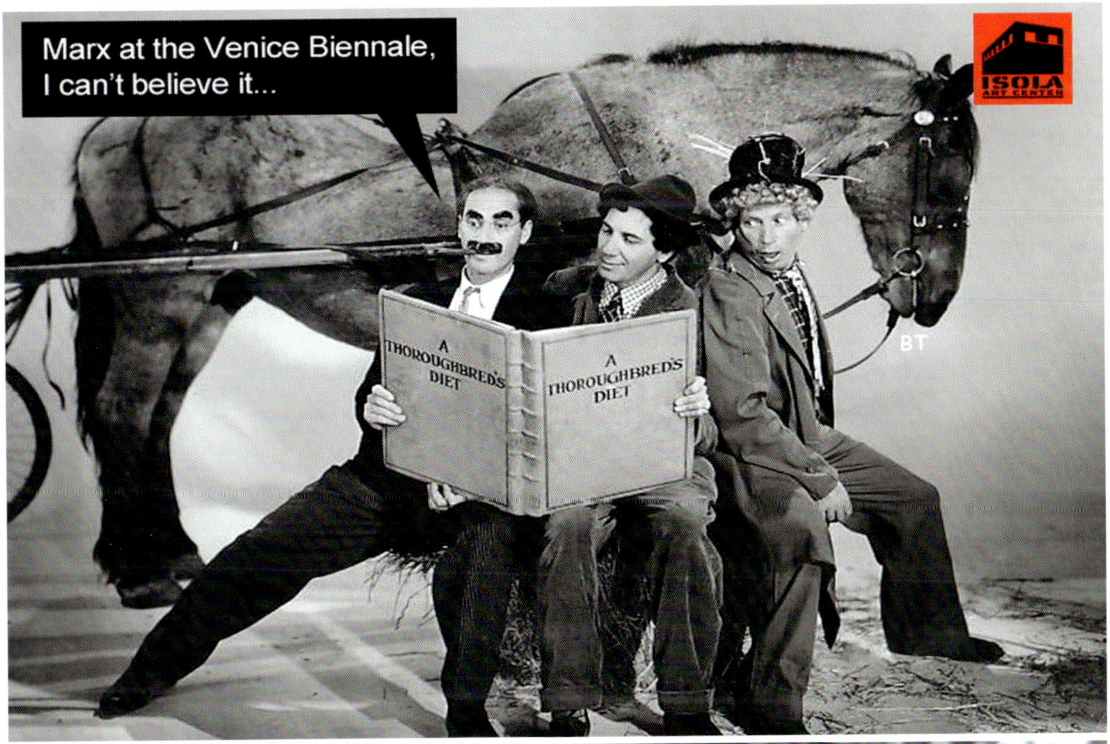
Marx at the Venice Biennale, I can't believe it...
ISOLA ART CENTER
A THOROUGHBRED'S DIET
A THOROUGHBRED'S DIET
BT

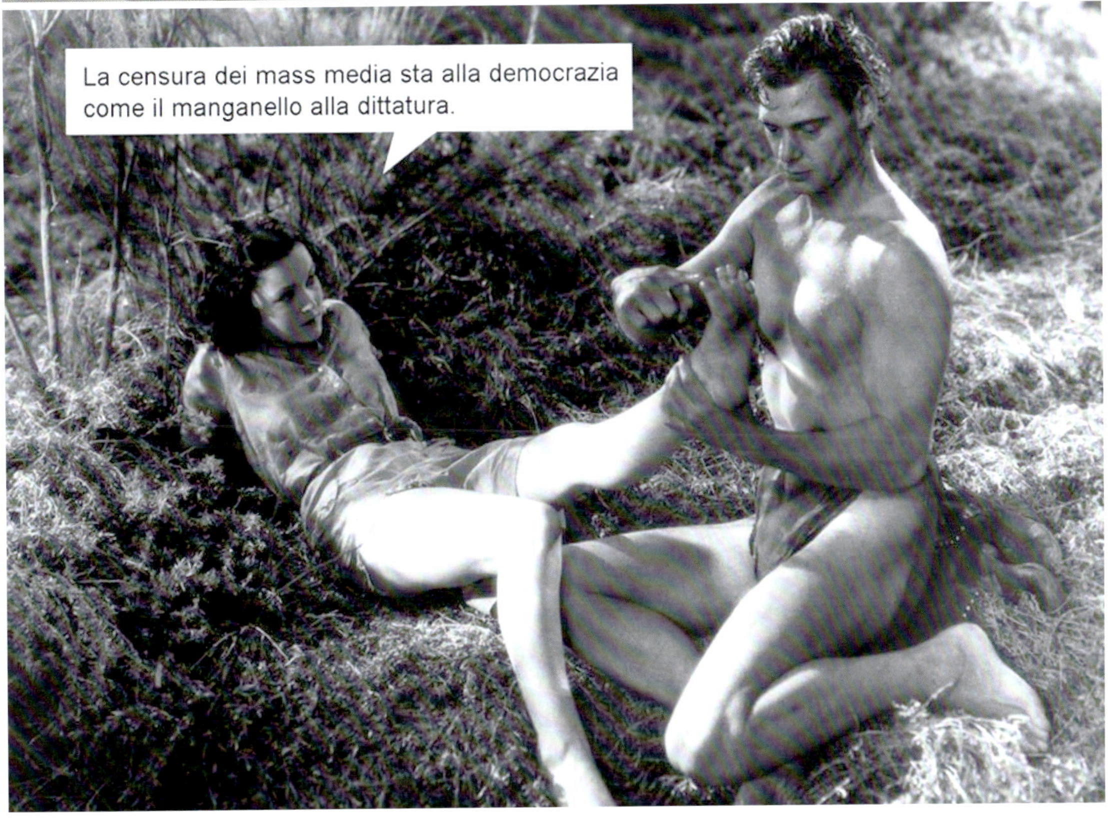
La censura dei mass media sta alla democrazia come il manganello alla dittatura.

Utopian City, 2014

Digital print on vinyl
340 × 900 cm
Produced in the context of the group exhibition *Utopian Pulse – Flares in the Darkroom*, Vienna Secession, Vienna, Austria
Collection Museo Nacional Centro de Arte Reina Sofía, Madrid

The Isola Utopia project is a project that collects fragments and moments for new utopias. Some of these fragments and moments are presented in this collage. A painting of Vienna in 1847 by Jakob Alt forms the backdrop, which, on this occasion, is delocalized by being placed at the seaside (who in Vienna did not have this dream?) The balloons indicate the utopia of flying, the old dream of mankind to feel free and fly like a bird. On the roofs, you can see members of Isola Art Center waving the Isola Utopia flag. The letters on this flag are each missing a piece, in order to make it clear that we still have to invent these new utopias.

Le projet *Isola Utopia* est un projet qui collecte des fragments et des moments pour de nouvelles utopies. Certains de ces fragments et moments sont présentés dans ce collage. Une peinture de Vienne en 1847 par Jakob Alt sert de toile de fond. Pour l'occasion, la cité autrichienne a été délocalisée et placée en bord de mer – probablement le rêve de tous les Viennois ! Les ballons renvoient à l'utopie du vol, au vieux rêve de liberté de l'humanité et de voler comme un oiseau. Sur les toits, on voit des membres de l'Isola Art Center en train d'agiter le drapeau « Isola Utopia ». Les lettres figurant sur le drapeau sont toutes incomplètes, de manière à signifier que, loin d'exister, ces nouvelles utopies demandent à être inventées.
BT, 2015

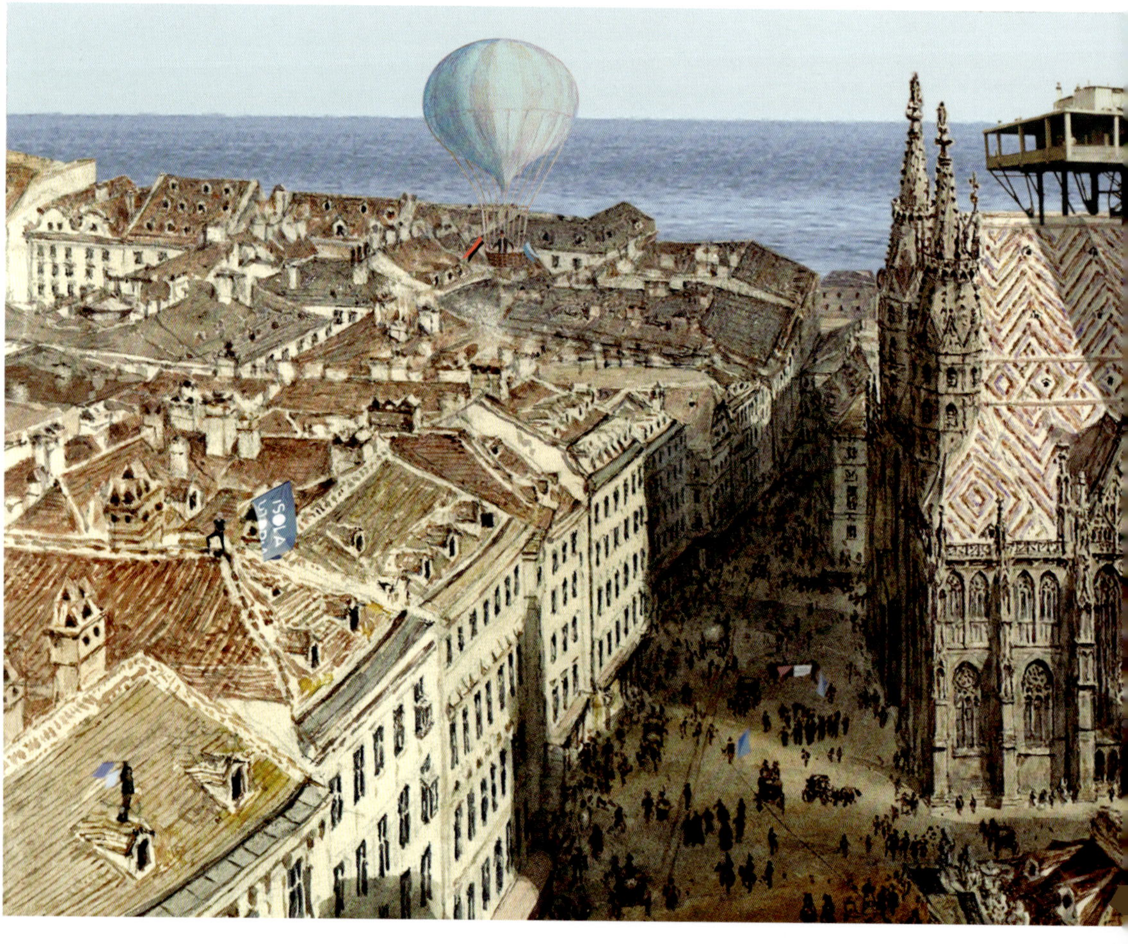

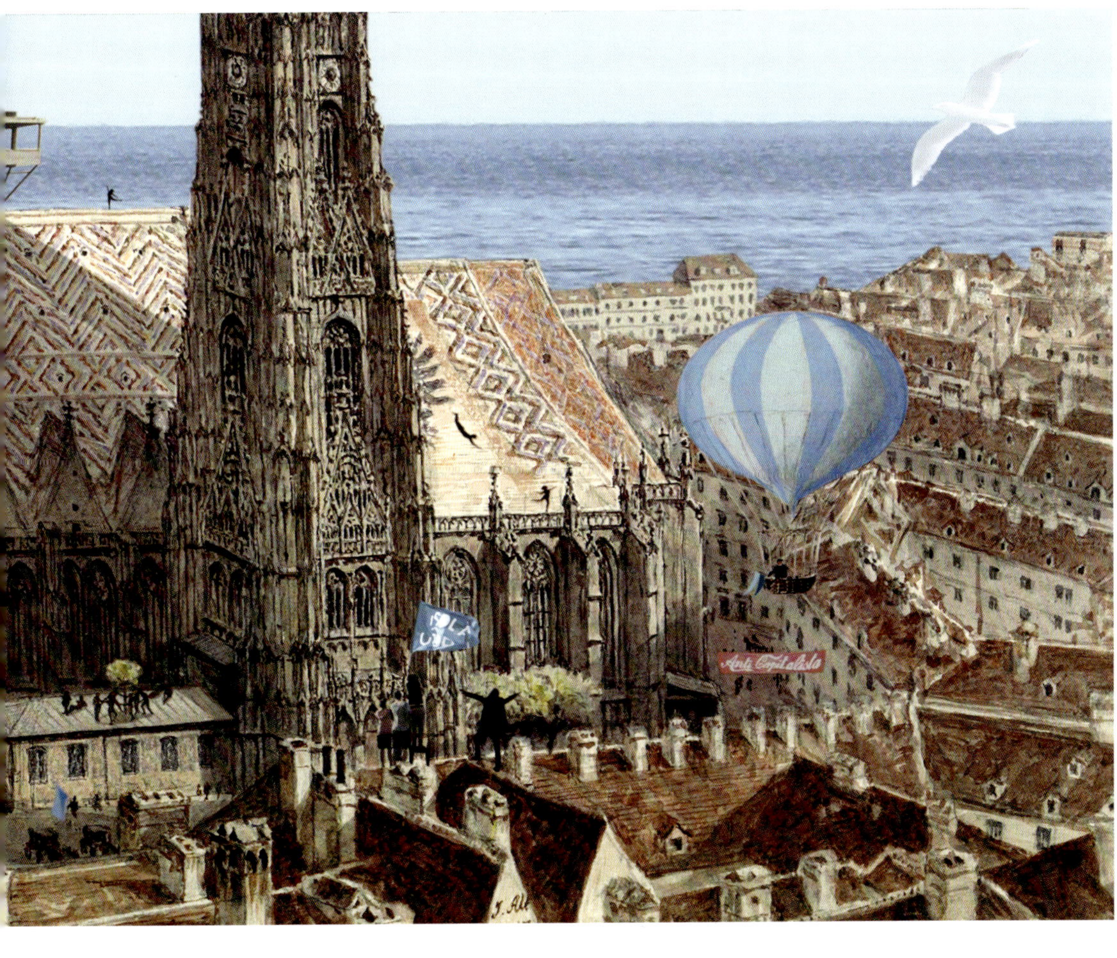
Anti Capitalista

 Aggloville (Torino), 2015 Digital print on canvas
316 × 472 cm
Collection Mariette Schiltz

cf. p. 155

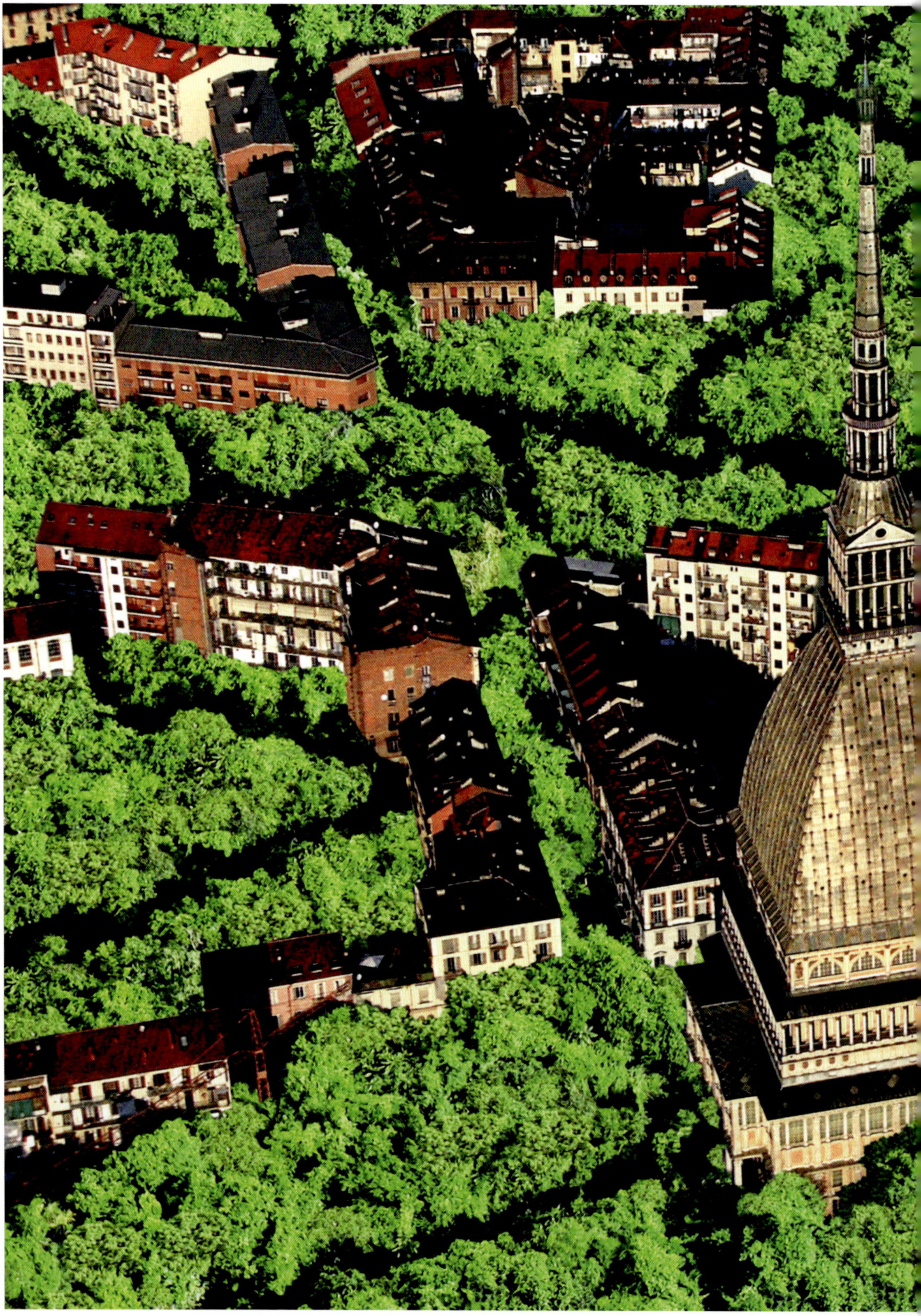

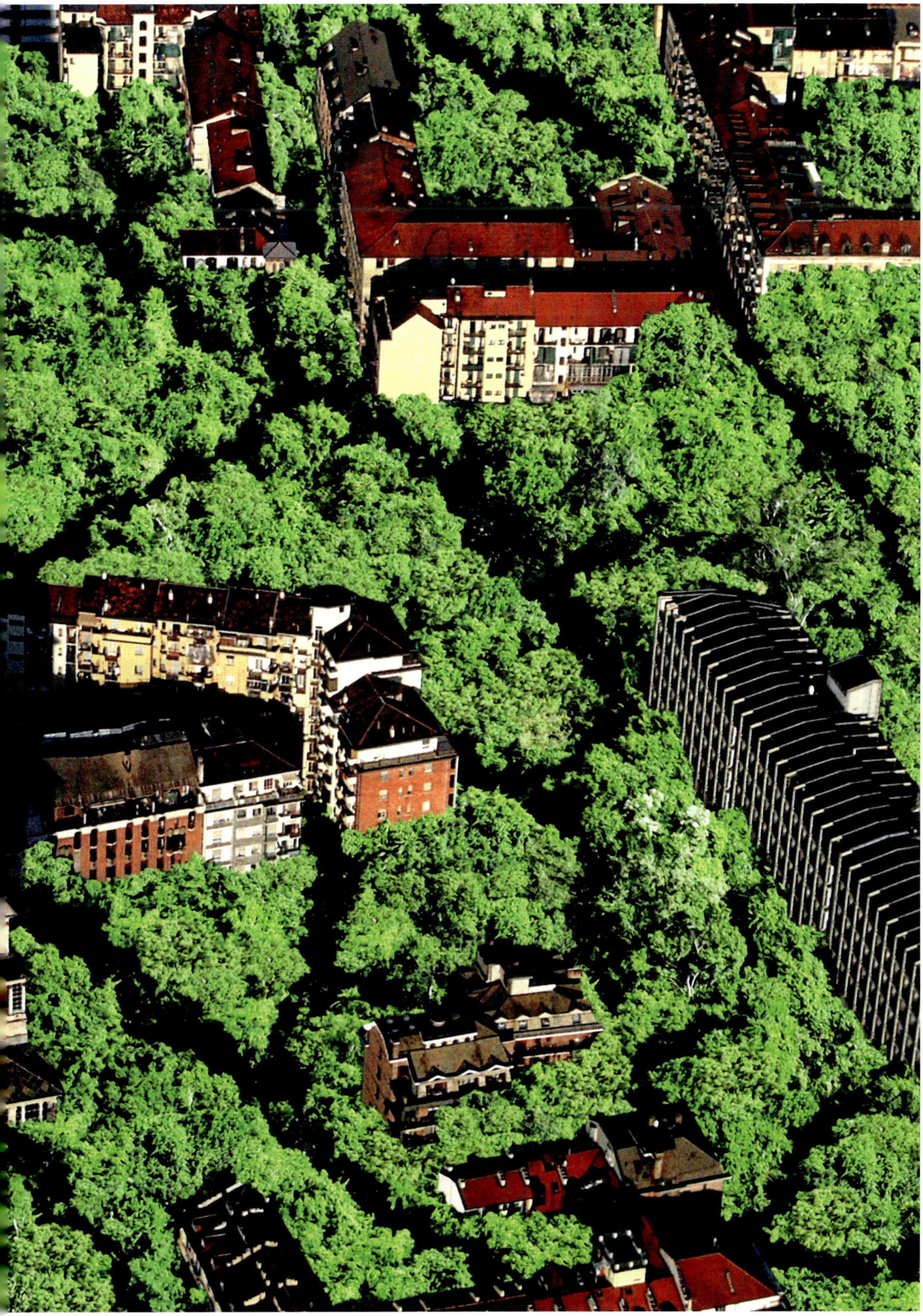

 From Fight Specific Isola to Isola Utopia, 2015

Photomontage of 6 photographs
33 × 210 cm
Collection Mariette Schiltz

This photomontage retraces the history of the Isola Art Center, which Theis co-founded, over the last fifteen years. It captures several emblematic episodes of this collective and collaborative movement, which brought together citizens and professionals around the question of the transformation of urban space: "Until the unreachable victory," written by the artist Tania Bruguera as a sign of resistance on one of the walls of the derelict building of the Stecca degli Artigiani (a); Theis waving the "Isola Utopia" flag designed by Angelo Castucci during the research project *Isola Utopia: Fragments and Moments for New Utopias*, which took place in Riga (Latvia) (b); two views of the Garibaldi Towers in Milan, before and after the artist's project to turn Lombardy's capital into a "green city;" an image found in a Colombian magazine that inspired this utopian project; and Isola Pepe Verde (c), the community garden created after the demolition of the Stecca and self-managed by residents of the Isola district.

Ce photomontage retrace l'histoire d'Isola Art Center, dont Bert Theis fut l'un des fondateurs, au cours des quinze dernières années. Y sont représentés quelques-uns des épisodes emblématiques de ce mouvement collectif et collaboratif qui réunissait citoyens et professionnels autour de la question de la transformation de l'espace urbain : « Until the unreachable victory[1] », écrit comme un symbole de résistance par l'artiste Tania Bruguera sur l'un des murs intérieurs du bâtiment en ruine de la Stecca degli Artigiani (a) ; Bert Theis agitant le drapeau « Isola Utopia » d'Angelo Castucci à l'occasion du projet de recherche *Isola Utopia: Fragments and Moments for New Utopias* à Riga (Lettonie) (b) ; deux vues des tours Garibaldi à Milan, l'une avant, l'autre après le projet de l'artiste de faire de la ville lombarde une « ville verte » ; une image trouvée dans une revue colombienne qui inspira ce projet utopique ; Isola Pepe Verde (c), le jardin communautaire créé suite à la démolition de la Stecca et autogéré par les habitants du quartier d'Isola.

MV

1. Jusqu'à l'inatteignable victoire.

Pictures extracted from the original photomontage, composed of six photographs

(a)

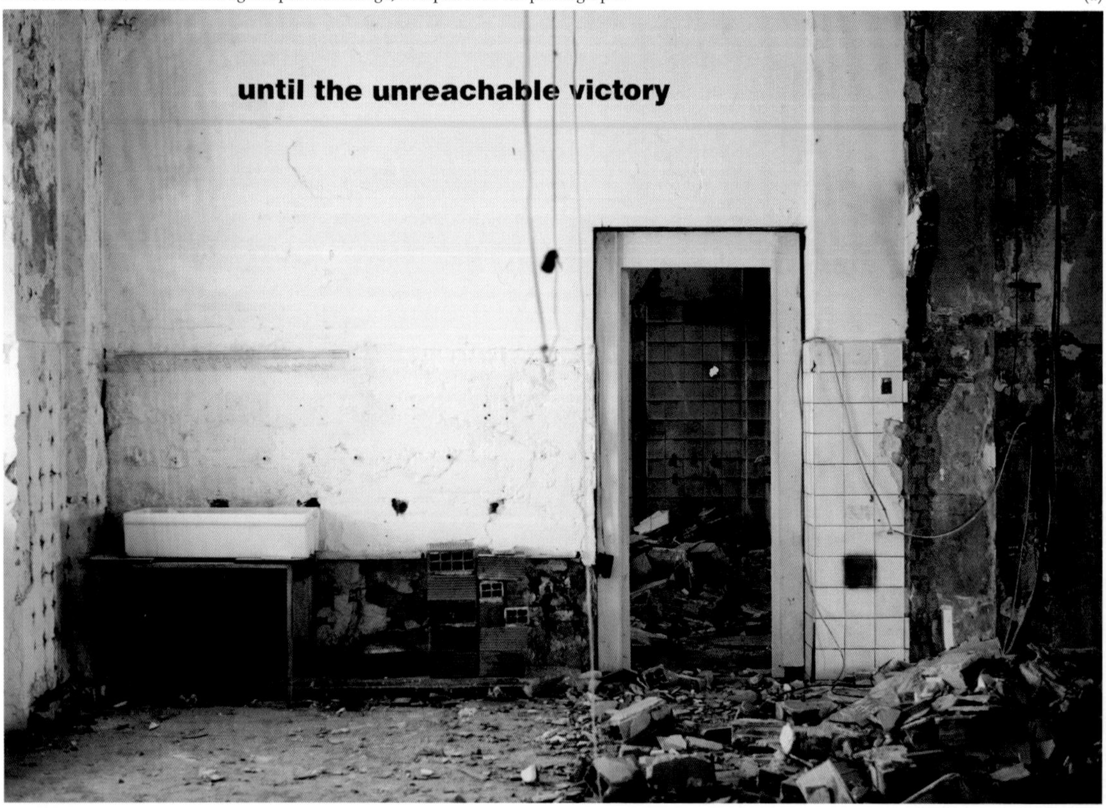

(b)

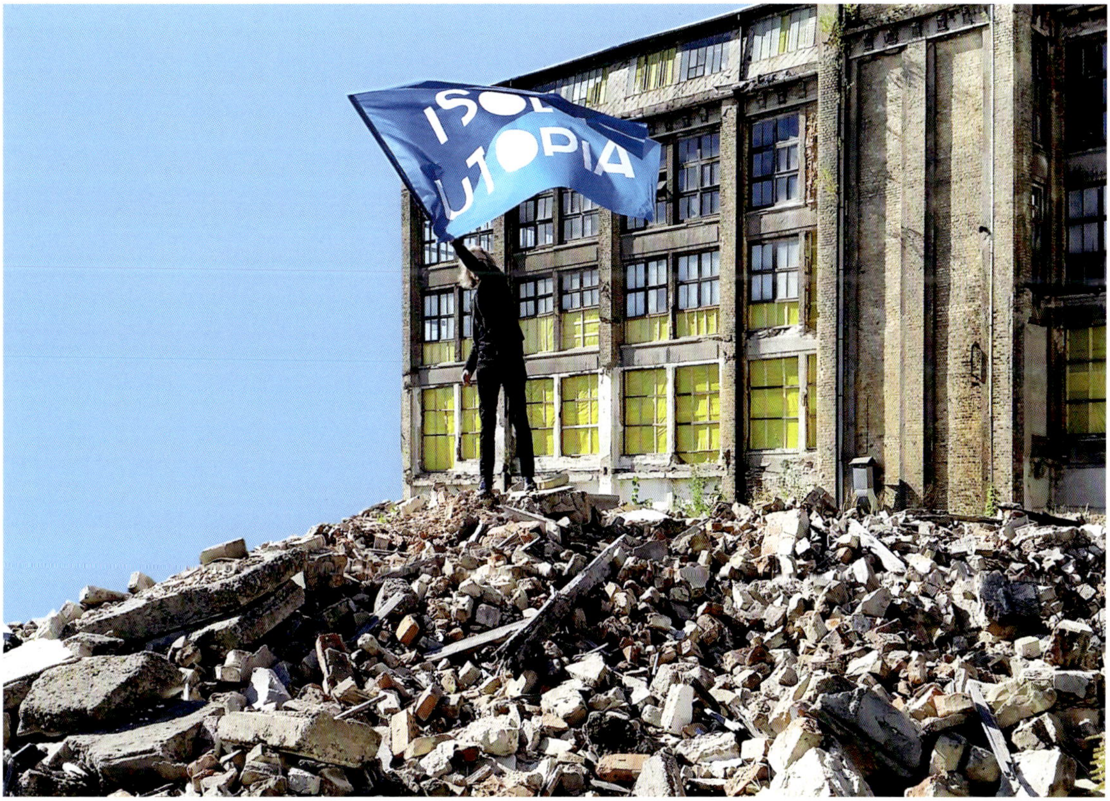

(c)

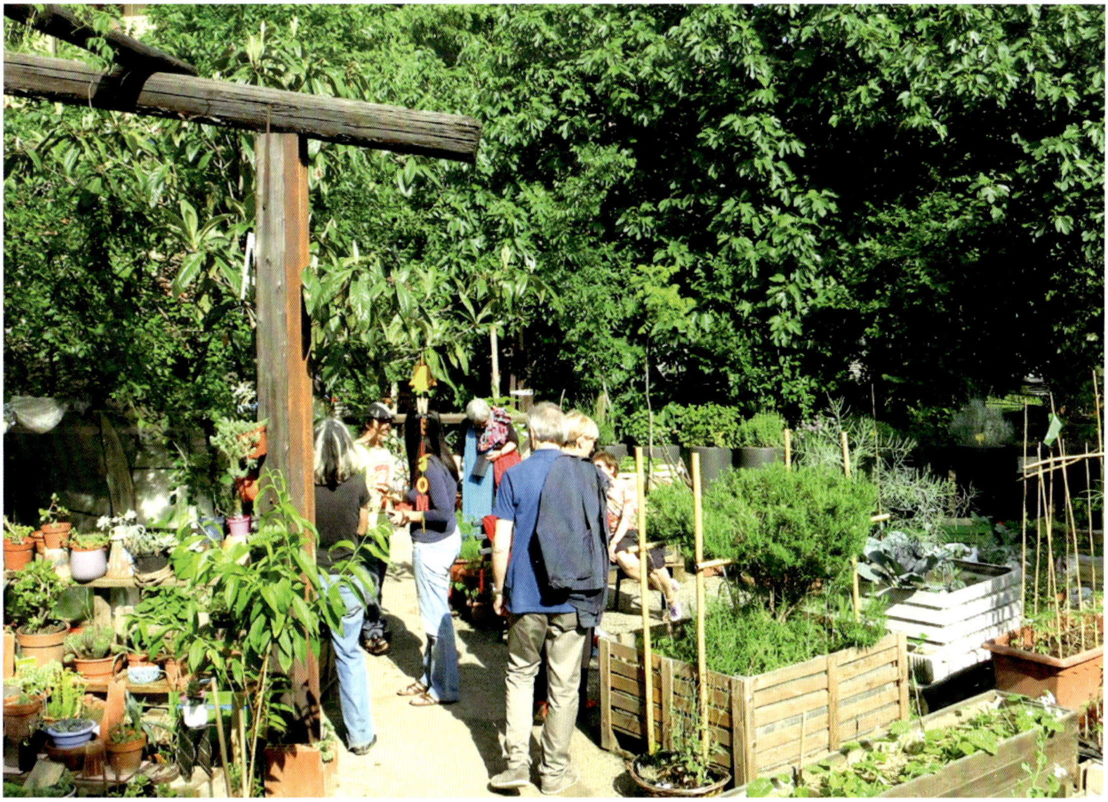

Polygono Latinoamericano, 2015

Model
38 × 40.5 × 53 cm
Technical conception: in collaboration with Rob Engel
Project for a bamboo and metal pavilion for the interior courtyard of the Museo de Antioquia, Medellin, Colombia (unrealised)
Collection Mariette Schiltz

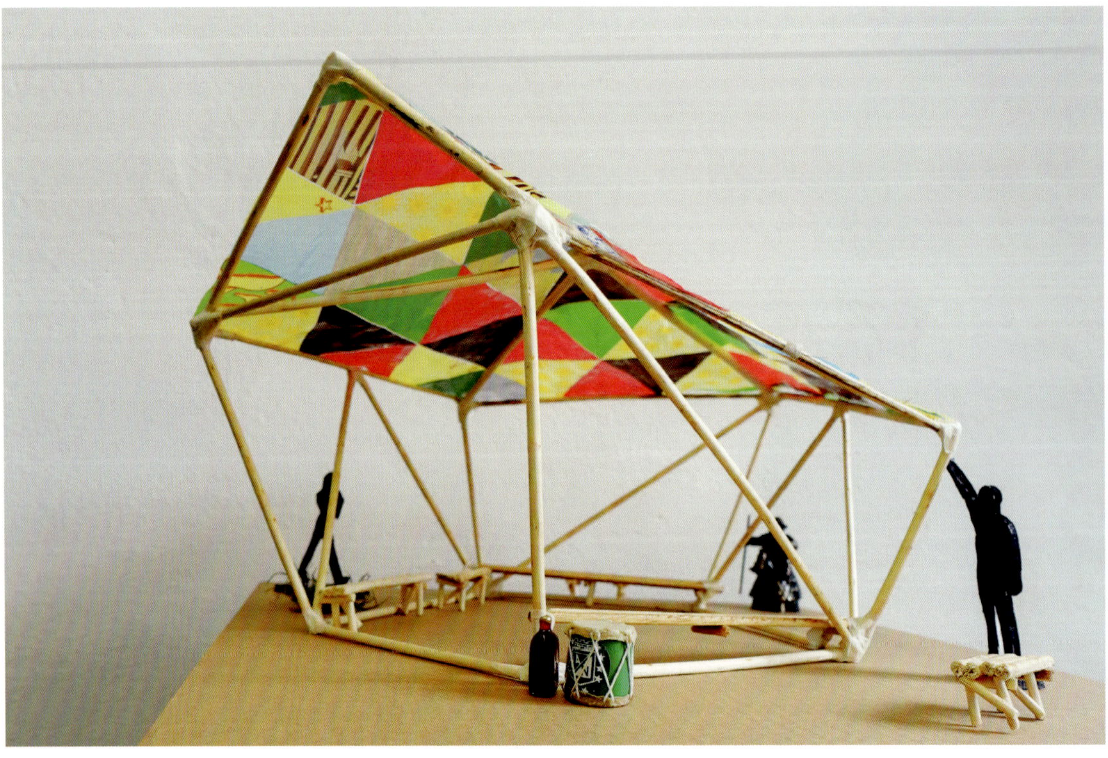

Appendix

Photographic Credits

© Adagp, Paris 2019 / Bert Theis
Cover, pp. 18, 21 (above), 44, 115, 116, 118, 122, 123, 124, 125, 127, 134, 160: © Mariette Schiltz
pp. 21 (below), 37, 40, 43, 71, 72, 75, 76, 80, 83, 84, 113, 114, 119, 120, 131, 132, 136, 142, 143, 144, 145, 147, 150, 151, 156, 159 (above), 162, 163, 164, 165, 174, 175, 176, 177, 179, 187, 188, 189, 190, 191, 192, 196-197, 207, 208: © Bert Theis
pp. 22, 57, 138, 139, 140-141, 146, 148, 149, 157: © Roman Mensing, artdoc.de
pp. 61, 178: © Philippe De Gobert, courtesy Erna Hecey Gallery
p. 79: © Albanian National Gallery of Arts, Tirana, installation view, 2008
pp. 102, 103, 193: © Rob Engel
pp. 117, 194: © Valentina Bonomonte (Aggloville exhibition, PAV Parco Arte Vivente, 2015)
pp. 121, 169: © Musée national d'histoire et d'art Luxembourg | Photo: Tom Lucas
pp. 128, 129, 130, 183: © Wolfgang Träger
p. 133: © Galerie Heinrich Schmidt
pp. 152, 153: © Pierre Leguillon, courtesy Erna Hecey Gallery, Luxembourg
p. 167, 170: © Ilmari Kalkkinen, Mamco
pp. 168, 171 (below): © Erna Hecey Gallery, Brussels/Luxembourg
pp. 179 (below), 180: © André Morin
p. 181: © Rémi Villaggi
p. 185 (below): © Judith Quentel, Domaine départemental de Chamarande
p. 195: © Aurélien Mole
p. 199: © Trash Picture Company
p. 206: © Maria Vittoria Trovato
p. 207 (above): anonymous photographer

Text Credits

p. 142, 146: Courtesy Casino Luxembourg – Forum d'art contemporain

Every effort has been made to contact the rightful owners with regard to copyrights and permissions. We apologize for any inadvertent errors or omissions.

Associated Artworks, Models and Preparatory Drawings

p. 131 (above)
Model, part of *The Potemkin Lock Project – Venice Biennale 1995 & Mudam Luxembourg 2012*, 1995/2012
Series of 9 photographs (framed), original model of the project, Mini-CD *B.T.M.D. Potemkin Lock Venice Rap,* video documentation realised by Mariette Schiltz, 11 deck chairs, publication signed by the artist, *Potemkin Lock best national pavilion*: postcard signed by Kaspar König (framed), construction plans
Collection Mudam Luxembourg – Musée d'Art Moderne Grand-Duc Jean
Acquisition 2014

p. 131 (below)
B.T.M.D. Potemkin Lock Venice Rap, 1995
In collaboration with Raphaël Rippinger
Mini-CD (edition of 100)
8.5 × 8.5 cm

p. 145
Preparatory collage for *Le Domaine de Marcel & Joseph*, 1998

p. 154
Simulation for *Stirner Prothese*, 2000

pp. 158-159 (below)
Untitled/Untilted, 2001
Lambda print mounted on aluminium
47 × 130 cm
Collection Mariette Schiltz
Courtesy Erna Hecey Gallery, Luxembourg

p. 163 (above)
Étude pour le tramway de Strasbourg, 1999
Model
Wood, elements in plastic, paper, 6 trees, 9 figurines, 2 cars
33 × 157.6 × 80 cm
FNAC 991064
Centre national des arts plastiques
© Adagp, Paris / Cnap / Bert Theis

p. 168
The true artist..., 1999
Model
Wood, cardboard, various materials
25 × 23 × 12 cm
Collection Mariette Schiltz

p. 171 (above)
Out for Isola, 2004
Digital print on tarpaulin
220 × 393 cm
Collection Mudam Luxembourg – Musée d'Art Moderne Grand-Duc Jean
Production 2004

p. 182
Runningwater (W)right House, 2006
Lambda print mounted on plexiglas
89 × 150 cm
Collection Mariette Schiltz

p. 184 & 185 (above)
Simulations for *Le Troisième Système*, 2007

p. 196-197
Simulation for *Blind/Ślepi*, 2011

p. 198
Simulation for *Non spetta a noi fornire realtà*, 2011

Bert Theis

Born 1952 in Luxembourg, deceased 2016 in Luxembourg
Lived and worked in Milan and Luxembourg

Long Time Projects

2001-2016 Isola Art Center, Milan, Italy
2002-2016 *OUT (Office for Urban Transformation)*, Milan, Italy / Mexico City

Solo Exhibitions & Installations (Selection)

2019 *Building Philosophy – Cultivating Utopia*, Mudam Luxembourg – Musée d'Art Moderne Grand-Duc Jean, Luxembourg

2018 *Provisional Green Space*, AVTO, Istanbul, Turkey

2015 *Bert Theis – Aggloville*, PAV Parco d'Arte Vivente, Turin, Italy

2012 *2551913*, Paris, France, permanent installation

2011 *Bert Theis – Inventario #A*, Federico Bianchi Contemporary Art, Milan, Italy
Blind / Ślepi, The Outdoor Gallery, Gdańsk, Poland
Non spetta a noi fornire realtà, Luicciana (Cantagallo), Italy, permanent installation

2010 *out&Theis*, Galleria Contemporaneo, Mestre/Venice, Italy

2009 *Bert Theis. Building Philosophy*, Centro per l'Arte Contemporanea Luigi Pecci, Prato, Italy

2008 *Platforms and Aggregations*, Erna Hecey Gallery, Brussels, Belgium
Bert Theis – Building Philosophy, Federico Bianchi Contemporary Art, Lecco, Italy
Suprematist Platform, National Gallery of Arts, Tirana, Albania
(in collaboration with Tirana Art Center, Albania)

2007 *Agglomérations*, Mamco – Musée d'art moderne et contemporain, Geneva, Switzerland
La Ville agglomérée, Fonds départemental d'art contemporain de l'Essone / Domaine de Chamarande, France
European Pentagon, Safe & Sorry Pavilion, Place de l'Europe, Luxembourg, permanent installation
Le Troisième Système, Fonds départemental d'art contemporain de l'Essone / Domaine de Chamarande, France, permanent installation

2005 *European Pentagon, Safe & Sorry Pavilion*, BOZAR – Palais des Beaux-Arts, Brussels, Belgium

2003 *The true artist…*, Musée national d'histoire et d'art Luxembourg, Luxembourg, permanent installation
Urban Transformations, Erna Hecey Gallery, Luxembourg

2002 *Warburg Spirale. Un monument aux vivants,* Place de la République, Strasbourg, France, permanent installation
OUT (Office for Urban Transformation), Stecca degli Artigiani, Isola Art Center, Milan, Italy

2001 *Untitled/Untilted*, urban installation, Isola Art Project, Isola Art Center, Milan, Italy
AQ, Erna Hecey Gallery, ARCO, Madrid, Spain

1999 *Rien à déclarer/Nothing to Declare*, Erna Hecey Gallery, Luxembourg

1998 *Le Domaine de Marcel & Joseph*, Casino Luxembourg – Forum d'art contemporain, Luxembourg, installation
Dialectical Leap and *New Art Workshop*, Subcurator Project, Manifesta 2, Luxembourg

1997 *Broadway Fly*, Erna Hecey Gallery / FIAC, Paris, France
Coeur mâle/École de Paris, European Male Choir Festival, Apeldoorn, Netherlands

1996 *Thanks, that's enough!*, Heinrich Schmidt Gallery, Grenzach-Wyhlen, Germany / Liste Art Fair Basel, Switzerland
Return to Sender, Galleria Luciano Inga-Pin, Milan, Italy
Sandwiches. Algunos mitos, Galería Espai Lucas, Valencia, Spain
Broadway Fly, Heinrich Schmidt Gallery, Grenzach-Wyhlen, Germany / Art Frankfurt, Germany

1995 *Potemkin Lock* & *Potemkin Lock Venice Rap*, 46th Venice Biennial, Venice, Italy
Shadow Fixing, Fort Thüngen, Luxembourg
Il terzo giorno, Villa delle Rose, Bologna, Italy

1994 *Désenchantement virtuel*, Centre Culturel Français, Luxembourg

Group Exhibitions (Selection)

2018 *Le Printemps de septembre*, Toulouse, France
Thinking Ahead, Erna Hecey Gallery, Luxembourg

2017 *Repères / L'état de l'art public au Luxembourg*, LUCA – Luxembourg Center for Architecture, Luxembourg

2016 *Utopian Pulse – Flares in the Darkroom*, MOCAK – Museum of Contemporary Art in Krakow, Poland
Teatri i Gjelbërimit, FAB Gallery, Tirana, Albania
Le Territoire à l'œuvre, Centre national des arts plastiques (Cnap), Paris, France / Galerie Fernand Léger, Ivry-sur-Seine, France

2015 *MDE 15 Local Stories / Global Practices*, Artist Residence, Casa Tres Patios, Medellín, Colombia
Con il pubblico, AR.RI.VI. – Archivio Ricerca Visiva, Milan, Italy
Artistes et architecture, Dimensions variables, Pavillon de l'Arsenal, Paris, France
Piazza dell'Immaginario, Dryphoto arte contemporanea, Prato, Italy

2014 *Salon Orizzonti Occupati*, Secession, Vienna, Austria
BLKNZM, Manifesta 10, Saint Petersburg, Russia
The Independent, MAXXI – Museo nazionale delle arti del XXI secolo, Roma, Italy
Utopian Pulse – Flares in the Darkroom, *Salon Klimbim*, Vereinigung Bildender KünstlerInnen Wiener Secession, Vienna, Austria
"The Collective Eye" Symposium, CAFA Art Museum, Beijing, China
Ongoing Fight-Specific Isola, Sale Docks, Magazzini del Sale, Venice, Italy
All About These… Ladies and Gentlemen, Co-PILOT, PILOT Gallery, Istanbul, Turkey

2013 *Disobedience Archive (The Republic)*, Castello di Rivoli, Rivoli, Italy
Gallery On The Move, miart, Milan, Italy
Funding for Isola, Galleria Bianconi, Milan, Italy
1:1 stopover, +MSUM – Museum of Contemporary Art Metelkova, Ljubljana, Slovenia
All About These… Ladies and Gentlemen, Viafarini DOCVA, Milan, Italy

2012 *Truth is concrete*, steiricherherbst, Graz, Austria
Disobedience Archive (The Parliament), Bildmuseet at Umeå University, Umeå, Sweden
Fight-Specific Isola, Frigoriferi Milanesi, Milan, Italy
Museo Civico Archeologico, Bologna, Italy
Cry Baby and *Music is my Aeroplane*, Satelliteproject.net
Atelier Luxembourg, Mudam Luxembourg – Musée d'Art Moderne Grand-Duc Jean, Luxembourg
It doesn't always have to be beautiful unless it's beautiful, 9th Muslim Mulliqi Prize Exhibition, Kosovo

2011 *Living as Form*, Archive of Socially Engaged Practices from 1991-2011 (online archival database)
Disobedience: An ongoing video archive, MIT – Massachusetts Institute of Technology, Boston, USA
Green Desire / Desiderio Verde, Associazione Sassetti Cultura, Milan, Italy
Taxi, Taller 7, Medellín, Colombia
Arte Útil, Off Limits, Madrid, Spain
First prize – Competition, Outdoor Gallery of the City of Gdańsk, ŁAŹNIA Centre for Contemporary Art, Laznia, Poland
I Miss My Enemies, Sala del Camino, former Monastery SS. Cosma e Damiano, Giudecca, 54th Venice Biennial, Venice, Italy

2010 *(re)designing nature*, Künstlerhaus, Vienna, Austria
Club 21 – Remaking the scene, One Marylebone, London, United Kingdom
A History of Irritated Material, Raven Row, London, United Kingdom
Brave New World, Mudam Luxembourg – Musée d'Art Moderne Grand-Duc Jean, Luxembourg

2009 *We do it*, Kunstraum Lakeside, Klagenfurt, Austria
Public Art, Galleria Neon>Campobase, Bologna, Italy

2008 6th Taipei Biennial 2008, Taipei, Taiwan
Public Art, Palazzo Costanzi, Trieste, Italy
Soft Manipulation – Who is Afraid of The New Now?, Casino Luxembourg – Forum d'art contemporain, Luxembourg / Stiftelsen 3,14, Bergen, Norway

2007 *Transient City, Urban Landmarks*, Luxembourg
10th Istanbul Biennial, Istanbul, Turkey
Cities from below, Fondazione Teseco per l'Arte, Pisa, Italy

2006 *Eldorado*, Mudam Luxembourg – Musée d'Art Moderne Grand-Duc Jean, Luxembourg
5th Busan Biennial, Busan, Korea
Ink Painting Biennial Shenzen, He Xiangning Museum of Art, Shenzhen, China
Chauffe, Marcel !, Frac Languedoc-Roussillon, Montpellier, France
La scelta della gente/The People's Choice, Isola Art Center, Milan, Italy

2005 *Chi/Ich, arte e vita/Kunst & Leben*, Galleria Gruppo Credito Valtellinese/Refettorio delle Stelline, Milan, Italy
Emergency Biennial in Chechnya, Milan stop at Isola Art Center, Italy
Multitudinario, Sala de Arte Publico Siqueiros, Mexico City, Mexico
Art-chitecture of Change, Isola Art Center, Milan, Italy

2004 *Out. Oficina de Transformaciòn Urbana*, Galeria Arquitectura, Mexico City, Mexico

2003 The 5th Shenzhen International Public Art Exhibition
The Fifth System: Public Art in the Age of Post-Planning, Shenzhen, China
2nd Tirana Biennial, Tirana, Albania
Fragments d'un discours italien, Mamco – Musée d'art moderne et contemporain, Geneva, Switzerland
No Art-No City! Urban Utopias in Contemporary Art, Städtische Galerie Bremen, Bremen, Germany
Salon des Refusés, Public art projects never realized, Fondazione Bevilacqua La Masa, Venice, Italy
Networking, Villa Renatico Martini, Monsummano Terme, Italy

2002 4th Gwangju Biennial, Gwangju, Korea
Spazi d'arte, Collezione Gori, Pistoia, Italy

2001 *Salto Mortale*, Museum of Sepulchral Culture, Kassel, Germany

2000 *Strange Paradises*, Casino Luxembourg – Forum d'art contemporain, Luxembourg
A casa di, Cittadellarte – Fondazione Pistoletto, Biella, Italy

1999 *Domestic Zen*, Melbourne International Biennial, Melbourne, Australia
Skulptur-Biennale Münsterland, Nordkirchen, Germany

1998 *Arte all'Arte, Le dita della mano/Ten fingers,* Galleria Continua, Parco archeologico Enrico Fiumi, Volterra, Italy
Manifesta 2, Casino Luxembourg – Forum d'art contemporain, Luxembourg
Subway, the metropolitan underground, Milan, Italy
P.O. Box, Mamco – Musée d'art moderne et contemporain, Geneva, Switzerland

1997 *Philosophical Platform*, Skulptur Projekte, Münster, Germany, installation
Visual Rave, Centro Arte a Parte, Società Umanitaria, Milan, Italy
Arte per tutti, Palazzo Soave, Codogno, Italy

1995 *Mito, Operat '95*, Ex-Fornace Adriatica, Russi, Italy
Linea Infinita, Villa Domenica per l'Arte Contemporanea, Lancenigo, Italy
Anni '90. Arte a Milano, Galleria del Credito Valtellinese, Milan, Italy

1994 *Dva tisìce, Luggage for the Next Millenium,* Plasy Monastery, Plasy, Czech Republic
Rendez-vous provoqué, Musée national d'histoire et d'art, Luxembourg / CBK, Leiden, Netherlands

Curatorial Projects

2015 *Cultivating Utopia* (with Angelo Castucci and Sara Marchesi), Milan, Italy

2014 *Utopian Pulse – Salon Orizzonti Occupati,* Secession, Vienna, Austria

2014 *Isola Utopia*, San Mauro Cilento, Italy

2013 *Occupying Horizons* (with Camilla Pin), Milan, Italy

2012 *Fight-Specific Isola* (with Isola Art Center), Milan, Italy

2011 *LOASI*, Isola district, Milan, Italy

2009 *Territoria 4. Il grande balzo/The Great Leap*, Prato and province, Italy
Public Turbulence (with Alberto Pesavento), Isola/Milan, Italy

2007 *SituazionIsola* (with Marco Biraghi and Maurizio Bortolotti), Isola/Milan, Italy

Publications (Selection)

2018 *Isola Pepe Verde. Esperienze di un giardino condiviso a Milano*, Milan: Isola Pepe Verde

2013 *Fight-Specific Isola. Art, Architecture, Activism and the Future of the City*, Berlin: Archive Books

2010 Judith Quentel, ed. *Bert Theis. Building Philosophy*, Chamarande: Domaine départemental de Chamarande, Centre d'art contemporain
out&Theis. Office for urban transformation & Bert Theis, Treviso: Antiga Edizioni / Mestre/Venice: Galleria Contemporaneo

2009 Bert Theis, ed. *Territoria 4. Il grande balzo/The Great Leap*, Pisa: Pacini Editore

2003 Florian Matzner, ed. *Bert Theis. Some Works*, Ostfildern-Ruit: Hatje Cantz Verlag

Permanent Installations

2012 *2551913*, Parc de la Butte-du-Chapeau-Rouge, Paris, France

2011 *Non spetta a noi fornire realtà*, Luicciana (Cantagallo), Italy

2007 *European Pentagon, Safe & Sorry Pavilion*, Place de l'Europe, Luxembourg, permanent installation (created in 2005 for BOZAR – Palais des Beaux-Arts, Brussels, Belgium)
Le Troisième Système, Fonds départemental d'art contemporain de l'Essone / Domaine de Chamarande, France

2003 *The true artist…*, Musée national d'histoire et d'art Luxembourg, Luxembourg

2002 *Warburg Spirale. Un monument aux vivants*, Place de la République, Strasbourg, France

Public Collections

FRAC Bourgogne, Dijon, France
Mudam Luxembourg – Musée d'Art Moderne Grand-Duc Jean, Luxembourg
Mamco – Musée d'art moderne et contemporain, Geneva, Switzerland
FMAC – Fonds municipal d'art contemporain, Paris, France
BNL – Bibliothèque nationale de Luxembourg, Luxembourg
MNHA – Musée national d'histoire et d'art Luxembourg, Luxembourg

Enrico Lunghi is an art historian. He was a senior research assistant at the National Museum of History and Art in Luxembourg, from 1991 to 1995, then artistic director at the Casino Luxembourg – Forum d'art contemporain from 1996 to 2008. He was General Director of Mudam Luxembourg from 2009 to 2016 and commissioner for Luxembourg's presentation at the Venice Biennale in 1995 (Bert Theis, *Potemkin Lock*), 1999 (Simone Decker, *Chewing and Folding Projects*) and 2007 (Jill Mercedes, *Endless Lust*). From 2005 to 2011 he was President of the International Association of Curators of Contemporary Art (IKT). Since 2017 he is a research fellow at the Ministry of National Education's SCRIPT, Department for the Coordination of Educational and Technological Research and Innovation, and at the University of Luxembourg.

Gerald Raunig works at the eipcp (European Institute for Progressive Cultural Policies) in Vienna as one of the editors of multi-lingual publishing platform transversal texts, and at the Zürcher Hochschule der Künste in Zurich as Professor of Philosophy. His books have been translated into English, Serbian, Spanish, Slovenian, Russian, Italian, Dutch and Turkish. Recent books by Raunig in English include: *Art and Revolution. Transversal Activism in the Long Twentieth Century*, 2007; *A Thousand Machines*, 2010; *Factories of Knowledge, Industries of Creativity*, 2013; *dividuum. Machinic Capitalism and Molecular Revolution*, Vol.1, 2016, all translated by Aileen Derieg and published by Semiotext(e)/MIT Press.

Marco Scotini is Artistic Director of the FM Centre for Contemporary Art in Milan and, since 2004, Director of Visual Arts and Curatorial Studies Department at NABA – Nuova Accademia di Belle Arti –, also in Milan. Since 2014 he is Head of Exhibition Programmes at PAV – Parco d'Arte Vivente in Turin and he was also one of the founding members of Isola Art Center. He curated the Albanian Pavilion at the 56th Venice Biennial in 2015, three editions of the Prague Biennial (in 2003, 2005 and 2007), the first edition of the Anren Biennial and the second edition of the Yinchuan Biennial (both in China). During the course of his career Scotini has curated more than 200 solo exhibitions and has collaborated with international art institutions and biennials including Documenta, Manifesta, Van Abbemuseum, SALT, Museo Nacional Centro de Arte Reina Sofía, Castello di Rivoli, Nottingham Contemporary, MIT – Massachusetts Institute of Technology, Raven Row, Ludwig Múzeum, Budapest, MSU Zagreb and Bildmuseet, Umeå.

Elvira Vannini is an art historian and art critic. She has a PhD in Contemporary Art History from the University of Bologna, is a graduate of the School of Specialisation in Art History and has hosted seminars and given lectures in numerous institutions. Currently, she is a lecturer in the department of Visual Arts and curatorial studies at NABA – the Nuova Accademia di Belle Arti – in Milan. She has published pieces both in contemporary art magazines and in titles linked to political movements, including *OperaViva Magazine*, *Alfabeta2* and *Commonware.* She has been a co-host of a radio programme on the Radio Città del Capo-Popolare Network and is the founder of feminist magazine *Hot Potatoes. Art, Politics, Exhibition Conditions.*

This catalogue is published on the occasion of the exhibition

Bert Theis. Building Philosophy–Cultivating Utopia

Mudam Luxembourg – Musée d'Art Moderne Grand-Duc Jean
March 30, 2019 – August 25, 2019
Curator: Enrico Lunghi, in collaboration with Christophe Gallois
Assisted by Marion Vergin

Scientific advisors: Rob Engel, Mariette Schiltz

Partner institutions for the satellite programme of exhibitions and events *Arcipelago Bert Theis*: Cercle Cité, Fonds Belval, Fonds Kirchberg, Luxembourg Center for Architecture, Musée national d'histoire et d'art Luxembourg, Rotondes, Université de Luxembourg – Master in Architecture, Ville de Luxembourg, Communauté urbaine de Strasbourg

Mudam Luxembourg
Musée d'Art Moderne Grand-Duc Jean

Board
President: HRH the Hereditary Grand Duchess of Luxembourg
Vice President: Philippe Dupont
Vice President: Paul di Felice
Catherine Decker, Danielle Igniti, Jo Kox, Laurent Loschetter, Patrick Majerus, Florence Reckinger, Danièle Wagener, Hubert Wurth

Management and Finance Committee
President: Philippe Dupont
Pierre Ahlborn, Viviane Ecker, Giovanni Giallombardo, Henri Grethen, Bob Kneip, Bob Krieps

Director
Suzanne Cotter
Assistant: Zuzana Fabianova

Artistic Programmes and Content
Chief Curator: Clément Minighetti
Curator/Head of Exhibitions: Christophe Gallois
Curator/Head of Collection: Marie-Noëlle Farcy
Curatorial Assistant: Lisa Baldelli
Cultural Programmes: Anna Loporcaro
Assistant Curators: Sarah Beaumont, Vincent Crapon, Marion Vergin
Curatorial Intern: Maria Barrales
Registrars: Véronique De Alzua, Petra Fedorikova, Charlotte Masse, Boris Reiland
Technical Team: Thierry Gratien, David Celli, Richard Goedert, Lourindo Soares
Education: Nadine Erpelding, Sandra Biwer, Fabrice Genot, Elena Kühling, Ioanna Madenoglu, Bob Mersch, Markus Pilgram, Carole Schmit, Valérie Tholl

Development and Engagement
Head of Development and Engagement: José Da Costa
Communication: Magali Weirich
Digital Content: Germain Kerschen
Press: Julie Jephos
Publishing: Deborah Lambolez, Laura Zaccaria
Design: Marc Reuland, Florence Richard, Jean Sampaio
Fundraising and Corporate Events: Annick Spautz, Anaïs Bourgois, Anne Reding

Resources and Operations
Administration and Finances: Jean-Jacques Schaeffer, Nora Janah, Susana Rodrigues
Human Resources: Frédéric Maraud
Architecture and Building Manager: Louis Bestgen
IT and Video: Sam Wirtz, Tawfik Matine El Din

Reception/Mudam Boutique
Mélanie Meyer, Laurence Le Gal, Renato Luchini, Alexandre Sequeira, Pierre Zilliox

Mudam Café
Pascal Aubert, Christine Klein, Christophe Scarbolo

Mudam wishes to thank its donors and sponsors:

The Leir Foundation, JTI, Cargolux

as well as

M. et Mme Norbert Becker-Dennewald, Arendt & Medernach, Capital*at*Work Foyer Group, PwC, The Loo & Lou Foundation, Bank of China Luxembourg, Bilia-Emond, Banque Internationale à Luxembourg, KNEIP, Prefalux, Soludec SA, CACEIS, Kaspersky Lab, Banque Pictet & Cie (Europe), Dussmann Services Luxembourg, Indigo Park Services SA, EducDesign, Les Amis des Musées d'Art et d'Histoire.

Mudam Luxembourg is financed by the Ministry of Culture.

THE GOVERNMENT OF
THE GRAND DUCHY OF LUXEMBOURG
Minister for Culture

Publishers: Mudam Luxembourg – Musée d'Art Moderne Grand-Duc Jean and Mousse Publishing, Milan

Editors: Christophe Gallois, Marion Vergin, in collaboration with Enrico Lunghi and Mariette Schiltz

Graphic Design: Matteo Gualandris, Mousse

Editorial Coordination: Guia Cortassa, Mousse Publishing; Deborah Lambolez, Laura Zaccaria, Mudam Luxembourg

Texts: Suzanne Cotter, Enrico Lunghi, Markus Pilgram, Gerald Raunig, Marco Scotini, Bert Theis, Elvira Vannini, Marion Vergin

Translations: Patrick (Boris) Kremer, pp. 15-25, 47-53, 55-67, 87-95, 100-206;
Timothy Stroud, pp. 35-45, 69-85

Copy Editing: Giovanna Dunmall, Anne C. Ray, English; Camille Didelon, French

Typeface: Lapidar, Dinamo; Stempel Garamond, Linotype

Paper: Wibalin Natural, Fedrigoni Freelife Vellum, GardaMatt Smooth

Printing and Binding: Artigiana Grafica, Vicenza, Italy

ISBN 9788867493616

Published and distributed by
Mousse Publishing
Contrappunto s.r.l.
Corso di Porta Romana 63
20122, Milan–Italy

Available through:

Mousse Publishing, Milan
moussepublishing.com

DAP | Distributed Art Publishers, New York
artbook.com

Vice Versa Distribution, Berlin
viceversaartbooks.com

Les presses du réel, Dijon
lespressesdureel.com

Antenne Books, London
antennebooks.com

Mudam Luxembourg
Musée d'Art Moderne Grand-Duc Jean
3, Park Dräi Eechelen
L-1499 Luxembourg
www.mudam.com

MUDAM
Musée d'Art Moderne Grand-Duc Jean

Mousse Publishing
Corso di Porta Romana 63
IT-20122 Milan
www.moussepublishing.com